生产计划与控制

主编 王 巍 姜雪松

东北林业大学出版社
·哈尔滨·

图书在版编目（CIP）数据

生产计划与控制/王巍,姜雪松主编. --2版.
--哈尔滨：东北林业大学出版社,2016.7（2024.8重印）
ISBN 978-7-5674-0824-1

Ⅰ.①生… Ⅱ.①王… ②姜… Ⅲ.①工业生产计划-高等学校-教材 Ⅳ.①F402.1

中国版本图书馆CIP数据核字（2016）第149660号

责任编辑：张红梅
封面设计：彭　宇
出版发行：东北林业大学出版社（哈尔滨市香坊区哈平六道街6号　邮编：150040）
印　　装：三河市佳星印装有限公司
开　　本：787mm×960mm　1/16
印　　张：13.75
字　　数：237千字
版　　次：2016年8月第2版
印　　次：2024年8月第3次印刷
定　　价：55.00元

如发现印装质量问题,请与出版社联系调换。（电话：0451-82113296　82191620）

前　言

随着全球市场经济的发展与变化，尤其是英国的脱欧决定，极大的影响了全球贸易格局的变化、市场竞争日趋激烈、顾客消费观念的个性化发展趋势、服务业的迅速发展、知识经济的兴起以及全社会对可持续发展和环境问题的关注，使得企业生产计划与控制的思想和方法遇到了前所未有的挑战和发展机遇。传统的生产方式和管理模式正面临着新的变革，而工业工程的管理理念和方法迎合了现代企业的需求，其先进的思想和方法被众多企业所认可和接受。

工业工程是对人员、物料及设备等，从事整个系统之设计改进及运用的一门科学。生产计划与控制属于工业工程领域重要研究方向之一，生产计划与控制是研究如何将生产要素组成有机系统并有效地运营、改善，创造出产品和服务的一门学科。作为现代生产与运作管理重要部分的生产计划与控制，同时亦是比较盛行的企业资源规划（ERP）系统中的最核心模块。生产计划与控制的目的在于跟踪市场需求的变化，合理安排物料、设备、人力资源和资金等，以降低生产成本、缩短交货期和提高产品质量，提高企业运行的效率，使生产系统实现最佳化的功效，最终满足顾客的需求。

本书共分九章第一章概论、第二章生产战略、第三章库存管理、第四章综合生产计划、第五章主生产计划、第六章生产能力计划、第七章物料需求计划、第八章生产作业控制与第九章服务业作业计划。其中王巍编写了第一章、第四章、第五章、第六章、第七章；第二章、第三章、第八章与第九章由姜雪松编写；全书由王巍进行统稿。

本书作为东北林业大学工业工程专业主干课程系列教材之一，同时也是东北林业大学重点课程之一，结合了本专业学生知识架构的特点，内容全面，重点突出，也可以作为其他高等院校工业工程专业或相关专业的生产计划与控制课程的教材或主要参考书，也可以作为企业从事生产管理人员的参考书或培训进修用书。限于编者水平，书中难免有纰漏之处，敬请批评指正。

编　者

2016 年 6 月

目 录

第一章 概论 （1）
- 第一节 生产与生产系统 （1）
- 第二节 生产管理 （3）
- 第三节 生产类型与生产方式 （9）
- 第四节 生产计划与控制 （14）

第二章 生产战略 （22）
- 第一节 生产战略概述 （22）
- 第二节 产品战略决策 （29）
- 第三节 生产战略的制定与实施 （33）

第三章 库存管理 （39）
- 第一节 库存管理概述 （39）
- 第二节 库存控制的决策 （43）
- 第三节 库存问题的分类与控制的基本方法 （45）
- 第四节 库存分析的基本模型 （50）
- 第五节 安全库存及定期订货模型 （54）

第四章 综合生产计划 （58）
- 第一节 综合生产计划概述 （58）
- 第二节 综合生产计划策略分析 （63）
- 第三节 综合生产计划的制订 （67）

第五章 主生产计划 （76）
- 第一节 主生产计划概述 （76）
- 第二节 主生产计划的策略分析 （82）
- 第三节 主生产计划的制订 （86）

第六章 生产能力计划 （99）
- 第一节 生产能力计划概述 （99）
- 第二节 粗能力计划 （108）
- 第三节 细能力计划 （118）

第七章 物料需求计划 （129）
- 第一节 物料需求计划概述 （129）
- 第二节 物料需求计划基础数据 （133）

第三节 物料需求计划实施 …………………………………… (144)
第八章 生产作业控制 ……………………………………………… (155)
第一节 生产作业控制概述 …………………………………… (155)
第二节 生产作业排序 ………………………………………… (164)
第三节 生产调度 ……………………………………………… (179)
第四节 准时制控制 …………………………………………… (185)
第九章 服务业的作业计划 ………………………………………… (195)
第一节 服务业运作的特点 …………………………………… (195)
第二节 随机服务系统 ………………………………………… (202)
第三节 人员班次计划 ………………………………………… (204)
参考文献 …………………………………………………………… (212)

第一章 概 论

第一节 生产与生产系统

生产是以一定生产关系联系起来的人们所利用的劳动资料,改变劳动对象,以使其适合人们需要的过程。简言之,主要是指物质资料的生产。通过物质资料生产,使一定的原材料转化为特定的有形产品。

服务业的兴起,使生产的概念得到延伸和扩展。过去,西方学者把与工厂联系在一起的有形产品的制造称作"production",而把提供服务的活动称作"operations"。现在,他们有时将两者均称为"operations"。西方学者将有形产品和劳务都称作"财富",把生产定义为创造财富的过程,从而把生产的概念扩大到非制造领域。

事实上,在现代社会已经很难将制造产品和提供服务完全分开,单纯制造产品不提供任何服务的企业几乎是不存在的。一个汽车制造厂如果只将汽车销售给顾客,而不提供售后服务,是不会有顾客愿意购买它的产品的。不同社会,组织只是提供产品和服务的比例不同,汽车制造厂提供产品的比重大一些,餐馆提供服务的比重大一些,教育则提供服务的比重更大一些。当然,单纯提供服务而不提供任何有形产品的活动也是存在的,比如咨询公司就是最典型的代表。

从一般意义上讲,生产又可以理解为一切社会组织将它的输入转化为输出的过程。转化是在生产运作系统中完成的。生产运作系统是由人和机器构成的、能将一定输入转化为特定输出的有机整体。生产与运作管理是对生产运作系统的设计、运行与维护过程的管理,它包括对生产运作活动进行计划、组织与控制。

生产计划与控制属于生产与运作管理的范畴,并且是生产与运作管理的核心。

一、生产与生产系统

(一)生产

狭义的生产一般是各种产品的制造活动,广义的生产包括银行、医院、学校等服务业的活动。生产活动在将生产要素转换为有形和无形的生产财富(产品或服务)的过程中，由此而增加附加价值。生产要素就是投入生产过程中的各种生产资源，根据它们在生产功能中所起的基本作用，可分成生产对象、生产手段、劳动力和生产信息。生产对象是生产活动中所用到的物质，如生产产品时需要投入原材料；生产手段是将生产对象转换为产出物的技术手段，如各种设计技术、制造技术等；劳动力是进行生产活动所需的人力，这是诸生产要素中最重要的因素；生产信息是生产活动过程中的各种基于事实的数据，如设备性能参数、需求预测数据等。

(二) 生产系统

生产系统的输出从狭义上讲是各种有形产品，而广义上的输出则包括服务在内，如学校培养的学生、医院医治的病人等均为广义上的输出。生产要素的输入、输出，生产过程中所从事的活动，构成生产系统一般模式图，如图1-1所示。

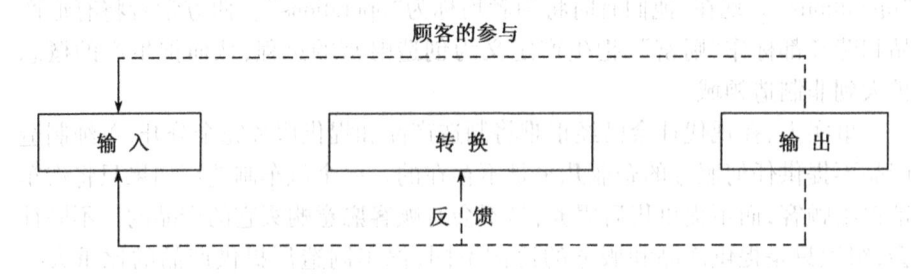

图1-1 生产系统的一般模式

图1-1中所反映出来的生产系统是一个反馈控制系统，这和实际的生产系统是吻合的，生产系统本身实质上包括了物质流动、资金流动和信息流动，且这些流动相互影响、相互综合，构成一个集成的总系统。生产中的物流体现在工位与工位、工位与仓库、供应商与主机厂，以及主机厂与销售商等之间的运输(体现位置变化的过程)，同时物料也有库存(体现存储过程)。生产过程必然发生资金的流动，资金是随着物料流动而流动的；物流和资金流能顺利流动的前提是信息的顺畅流动。生产计划是运行系统的过程控制和信息管理，要有效地编制生产计划与进行生产过程的控制，就必须对物流、资金流和信息流进行综合分析。

二、生产系统的评价

一个生产系统设计的合理性及其运行管理的有效性，可以从该生产系统的组织结构及其产品生产过程运行的实际效果来衡量。通常可能采用以下指标来反映一个生产系统的组织结构和运行管理的合理性和先进性。

(一) 生产过程的连续性

生产过程的连续性包括生产过程在空间上的连续性和在时间上的连续性。空间上的连续性是指生产过程的各个环节在空间布置上紧凑合理,使加工对象所经历的物流线路顺畅,搬运工作量小,没有迂回往复的现象。时间上的连续性是指生产对象在加工过程中各工序的安排紧密衔接,没有不该出现的停顿和等待现象,可以减少运输费用和在制品管理费用,降低产品成本,有利于保证合同交货期;节约生产面积和库房面积,节省基本投资,并使流动资金周转加速,提高资金使用效率。

为提高生产过程的连续性,需要采取以下措施:①做好全厂的厂区布局、车间内部生产作业区和生产线的合理布置;②采用先进的生产组织形式,如流水生产线、成组生产单元等;③科学编制生产作业计划,加强生产过程的衔接协同,减少生产中各种停顿和等待的时间。

(二) 生产过程的平行性

生产过程的平行性指加工对象在生产过程中实现平行交叉作业。生产的平行程度越高,成批等待时间就越少,生产周期也越短。

(三) 生产过程运行的均衡性

"均衡"是要求在相等的时间间隔内完成大体相等的生产工作量。避免前松后紧,计划期末突击加班,或者时松时紧使生产经常处于不正常的状态。

(四) 生产系统构成的比例性

生产系统构成的比例性指生产系统各环节的生产能力要保持恰当的比例,使其与生产任务所需求的能力相匹配。

(五) 生产系统的柔性

生产系统的柔性指用同一组设备和工人,在生产组织形式基本不变的条件下,具有适应加工不同产品的生产能力,并且能保持高生产率和良好的经济效益。

第二节 生产管理

生产管理是指为实现生产既定目标,对生产过程进行计划,并控制实施过程,有效利用资源以提高效率和生活质量,以求利润最大或成本最低,并最终达到客户的满意。

一、生产管理理论的产生与发展

生产管理理论的发展经历了传统管理、科学管理、现代管理和信息管理四个阶段。

(1) 传统管理阶段。从18世纪80年代开始到19世纪末,这个阶段的主要特点是一切凭经验办事。

(2) 科学管理阶段。从20世纪初至40年代,主要特点是出现了单独的管理者阶层,对过去积累的管理经验系统化、科学化、理论化。

(3) 现代管理阶段。20世纪50年代中期以后,如马斯洛的"需要学说"、赫茨伯格的"双因素学说"、麦格雷戈的"X学说"和"Y学说",还有后来的理论和权变理论。

(4) 信息管理阶段。所有管理活动都是基于信息的管理。GarferGroup咨询公司总结了MRP,提出了ERP这样一种全新的管理思想。近年来,诸如CRM、BPR、SCM、知识管理、虚拟企业、战略联盟等管理理论已应用于管理实践。

二、现代生产管理技术

(1) 制造资源计划(manufacturing resources planning,MRP Ⅱ)。1977年9月,美国著名生产管理专家Oliver W. Wight提出了一个新概念——制造资源计划,为了与物料需求计划MRP及闭环MRP区别,将其命名为MRP Ⅱ。MRP Ⅱ对于制造业企业资源进行有效计划具有一整套方法。它是围绕企业的基本经营目标,以生产计划为主线,对企业制造的各种资源进行统一计划和控制的有效系统,也是企业的物流、信息流和资金流并使之畅通的动态反馈系统。

(2) 企业资源计划(enterprise resources planning,ERP)。ERP是一个高度集成化的系统,从物资供应、生产加工、销售这一"供需链"出发,全面优化企业资源,对供需链上的所有环节实施有效的管理,如订单、采购、库存、生产计划、质量控制、成本核算、财务、销售、服务和决策等管理。近年来,ERP迅速发展,功能不断扩展,已远远超出制造业的应用范围,成为一种适应性强、具有广泛应用意义的企业信息系统。ERP是利用信息技术等手段解决企业管理领域问题的。它给企业带来了新的挑战。它不是一般意义上的技术运用和革新,而是更高层次上的一个全新的管理革命,它对企业传统的生产经营和管理方式产生了巨大的作用和影响。

(3) 供应链管理(supply chain management,SCM)。SCM的基本思想就是

以市场和客户需求为导向,以核心企业为龙头,以提高竞争力、市场占有率、客户满意度和获取最大利润为目标,以协同商务、协同竞争和双赢原则为运作模式,通过运用现代企业管理思想、方法、信息技术、网络技术和集成技术,达到对整个供应链上的信息流、物流、资金流、价值流和工作流的有效规划和控制,从而将客户、分销商、供应商、制造商和服务商连成一个完整的网链结构,形成一个极具竞争力的战略联盟。

(4) 业务流程再造(business processes reengineering,BPR)。BPR 是一种全面变革企业经营、提高企业整体竞争能力的变革模式。1993 年美国管理学者哈默和钱皮(Michael Hammer and James Champy)提出了"business process reengineering"(BPR)理论,该理论中最重要的关键词是"流程"(process),即"一套完整的贯彻始终的共同为顾客创造价值的活动"(哈默,1998)。业务流程再造可表述为对战略、增值营运流程,以及支撑它们的系统、政策、组织、结构的快速、彻底、急剧的重塑,以达到工作流程和生产率的最优化。

在 BPR 理论提出后不久,美国一些学者根据信息技术的迅速发展和知识型经济的来临这种趋势,又提出了"business transformation"(BT)理论,这一理论强调如何在更高层次上确定企业模式,以便对市场迅速做出反应,并且创造市场。塔普斯考特比较了 BT 和 BPR 理论,认为 BT 更关注新的增长点和新的附加值,更关注"人的使命"及培养人的学习能力,以及在更高层次上使用信息技术(Don Tapscott,1996)。

BPR 理论实质上是对工业社会所形成的劳动分工和管理分工体系的重新整合的理论;而 BT 理论实质上是新的分工(新增长点和附加值)如何形成,以及新的分工体系,特别是知识分工体系如何建立的理论。

由于 BPR 和 BT 理论缺乏中国企业的制度性背景,因此它们并不能完全解决中国企业的问题。中国工业分工体系如何根据快速变化的国内外竞争条件进行调整,始终是令人十分关心的问题,也是国内持续跟踪 BPR 理论和 BT 理论的内在动因。

(5) 客户关系管理(customer relationship management,CRM)。CRM 是以客户需求为中心来组织推动整个企业的经营,记录客户与企业的交往和交易,并将有可能改变客户购买行为的信息加以整理和分析,同时进行商业情报分析,了解竞争对手、市场和行业动态。

CRM 系统的基本功能包括客户管理、联系人管理、时间管理、潜在客户管理、销售管理、电话销售、营销管理、电话营销、客户服务等,有的还包括了呼叫中心、合作伙伴关系管理、商业智能、知识管理、电子商务等。

在这个客户稀缺的时代,什么是核心竞争力呢?几乎对所有的企业而言,至少有一项不可或缺的,那就是管理客户关系的能力——把一次性客户转化为长期客户,把长期客户转化为终身忠诚客户。

(6)决策支持系统(decision support system,DSS)。决策时以充足的事实为依据,采取严密的逻辑思考方法。对大量的资料和数据按照事物的内在联系进行系统分析和计算,遵循科学程序,做出正确决策的系统就是DSS。计算机和管理信息系统为决策科学化提供了可能和依据。DSS是一个庞大的系统,它是运用信息论、数学、行为科学、人工智能等方法,以计算机技术作为技术支持手段,解决管理领域的半结构化和非结构化决策问题。DSS是一种现代管理技术,属于管理学范畴,DSS软件仅仅是系统的一部分。新一代DSS主要有:群体决策支持系统(GDSS),分布式决策支持系统(DDSS),智能决策支持系统(IDSS),基于Web的决策支持系统(WDSS),决策支持中心(DSC),3I决策支持系统(3IDSS)(即intelligent,interactive and integrated DSS)。

(7)敏捷制造(agile manufacturing,AM)。AM思想的出发点是基于对产品和市场的综合分析,着眼点在于快速响应市场/用户的需要,使产品设计、开发、生产等各项工作并行进行,不断改进老产品,迅速设计和制造能灵活改变结构的高质量的新产品,以满足市场/用户不断提高的要求。

企业实施敏捷制造必须不断提高企业能力,实现技术、管理和人员的全面、协调集成,其敏捷性体现在企业的应变能力、先进制造技术、企业信息网、信息技术。敏捷制造强调"竞争—合作/协同",采用灵活多变的动态组织结构。

(8)精益生产(lean production,LP)。LP就是要以最小的投入,取得最大的产出,并用最快的速度设计生产出来,以最低的成本、合理的价格在市场上销售,以明显的竞争优势,把成果最终落实到经济效益上。精益即消除无效劳动和浪费的思想和技术。炼出来的管理思想,其核心概念是价值流(为满足顾客要求而进行的产品设计、原材料订购、生产以及配送的具体活动)。从顾客的立场出发,只有顾客真正需要的东西才具有价值。从产品的整个价值流出发,可以识别价值流的三种活动方式:明确创造价值的活动、不创造价值但在现有管理技术水平下不可避免的活动和不创造价值也不必需的活动。

精益生产思想是对传统的"成批操作是最好的方法"的否定。现代化生产首先是大批量生产,劳动分工和专业化,大规模提高了生产效率。

(9)学习型组织(learning organization,LO)。所谓学习型组织,是指通过培养弥漫于整个组织的学习气氛、充分发挥员工的创造性思维能力而建立起来的一种有机的、高度柔性的、扁平的、符合人性的、能持续发展的组织。这种组织具有持续学习的能力,具有高于个人绩效总和的综合绩效。"五项修炼"

是学习型组织的基本要求,其内容包括:①自我超越;②改善心智模式;③建立共同愿景;④团队学习;⑤系统思考。

(10)无边界行为(boundless action,BA)。BA 是企业组织结构的创新。无边界原理认为,企业组织就像生物有机体一样,存在各种隔膜使之具有外形或界定。虽然生物体的这些隔膜有足够的结构强度,但是并不妨碍食物、血液、氧气、化学物质畅通无阻地穿过。得益于这个现象的启发,无边界组织的原理认为信息、资源、构想及能量也应该能够快捷便利地穿过企业的"隔膜"。这样,虽然企业各部分的职能和界定仍旧存在,仍旧有权高任重的领导,有特殊职能技术的员工,有承上启下的中层管理者,但组织作为一个整体的功能,却可能已远远超过各个组成部分的功能。可以看出,无边界原理其实是以有边界为基础,并非对所有边界的否定,其目标在于讨论让各种边界更易于渗透扩散,更利于各项工作在组织中顺利开展和完成。

(11)6σ 管理法(6 sigma management)。σ 是统计学误差分析的一个概念,这里借用来标示质量水平。6σ 的狭义定义是一百万机会中有 3.4 个缺陷或 99.999 7% 的完善。6σ 管理思想的一个重要目的是将科学的统计方法应用到很难量化的质量管理中。6σ 提供明确的方法进行流程创新,从根本上防止缺陷和错误的发生。

6σ 管理法是美国企业在以往几十年推行统计过程控制(SPC)、全面质量管理(TQM)等质量管理方法基础上,为进一步提高产品质量进而改善企业业绩而发明的一种质量管理新方法。从概念上讲,6σ 具有两个方面的含义:一方面它是指在质量特性为正态分布时,产品不合格率为 3.4 ppm,亦即稳定控制的合格率为 99.999 66%;另一方面它又指工程师及统计学者用来精确调整产品及生产过程的高技术方法。

6σ 管理法通过运用突破性的手法,增进产品及生产过程的质量,达到大幅度降低生产成本、提高顾客满意度,最终改善企业赢利能力的目的。美国学者潘德等定义 6σ 管理法为"一种灵活的综合性系统方法,通过它获取、维持、最大化公司的成功。它需要对顾客需求的理解,对事实、数据的规范使用、统计分析,以及对管理、改进、再发明业务过程的关注"。6σ 管理法的核心在于强调应用统计分析认识和缩减产品、服务过程中的变异,以达到满足顾客要求的目的。

(12)标杆管理(benchmarking)。标杆管理(benchmarking)是近 20 年新涌现出的最流行、最有影响力的管理方法之一,它包括一套将自己产品和服务的流程,与竞争者和行业领导者相对比的过程。标杆管理起源于 20 世纪 70 年代末 80 年代初,在美国企业学习日本的运动中,首先开辟标杆管理先河的是施乐公司。施乐公司的罗伯特·开普则是标杆管理的先驱和最著名的倡导者。公司将标杆管理定义为"一个将产品、服务和实践与最强大的竞争对手或是行业领导者相比较的持续流程"。

标杆管理为企业提供了一种可行、可信的奋斗目标，以及追求不断改进的思路，是发现新目标以及寻求如何实现这一目标的一种手段和工具，具有合理性和可操作性。标杆管理是企业绩效的提高和评估、企业持续改进、企业战略制定、企业实行全面质量管理的工具。标杆管理的一套严密的、受控的方法成为世界范围内持续改进、质量控制、流程再造和变革推动的首要步骤。它与企业再造、战略联盟一起并称为20世纪90年代三大管理方法。

(13) 平衡记分卡 (the balanced score card, BSC)。BSC作为一种前沿的、全新的组织绩效管理手段和管理思想，在全世界的各行各业得到广泛的运用。

平衡记分卡是一种将传统的财务指标分析与非财务指标相结合来评价组织绩效的方法，它可以提供给管理者更广泛、丰富的管理及决策信息。自20世纪初起，职业经理人、管理学者们对非财务指标在经营管理中的作用就给予相当大的关注，平衡记分卡是最新的研究成果之一。

自平衡记分卡方法提出以后，其对企业全方位的考核及关注企业长远发展的观念受到学术界与企业界的充分重观，许多企业尝试引入平衡记分卡作为企业管理的工具。

(14) 系统工程。系统工程在系统科学结构体系中属于工程技术类，它是一门新兴的学科，国内外有一些学者对系统工程的含义有过不少阐述，但至今仍无统一的定义。1978年我国著名学者钱学森指出："系统工程是组织管理系统的规划、研究、设计、制造、试验和使用的科学方法，是一种对所有系统都具有普遍意义的方法。"而系统不仅涉及工程学的领域，还涉及社会、经济和政治等领域，所以为了适当地解决这些领域的问题，除了需要某些纵向技术以外，还要有一种技术从横的方向把它们组织起来，这种横向技术就是系统工程。1975年美国科学技术辞典中的论述为："系统工程是研究复杂系统设计的科学，该系统由许多密切联系的元素所组成。设计该复杂系统时，应有明确的预定功能及目标，并协调各个元素之间及元素和整体之间的有机联系，以使系统能从总体上达到最优目标。在设计系统时，要同时考虑到参与系统活动的人的因素及其作用。"

三、生产管理的目标

企业应建立一个科学的生产制造系统，制造出有竞争力的产品。产品竞争力体现在性能、质量、价格、交货期四个方面。产品性能指一种产品所具有的实际使用价值方面的特性,质量是用户对产品使用价值的满意程度,而价格是为取得产品使用价值而付出的代价。现代研究表明,产品的性能、质量、价格首先取决于设计阶段,然后形成于制造阶段。这些阶段的管理工作都属于生产与运作管理的范围。

生产管理所追求的目标可以用一句话来概括:高效、低耗、灵活、清洁、准时地生产合格产品和提供满意服务。高效是对时间而言,指能够迅速地满足用户的需要。在当前激烈的市场竞争条件下,谁的订货提前期短,谁就能争取用户。低耗是指生产同样数量和质量的产品,人力、物力和财力的消耗最少。低耗才能低成本,低成本才有低价格,低价格才能争取用户。灵活是指能很快地适应市场的变化,生产不同的品种和开发新品种,或提供不同的服务和开发新的服务。清洁是指对环境没有污染。准时是指在用户需要的时间,按用户需要的数量,提供需要的产品和服务。合格产品和满意服务是指质量。归结起来,对生产管理要求包括6个方面:时间(time)、质量(quality)、成本(cost)、服务(service)、柔性(flexibility)和环境(environment)。

第三节 生产类型与生产方式

生产类型与生产方式是影响生产过程组织的主要因素。产品和服务千差万别,产量大小相差悬殊,工艺过程又十分复杂,如何按照其基本特征将其分类,以把握各种生产类型的特点和规律,选取适当的生产方式是进行生产管理的基本前提。生产类型的划分可以根据产品或服务的专业化程度来划分生产运作类型。

一、制造性生产

制造性生产是通过物理和(或)化学作用将有形输入转化为有形输出的过程。根据生产对象在生产过程中运动的连续程度,可以将制造性生产分为连续性生产(流程式生产)、离散性生产(加工装配式)以及项目生产。

(一)连续性生产和离散性生产

生产的形态,可以将生产方式划分为离散式(intermittent manufacturing 或 discrete job)生产、流程式生产(flow manufacturing)和项目生产(project manufacturing)。

1. 连续性生产

连续性生产是指物料连续、均匀地按一定工艺顺序运动,在运动中不断改变形态和性能,最后形成产品的生产。在生产过程中,物料是均匀、连续地按一定的工艺顺序运动的,因此连续性生产亦被称作流程式生产。化工、炼油、冶金、食品、造纸等都属于连续性生产。流程式生产是根据对中间产品控制的严格程序,流程计划可以分为有批号计划和无批号计划。在主生产计划与作业计划之间,不像离散行业 ERP,有"工作令(work order)",而是只有指令计划下达。

连续性生产的组织管理特点是:产品工艺加工过程相似;按工艺流程布置生产设备;车间、工段按工艺阶段划分。

连续性生产的组织管理重点是:保证原材料、动力的连续不间断供应;加强维护保养;实时监控;保证安全生产。

2. 离散性生产

离散性生产是指物料离散、间断地按一定工艺顺序运动,在运动中不断改变形态和性能,最后形成产品的生产。轧钢、汽车制造、服装等都属于离散性生产。而在离散性生产过程中,产品是由离散的零部件装配而成的,物料运动成离散状态。零部件是构成产品的不同元件,它们在不同的地方制造,然后组合构成不同的产品。因此离散性生产有时亦被称作加工装配式生产。

离散性生产的组织管理特点是:零件加工彼此独立;通过部件装配和总装形成产品;协作关系复杂;管理难度大。

离散性生产的组织管理重点是:控制零部件的生产进度,保证生产的成套性。

(二)备货性生产(make-to-stock)和订货性生产(make-to-order)

生产是指规划、调度、执行和控制将投入的物料转变成为成品或半成品的处理过程。

根据响应市场的方式,可以分为 MTS(按库存生产)、ATO(按订单组装生产)、MTO(按订单生产)和 ETO(按订单设计生产)。

MTS 的主要特征是接到客户订单之前,就已经完成按已有的标准产品或产品系列进行的产品生产,接到客户订单就直接从成品库出货,产品的生产依据市场需求预测,而非客户订单,生产的直接目的是补充成品库存,通过维持一定量成品库存来满足用户随时的需要。

ATO 是一种"按订单装配式"生产方式。主要特征是接到客户订单之后才领出关键组件组装成产品,关键组件可能是自制件、采购件、包装件等。最终产品通常包含标准项目的不同组合,产品的生产依据市场需求、消费趋势和客户订单。为了缩短交货期,零部件是事先制作的,在接到订单之后将有关的零部件装配成顾客所需的产品。

MTO 的主要特征是接到客户订单之后才进行产品的生产,最终产品通常包含标准件和客户特定特殊件的不同组合。标准件一般有库存,特殊件要临时生产,产品的生产依据主要是消费趋势和客户订单。用户可能对产品提出各种各样的要求,经过协商和谈判,以协议或合同的形式确认对产品性能、质量、数量和交货期的要求,然后组织设计和制造。

ETO 的主要特征是接到客户订单之后,才开始设计工作,再进行产品生产以客户的需求设计的产品,通常是非常个性化的设计和定制,客户订单的每一个产品都需要新的 BOM 和新的工艺线路。

备货性生产是指在没有接到用户订单时按已有的标准产品或产品系列进行生产,补充和维持库存,如轴承、紧固件、家电等。订货性生产是指按用户订单进行的生产。二者的主要区别见表 1-1。

表 1-1 备货性生产与订货性生产的主要区别

项目	备货性生产	订货性生产
产品特点	量大、标准、好预测	量小、多变、难预测
生产流程	稳定、标准、均衡	不稳定、无标准、难均衡
库存	连接生产和市场的纽带	不设成品库存
计划	优化的标准计划	不便详细,近细远粗
设备	专用高效设备	通用设备
人员	专业化	多种操作技能

(三) 大量生产、成批生产和单件生产

一般情况下,也可以根据产品或服务的专业化程度来划分生产类型。产品或服务的专业化程度可以通过产品或服务的品种数多少、同一品种的产量大小和生产的重复程度来衡量。显然,产品或服务的品种数越多,每一产品的产量越少,生产的重复性越低,则产品或服务的专业化程度越低;反之,产品或服务的专业化程度则越高。

1. 按专业化程度分类

按产品或服务专业化程度的高低,可以将生产划分为大量生产、成批生产和单件生产三种类型。

(1) 大量生产运作。品种单一,产量大,生产运作重复程度高。美国福特汽车公司曾长达 19 年始终坚持生产 T 型车一个车型,是大量生产运作的典型例子。

大量生产的特点是:大量生产品种单一,产量大,生产重复程度高,长期重复生产且条件稳定,专业化水平高。这一基本特点使它具有很多优势,可以给企业带来很多好处:从设计到出产的整个生产周期短,可以加快资金周转;用人少、机械化、自动化水平高,产出率高,劳动生产率高;人力、物力消耗少,成本低;产品质量高而稳定。

(2) 成批生产运作。成批生产运作介于大量生产运作与单件生产运作之间，即品种不单一，每种都有一定的批量，生产运作有一定的重复性。在当今世界上，单纯的大量生产运作和单纯的单件生产运作都比较少，一般都是成批生产运作。由于成批生产运作的范围很广，通常将它划分成"大批生产运作"、"中批生产运作"和"小批生产运作"三种，如图1-2所示。

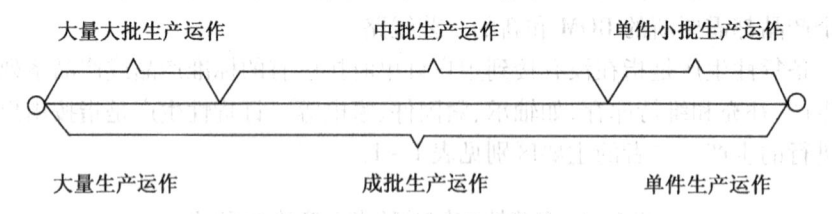

图1-2　生产运作类型的划分

由于大批生产运作与大量生产运作的特点相近，因此，习惯上合称"大量大批生产运作"。同样，小批生产运作的特点与单件生产运作相近，习惯合称"单件小批生产运作"。有的企业，生产的产品品种繁多，批量大小的差别也很大，习惯上，称之为"多品种中小批量生产运作"。"大量大批生产运作"、"单件小批生产运作"和"多品种中小批量生产运作"的说法比较符合企业的实际情况。成批生产的特点是：品种较多，单件产品的产量较小；成批轮番生产；工作地或设备的有效工作时间短；机械化、自动化水平不高；对工人的技术要求较高。成批生产介于大量生产与单件生产之间，即品种不单一

(3) 单件生产运作。单件生产运作与大量生产运作相对立，是另一个极端。单件生产运作品种繁多，每种仅生产一台，生产的重复程度低。汽车公司冲模厂生产的汽车模具，法庭上律师的辩护，都是典型的单件生产运作。

特点是：单件生产与大量生产相对是另一个极端。单件生产的特点是品种繁多，每种仅生产一台，生产的重复程度低。由于这些特点给单件生产带来了很多缺点：①品种繁多，每一品种的产量极少，生产重复率低。②设计方面一品一设计，设计质量不高。③工艺方面一品一工艺，工艺质量不高。④生产组织方面粗略分工，专业化水平低。设备集群式布置，产品路线长，生产率低，制造周期长，资金周转慢。⑤生产管理方面粗略工时定额；协作关系不稳定，质量和交货期不易保证，成本高。例行管理少，例外管理多，人员多。

企业和车间生产类型的划分不是绝对的，一个企业可能同时存在三种不同的生产类型。例如：

①大量生产的企业：装配车间是大量流水生产；

机加工车间是大量流水和部分成批生产；

毛坯车间是明显的成批和大批生产；

　　　　　　　试制车间是单件成批生产。
　②成批生产的企业:装配车间是成批或大批生产；
　　　　　　　机加工车间和毛坯车间是成批生产；
　　　　单件生产的企业:基本车间均为单件生产。
　③单件生产的企业:基本车间均为单件生产。

二、服务性生产

服务性生产又称作非制造性生产,它的基本特征是提供劳务,而不是制造有形产品。但是,不制造有形产品不等于不提供有形产品。过去,西方学者把与工厂联系在一起的有形产品的制造称作"生产(production)",而把提供劳务的活动称作"运营(operation)"。现在,他们有时将两者均称为"运营(operation)"。

西方学者将有形产品和劳务都称作"财富",把生产定义为创造财富的过程,从而把生产的要领扩大到非制造领域。

（一）服务生产的分类

（1）按照是否提供有形产品可将服务性生产分成纯劳务生产和一般劳务生产两种。纯劳务生产不提供任何有形产品。一般劳务生产则提供有形产品。

（2）顾客是否参与也可将服务运作分成两种:顾客参与的服务生产和顾客不参与的服务生产。

（3）劳动密集程度和与顾客接触程度可将服务运作分成4种:大量资本密集服务、专业资本密集服务、大量劳务密集服务和专业劳务密集服务。

（二）服务性生产的特点

服务性生产与制造性生产相比,有以下几个特点:

（1）服务性生产的生产率难以测定。

（2）服务性生产的质量标准难以建立。

（3）与顾客接触是服务性生产的一个重要内容,但这种接触往往导致效率降低。

（4）纯服务性生产不能通过库存来调节。

三、其他特殊生产方式

（一）定牌生产和贴牌生产

定牌生产和贴牌生产最早流行于欧美等发达国家,它是国际大公司寻找自身优势的一种产品加工规则,能降低生产成本,提高品牌附加值。近年来,这种生产方式在国内开始流行。具体说来就是:OEM(orignal equipment manufacture,即原始设备制造商)、ODM(orignal design manufacture,即原始设计制造商)、OBM(orignal brand manufacture,即原始品牌制造商)。A方看中B方的产品,让B方生产,用A方商标,对A方来说,这就叫OEM;A方自带技术和设计,让B方加工,这就叫ODM;对B方来说,只负责生产加工别人的产品,然后贴上别人的商标,这就叫OBM。

OEM厂家首先会拿到一个样品,这个样品是原厂设计或生产的,OEM厂家要根据样品绘制设计图,然后做成样品,由厂家对样品进行检测,如果厂家认为基本合格,就会对OEM厂家进行能力考察,包括质量、产量、工艺等,考察合格后签订合同,这一过程是OEM的基本步骤。也许有些厂家的设计能力非常强,专业贸易渠道或国际厂家提出要求,OEM厂家进行设计,并完成整个产品的生产,这种方式也同样存在。OEM过程中需要注意的问题有质量认证问题、出口许可证问题、环境保护问题等。

(二)代工生产方式

代工(foundry)生产方式是一种集成电路(IC)制造的新模式,是集成电路产业链的关键环节。集成电路的功能越来越强,集成度越来越高,设计的难度越来越大,而新产品的上市周期却越来越快,成本还要越来越低。集成电路的设计与制造模式现正起了很大的变化。这种变化最突出的表现为:无厂房的设计公司(fabless)与具有生产线的晶片加工代工厂相对分开,出现设计业、制造业、封装业、测试业相对独立成"行",各主其职、各自发展、相得益彰的局面。过去的那种设计、投片、试生产、批量生产到提供给用户的所谓"一条龙"生产方式将逐渐消失,实现了集成电路产业分工的水平化,改变了原来的集成电路生产格局。

第四节 生产计划与控制

在整个生产管理系统中,生产计划是首要环节,是执行与控制的先决条件。其目的是为未来的时间(计划期)规定生产活动的目标和任务,以指导企业的生产工作按经营目标的要求进行。

生产控制的目的是对生产计划的具体执行情况进行跟踪、检查、调整等。它包括从生产过程的产出取得实际绩效的信息,将它们与计划要求相比较,对比较的结果进行分析;若发现有偏差,则要采取措施,以调节生产过程的投入,纠正偏差。

制订计划、执行计划及对计划的控制是一个不断地持续改善的过程,其终极目标是为了赢利,要实现赢利,必须首先要激发顾客的热情,获得顾客的认同。细化的目标有质量、成本、交货期和服务等,为了实现这些细化目标,就生产计划和控制功能而言,必须准确做到"在正确的时间、提供正确数量的所需产品"。这些目标虽然彼此是相互矛盾的,市场的变化也是动态的,但是要能快速地响应市场的需求,使顾客满意,必须有足够的库存来保证这种变幻不定的需求,这样库存占用资金必然会很高。所以说,生产计划和控制的每一个层次都应系统地去考虑和分析,以保证在库存尽可能低的情况下,快速响应顾客,为顾客提供高质量的产品。

一、生产计划

计划按照不同的层次可以分为:战略计划、经营计划和作业计划。这三个计划的内容、时间、完成人员均不同。任何一个公司都应有一个总的战略,它规定整个公司的目标和发展方向,并指导公司的一切活动,这对企业的成功有决定性的影响,经营计划和作业计划都是围绕战略计划来进行的。一般来说,战略计划往往是由高层管理人员制订的,它的周期也较长,通常为3~5年或更长时间。制订战略计划时要求对市场有深刻的了解,并能洞察市场在未来的发展方向。

公司的经营计划则比战略计划的时间周期要短些,通常为1年左右。经营计划是将战略计划所规定的目标和任务变成切实可行的计划。例如,战略计划可能规定在未来要上马一种新的产品,则经营计划要对该产品生产所需的资源进行分配。在进行战略计划和经营计划时,均要对其资源进行负荷分析。若资源和生产不符合时,可重新规定目标,使得它们与可用资源相适应;也可通过购置和补充额外资源,放宽关键资源约束条件,以便决定满足特定目标的最优分配。所以说,计划的编制实际上是一个不断优化、不断调整的动态过程。

从计划的时间跨度上讲,又可分为长期计划、中期计划和短期计划三个层次。计划的体系和层次结构如图1-3所示。

(一)长期计划

长期计划包括市场需求预测、产品规划与销售计划、资源需求计划,综合生产计划(aggregate production planning,APP)界于长期计划和中期计划之间,是一个中长期的生产计划。

1.市场需求预测

市场需求预测可以分为长期预测和短期预测。长期市场预测主要是宏观

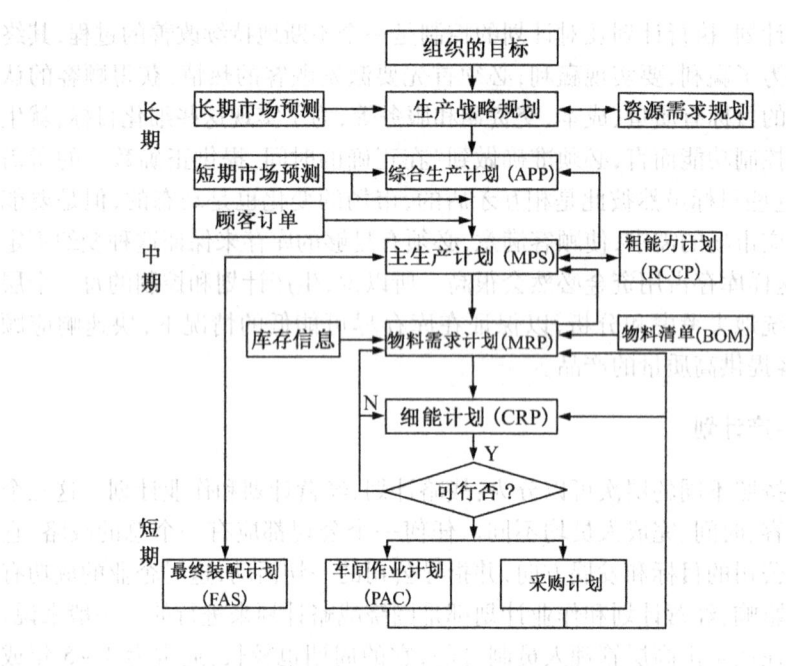

```
长          ┌──────────┐
期  ┌────────┤ 组织的目标 ├────────┐
    │        └──────────┘        │
  ┌─┴──────┐  ┌────────┐  ┌──────┴───┐
  │长期市场预测│→│生产战略规划│←│ 资源需求规划│
  └────────┘  └────┬───┘  └──────────┘
                   ↓
  ┌────────┐  ┌────────────┐
  │短期市场预测│→│综合生产计划(APP)│
  └────────┘  └──────┬─────┘
  ┌────────┐         ↓
  │ 顾客订单 │→┌────────────┐  ┌──────────┐
  └────────┘  │主生产计划(MPS)│←→│粗能力计划(RCCP)│
中             └──────┬─────┘  └──────────┘
期  ┌────────┐        ↓
    │ 库存信息 │→┌────────────┐  ┌──────────┐
    └────────┘  │物料需求计划(MRP)│←│物料清单(BOM)│
                └──────┬─────┘  └──────────┘
                       ↓
               ┌────────────┐
            N  │细能力计划(CRP)│
               └──────┬─────┘
                      ↓Y
                   ◇可行否?◇
短  ┌──────────┐ ┌──────────┐ ┌────────┐
期  │最终装配计划│ │车间作业计划│ │ 采购计划 │
    │  (FAS)   │ │  (PAC)   │ │        │
    └──────────┘ └──────────┘ └────────┘
```

图 1-3　生产计划总架构图

的预测,预测的时间跨度较长,通常为 3~5 年,预测主要应考虑国家宏观经济的发展和政策、产业发展的大环境、产品的科技竞争能力等因素。这种长期预测一般由企业的最高层管理者做出,它不针对具体的产品,而是针对产品群。短期市场预测又可以分为两个层次,一方面在制订综合生产计划时要对未来 1 年内的销量做一个预测;另一方面,在综合生产计划期间,又要不断地对预测进行调整,即要做更短的预测,通常是每一季度或每个月。

2. 生产战略规划

在长期预测的基础上,生产战略规划主要是企业长远发展规划,它关心企业的兴衰成败,常言道"人无远虑,必有近忧",长期生产战略规划一般是由企业的最上层管理人员制订的,是属于战略层次的计划,用来指导全局,计划期比较长,通常为几年以上。长期生产战略规划考虑的是产品开发的方向,生产能力的决策和技术发展水平。这种长期生产战略规划的不确定性较高。

3. 资源需求计划

生产战略规划做出后,要对资源进行规划,对企业的机器、设备与人力资源是否能满足生产战略规划规定的要求进行分析,这是一较高层次的能力计划。

4. 综合生产计划

综合生产计划是介于长期计划和中期计划之间,有的资料将它纳入到中期计划中也未尝不可。综合生产计划是指导全厂各部门一年内经营生产活动的纲领性文件。准确地编制综合生产计划可以在产品需求约束条件下实现劳动力水平、库存水平等指标的优化组合，以实现总成本最小的目标。

(二) 中期计划

中期计划主要包括主生产计划(master production scheduling, MPS)、粗能力计划(rough-cut capacity planning, RCCP)。物料需求计划介于中期计划和短期计划之间，如将物料需求计划也纳入到中期计划中来，则和物料需求计划相对应的能力需求计划(capacity requirement planning, CRP)也应归到中期计划中。能力需求计划通常也可称为细能力计划。

1. 主生产计划

主生产计划是计划系统中的关键环节。一个有效的主生产计划是生产对客户需求的一种承诺，它充分利用企业资源，协调生产与市场，实现生产计划大纲中所表达的企业经营计划目标。它又是物料需求计划的一个主要的输入。主生产计划针对的不是产品群，而是具体的产品，是基于独立需求的最终产品。

2. 粗能力计划

粗能力计划和主生产计划相对应，主生产计划能否按期实现的关键是生产计划必须与现有的实际生产能力相吻合。所以说，在主生产计划制订后，必须对其是否可行进行确认，这就要进行能力和负荷的平衡分析。粗能力计划主要对生产线上关键工作中心进行能力和负荷平衡分析。如果能力和负荷不匹配则一方面调整能力，另外一方面也可以修正负荷。

3. 物料需求计划

物料需求计划是在主生产计划对最终产品做出计划的基础上，根据产品零部件展开表(即物料清单，简称 BOM)和零件的可用库存量(库存记录文件)，将主生产作业计划展开成最终的、详细的物料需求和零件需求及零件外协加工的作业计划，决定所有物料何时投入、投入多少，以保证按期交货。对于制造装配型企业，物料需求计划对确保完成主生产计划非常关键。在物料需求计划基础上考虑成本因素就扩展形成制造需求计划，简称 MRPⅡ。物料需求计划制订后还要进行细能力计划。

4. 能力需求计划

物料需求计划规定了每种物料的订单下达日期和下达数量，那么生产能力能否满足需求，就要进行分析，能力需求计划主要对生产线上所有的工作中心都进行这种能力和负荷的平衡分析，如果不满足，则要采取措施。

(三)短期计划

短期计划主要根据物料需求计划产生的结果作用于生产车间现场,包括最终装配计划(final assembly scheduling,FAS)、生产作业控制(Production Activity Control,PAC)、采购计划等。

1. 最终装配计划

最终装配计划是描述在特定时期里将 MPS 的物料组装成最终的产品,有些时候,MPS 的物料与 FAS 的物料是一致的,但在许多情况下,最终产品的数量比下一层 BOM 的物料还多,此时 MPS 与 FAS 的文件是不同的。

2. 生产作业计划与控制

执行物料需求计划将形成生产作业计划和采购计划,生产作业的计划期一般为周、日或一个轮班,其中,生产作业计划具体规定每种零件的投入时间和完工时间,以及各种零件在每台设备上的加工顺序,在保证零件按期完工的前提下,使设备的负荷均衡并使在制品库存尽可能少。生产作业计划将以生产订单的形式下达到车间现场,生产订单下达车间后,对生产订单的控制就不再是生产计划部门或 MRP 系统管辖的范围,而是由车间控制系统来完成。订单的排序要根据排序的优先规则来确定。

3. 采购计划

本书对采购计划将不做论述。采购计划有其固有的特性,现在特别强调要实现供应链的集成,这就要重视它们和供应商之间的和谐关系,要形成战略伙伴关系,供应商是企业的延伸,对供应商的能力也要有一个规划。

物料需求计划的计划体系是基于相关需求产品而言的,对于独立需求产品或物料,则可以用其对应的库存管理方法进行计划和控制,比较常用的是两种模型,即定量订货库存模型和定期订货库存模型。物料需求计划是一种推动式的生产系统,它和准时化生产体系恰好是一个相反的过程,准时化生产是由市场的订单拉动企业的生产。

各类计划的主要特点如表 1-2 所示。

表 1-2 各期生产计划特点

分类 特点	长期(战略层)	中期(管理层)	短期(作业层)
1.计划层任务	制定总目标及获取所需的资源	有效利用现有资源,满足市场需求	最适当地配置生产能力,执行中期计划
2.管理层次	高层	中层	基层

续表 1-2

分类 特点	长期(战略层)	中期(管理层)	短期(作业层)
3. 时间期	3~5年或更长	1~1.5年	≤6个月
4. 详细程度	非常概略	概略	具体、详细
5. 不确定性程度	高	中	低
6. 决策变量	产品线 工厂规模与厂址配置 设备选择(通用、专用) 供应渠道 劳工的培训 生产与库存管理系统类型选择	工厂工作时间 劳动力数量 库存水平 外包量 生产速率	生产什么 生产多少 生产顺序 何处生产 何时生产 物料库存与控制方式

上述的各种计划工作中,主要的问题是处理好任务与能力之间的平衡问题。做好各方面的平衡是计划工作的基本方法。在长期计划中,要处理好目标任务与资源、资金之间的平衡;在中、短期计划中,要保证生产任务与生产能力之间的平衡、生产与生产技术准备工作之间的平衡。同时,还要处理好生产与质量、生产与成本之间的平衡关系。这样,才能保证生产的顺利进行,并实现企业的总体优化。

二、生产控制

控制贯穿于生产系统运动的始终。生产系统凭借控制的动能,监督、制约和调整系统各环节的活动,使生产系统按计划运行,并能不断适应环境的变化,从而达到系统预定的目标。

生产进度控制是对生产量和生产期限的控制,其主要目的是保证完成生产进度计划所规定的生产量和交货期限。这是生产控制的基本方面。其他方面的控制水平,诸如库存控制、质量控制、需求控制等都对生产进度产生不同程度的影响。在某种程度上,生产系统运行过程中的各个方面问题都会反映到生产作业进度上。因此,在实际运行管理过程中,企业的生产计划与控制部门通过对生产作业进度的控制,协调和沟通各专业管理部门(如产品设计、工艺设计、人事、维修、质量管理)和生产部门之间的工作,可以达到整个生产系统运行控制的协调、统一。

上述的各种计划工作中,主要的问题是处理好任务与能力之间的平衡问题。做好各方面的平衡是计划工作的基本方法。在长期计划中,要处理好目标任务与资源、资金之间的平衡;在中、短期计划中,要保证生产任务与生产能力之间的平衡、生产与生产技术准备工作之间的平衡。同时,还要处理好生产与质量、生产与成本之间的平衡关系。这样,才能保证生产的顺利进行,并实现企业的总体优化。

(一)生产控制的内容

生产控制是保证企业生产经营活动取得持续绩效的重要环节,是解决生产问题的重要手段,是调节生产的有效工具,是保证生产计划的有效方法。它的基本控制内容有:

(1)确定工艺流程,是生产控制的起点和基础;
(2)安排生产进度计划,是生产控制的前提;
(3)下达生产指令,是生产控制的重要手段;
(4)生产进度控制,是生产控制成败的关键。

生产的控制在生产计划的各个层次都有,前面提到的资源需求计划、粗能力计划和能力需求计划也可以看做是一种控制的手段,通常讲的生产控制一般都限于生产现场的控制,对生产现场的控制实际上有两种策略,一种是对按照物料需求计划展开得到的车间作业订单进行有效控制,另一种非常有效的策略是对车间现场进行控制,其手段就是采取准时化生产,即所谓的拉动系统,所用的控制工具就是看板。

(二)生产控制基本步骤

对不同的生产类型,不同的控制方法,其生产控制的程序都是大体相同的,一般包括以下几个步骤:

(1)制定生产工作标准;
(2)分配生产任务,维持生产系统正常运行;
(3)收集、记录与传递生产信息;
(4)评价成果,即通过个人观察,分析统计报告和分析生产记录等形式进行评估;
(5)进行短期或长期的调整生产控制。

(三)生产控制的功能

生产控制的功能很多,这里主要从进度管理、余力管理和实物管理三方面进行介绍。

1. 进度管理

严格地按照生产进度计划要求,掌握作业标准(通常包括劳动定额、质量标准、材料消耗定额等）与工序能力（通常指一台设备或一个工作地）的平衡。具体体现在以下三个方面：①作业分配，即根据生产能力负荷平衡进行作业分配。按照生产进度计划日程要求，发布作业指令；②进度控制，根据各项原始记录及生产作业统计报表，进行作业分析，确定每天的生产进度，并查明计划与实际进度出现偏离的原因；③偏离校正，进度管理的目标，不仅要及时发现计划与实际的偏离程度，采取有效措施，予以消除，还要提高预见性，预防偏离情况的发展。

2. 余力管理

所谓余力，是指计划期内一定生产工序的生产能力同该期已经承担的负荷的差数。能力大于负荷表示能力有余；能力小于负荷表示能力不足。余力管理的目的：一是保证实现计划规定的进度；二是要经常掌握车间、机械设备和作业人员的实际生产能力和实际生产数量，通过作业分配和调整，谋求生产能力和负荷之间的平衡，做到既不出现工作量过多，也不发生窝工的现象。

生产有余力，就要采取提前计划进度和支援其他生产单位等调整措施，以减少窝工。在出现超负荷的情况（负余力），可能延迟生产计划进度时，就要采取调整班次、重新分配任务、利用外协等有效措施，加以平衡。

3. 实物管理

实物管理就是对物料、在制品和成品，明确其任意时间点的所在位置和数量的管理。在实物管理中，搞好在制品管理与搬运管理，这是实现生产有效控制的首要环节。

在制品管理工作的主要任务是：在整个生产过程中，保持实现均衡和配套生产所必需的在制品数量，严格控制在制品的储备量和在各个生产环节之间的流动状态，以缩短生产周期，加速流动资金周转。必须认真做好：①管理车间在制品、库存在制品的流转和统计；②确定半成品、在制品的合理储备和进行成套性检查；③加强存储管理，发挥中间仓库的控制作用；④重视物料搬运管理，提高物料流转过程中的运转效率。

企业生产控制是否能够成功地实现，将取决于产品是否按期、保质交于客户；是否充分利用人力和设备；是否实现标准化生产；是否实现一个流生产。且能降低库存等。最终的目标是最大限度提升客户的满意度，为企业获取利润。

第二章 生产战略

伴随着世界经济一体化进程的加快和全球化的市场竞争日趋激烈,企业所面临环境的不确定性日益加大。企业要在复杂多变的环境中求得生存和发展,就必须对自己的行为进行通盘地谋划,战略问题已成为企业经营活动所要解决的首要课题。企业战略是企业为求得长期生存和不断发展而对较长时期内生产经营活动的发展方向和关系全局问题的总体性谋划。生产运作战略则是在企业战略指导和约束下的职能性战略,它是企业总体战略成功的基础和保障。本章通过介绍生产战略的内涵,阐述生产战略制定及实施过程,探讨生产战略的内容。

第一节 生产战略概述

一、生产战略的概念

生产战略是企业根据所选定的目标市场和产品特点来构造其生产系统时所遵循的指导思想,以及在这种指导思想下的一系列决策计划、内容和程序。

生产战略是指在企业经营战略的总体框架下,决定如何通过生产活动来实现企业的整体经营目标。它根据对企业各种资源和内外部环境的分析,对生产管理和生产系统有关的基本问题进行分析和判断,确立总的指导思想以及一系列决策准则。关系如图2-1所示关系。

二、生产战略与企业经营战略

生产运作战略对于保证生产系统的有效性、顺利地进行生产运作活动无疑是至关重要的,但它并不等同于企业的经营战略。某项生产战略对企业的一种或几种产品获得竞争优势起着不可替代的保障作用,但对于企业其他产品来说,由于目标市场的差异,这种战略可能就不太适用,尤其是在采取事业部制的大企业中,这两者的区别更加明显。一般来说,企业的战略可以分为三层,公司级经营战略,部门级战略和职能级战略(见图2-2)。公司级经营战略的任务是决定企业组织的使命,注重对外界环境的分析和研究,并据此调整自己的战略目标和长期计划,谋求企业经营活动与环境的动态平衡,使企业始

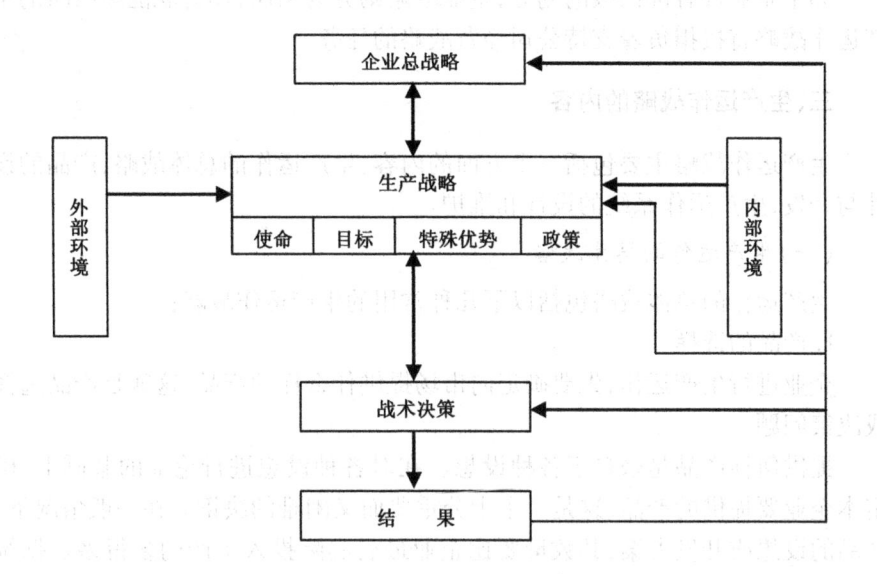

图 2-1 生产战略的一般模式

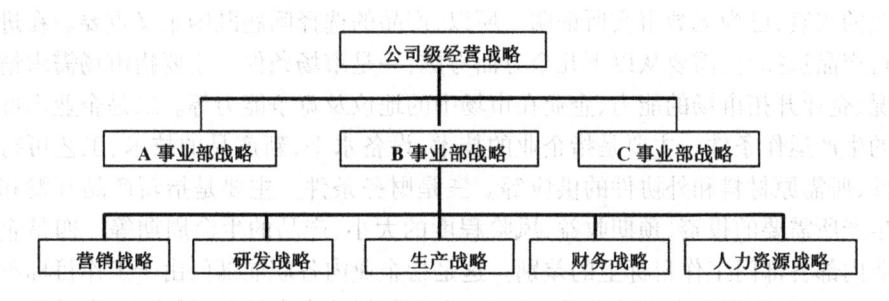

图 2-2 生产战略与企业经营战略的关系

终有明确的发展方向和发展道路。部门级战略是企业某一独立核算单位或具有相对独立的经济利益的经营单位对自己的生存和发展做出的谋划,它要把公司经营战略中规定的方向和意图具体化,成为更加明确的针对各项经营事业的目标和战略。而生产运作战略则属于职能级战略。很明显,即使在同一个经营战略之下,不同部门的部级战略不同,生产运作战略的内容就有可能不同。例如,一个电器公司,分别设电视机部、洗衣机部、收录机部等。电视机部的竞争策略可能是以高质量(例如,高清晰度、高可靠性等)取胜,而收录机部可能是面向农村市场而以物美价廉、操作方便取胜。这样相应的生产运作战略的重点可能就不同,前者可能应选择利用最新技术的产品投入生产,后者则可能将重点放在降低成本上。

如果企业没有部门级的划分,企业战略则分为两层,作为职能级战略的生产运作战略直接担负着支持公司经营战略的任务。

三、生产运作战略的内容

生产运作战略主要包括三个方面的内容:生产运作的总体战略,产品的设计与开发,生产运作系统的设计和维护。

(一)生产运作的总体战略

生产运作的总体战略包括以下几种常用的生产运作战略:

1. 产品的选择

企业进行生产运作,先要确定向市场提供什么样的产品,这就是产品选择或决策问题。

提供何种产品是来自于各种设想。在对各种设想进行论证的基础上,确定本企业要提供的产品,这是一个十分重要而又困难的决策。在一般情况下,产品的设想或开发方案,其数量要比企业最后实际投入生产的多得多。据统计,关于新产品项目的建议方案或设想,每60个新方案中只有8个左右可通过初审,真正投入生产投放市场的只有一个。而产品的选择可以决定一个企业的兴衰,已为无数事实所证明。所以,产品的选择问题既困难又重要。在进行产品选择时,需要从以下几个方面考虑:一是市场条件。主要指市场需求情况、企业开拓市场的能力、企业在市场中的地位及竞争能力等。二是企业内部的生产运作条件。主要是指企业的技术、设备水平,新产品的技术、工艺可行性,所需原材料和外协件的供应等。三是财务条件。主要是指新产品开发和生产所需要的投资、预期收益、风险程度的大小、产品的生命周期等。四是企业内部各部门工作目标上的差别。这是指企业内各职能部门由于工作目标不同,在产品选择上会发生分歧。比如,生产部门追求高效率、低成本、高质量和生产的均衡性,希望品种数少一些。销售部门追求市场占有率、对市场需求的响应速度和按用户要求提供产品,希望扩大产品系列,不断改进老产品和开发新产品。财务部门追求最大的利润,要求加快资金流动,希望只销售立即能得到利润的产品,销售利润大的产品,不制造不赚钱的产品。由于职能部门工作目标上的差异,往往造成产品决策的困难。销售部门要求创新、发展,愿冒风险,要求保持广而全的多种产品的生产线,财务部门往往要求生产销售利润大的产品,生产部门则要求尽可能生产尽可能少的成熟产品,而它们之间的矛盾,只有通过高级管理层协调解决。此外,在产品决策时,还要考虑社会效益、对环境的影响等因素。

显然,在进行产品决策时需要考虑的因素很多,如何在这众多因素中,理清关系、权衡轻重缓急呢？我们可以采用分级加权法来解决这一问题。分级加权法的应用过程是：首先列举进行产品决策时应该考虑的重要因素，按其重要程度分别给予权重，每一因素再分成几级，分别打分，其分值和权重值相乘得出该因素的积分，最后将全部因素的积分加起来则得出一个方案的总分。在对所有方案都进行打分后，最后可通过每个方案得分的高低来评价其好坏，见表 2-1。

表 2-1 分级加权法

主要考虑因素	(A) 权重	(B) 分级 (A)×(B) 很好 好 一般 差 较差	(A)×(B)
销售			
竞争能力			
投资			
预期收益			
技术（先进性成功、概率等）			
材料（供应质量、及时性等）			
附加价值			
与主营业务的相似性			
对现有产品的影响			
专利保护			
总计	1.00		

表 2-1 所列的主要考虑因素仅是一个示例。不同的企业，在不同的情况下，对主要考虑因素可能有不同的选择。同理，对于权重的考虑，根据企业实际情况的不同，或者经营战略的不同，取值也应该不同。

2. 自制或购买

产品、零部件是自制还是购买，这是每一个企业在制定战略时都必须回答的问题。如果从企业战略的角度看，这实际上涉及到企业的纵向一体化政策。企业开发新产品，建立或改进生产系统之前，都需要做出自制或购买的决策。自制或购买决策有不同的层次。如果在产品级决策，会影响到企业的性质。产品自制，则需要建一个制造厂，需要建造相应的设施，采购所需要的设备，配备相应的工人、技术人员和管理人员；产品外购，只需要成立一个经销公司，就可以为消费者提供相应的服务。如果只在产品装配阶段自制，则只需要建造一个总装配厂，然后寻找零部件供应厂家。

3. 竞争重点的确定

生产运作战略必须要确定生产运作重点，即必须明确的竞争重点。根据哈佛商学院尉克汉姆·斯金纳的早期研究和伦敦商学院泰瑞·黑尔的最新研究成果,基本的竞争重点包括成本、产品质量和可靠性、交货速度、交货可靠性、对需求的应变能力、柔性和新产品的引入速度以及其他与特定产品有关的标准7个方面的内容。

(1)成本。在每个产品市场中,通常都存在着严格遵循低成本原则的细分市场。为了在市场上取得竞争优势,企业必须以低成本进行生产。

(2)产品质量和可靠性。质量分为三类:产品质量、过程质量和工作质量。

(3)交货速度。当今市场竞争越来越激烈,企业交货的速度是竞争的重要条件。譬如说,某企业为计算机网络设备提供维修服务,那么能够花1～2h内提供现场维修服务的企业显然要比在24h内保证维修服务的企业具有明显的竞争优势。

(4)交货可靠性。这是指企业在承诺交货期当日或之前的产品或服务的提供能力。20世纪80年代和20世纪90年代中采用的为降低成本而减少库存的做法,使企业越来越重视交货的可靠性,并以此作为标准来评价和选择供应商。

(5)对需求变化的应变能力。在许多市场上,企业对需求增减变化的反应能力是竞争能力的重要因素之一,追求长期高效地响应动态市场需求的能力,应是运作战略要解决的基本问题。

(6)柔性和新产品开发速度。从战略意义上讲,柔性指的是企业为顾客提供多种类型产品的能力,决定这种能力的一个重要因素是企业开发新产品所需的时间以及建立可生产新产品的工艺流程所需的时间,并行工程则较好地解决了这一难题。

(7)其他与特定产品有关的标准。这是指特定产品或特定情况下的重点内容。主要是指技术联系与支持、密切的合作、供应商售后服务等。

除此以外,其他典型的重点内容还有颜色、尺寸、重量、装配线布局、产品市场化情况以及产品组合方案等。

随着社会经济的发展,竞争的加剧,生产运作战略的重点是随时间的推移而变化的,必须到市场上去发现竞争重点的变化并采取相应的战略去实现这些重点。比如,波士顿大学的一个研究小组跟踪研究了过去10年间212家美国制造企业的竞争重点的变化情况。该研究被称作制造业未来趋势调查。研究结果表明,随着制造企业业绩的不断提高,对竞争力的要求也随之改变(见表2-2)。

(二)*产品开发与设计*

在产品决策做出后,就要对产品进行设计,确定其功能、型号、规格和结构,在此基础上选择制造产品工艺,设计工艺规程。

加强研究开发,不断推出新产品和新技术,是保障企业生存和发展的重要

条件。现代科学技术突飞猛进,研究开发职能的地位更加突出。在产品开发与设计方面,按发展方向的不同,可将战略分为四类:

表 2-2 竞争重点的变化

1990 年	1992 年	1994 年	1996 年~
1. 一致性质量 2. 及时交货 3. 产品可靠性 4. 工作质量 5. 低价格	1. 一致性质量 2. 产品可靠性 3. 及时交货 4. 工作质量 5. 低价格	1. 一致性质量 2. 及时交货 3. 产品可靠性 4. 低价格 5. 快速交货 6. 新产品开发速度	1. 一致性质量 2. 产品可靠性 3. 及时交货 4. 低价格 5. 快速交货 6. 工作质量 7. 新产品开发速度

1. 做技术领先者还是技术追随者

企业在设计产品或服务时是做新技术的领导者还是做跟随者,是两种不同的选择。做领先者就需要不断创新,风险大。但可以在竞争中始终处于领先地位。但技术追随者只要努力学习和仿造,也可能取得优势。

波特教授将研究开发战略同企业竞争战略联系起来。他指出:技术领先者和技术追随者,在获取成本领先优势或差别化优势方面各有特点,技术领先者是易于获得竞争优势的,但技术追随者也可以获得优势,见表2-3。

表 2-3 研究开发战略与竞争优势

竞争优势	技术领先者	技术追随者
成本领先	优先设计出成本最低的产品优先获得学习曲线效益创造出完成价值链活动的低成本方式	通过学习技术领先者的经验,来降低产品成本和价值链活动的费用,通过仿造来减少研究开发费用
差别化	优先生产出能增加买方价值的独特产品在其他活动中创新以增加买方价值	通过学习技术领先者的经验,使产品或交货系统更紧密地适应买方的需要

2. 自主开发还是联合开发

自主开发是企业根据市场需要,依靠自己的技术力量,进行基础理论及相关应用研究,从而开发出新产品。联合开发是企业与合作伙伴或其他机构联合进行新技术、新产品的开发活动。需要指出的是,在当今全球化激烈竞争的买方市场条件下,联合开发不失为一条建立竞争双方共赢关系的捷径,特别是对于一些复杂的产品或技术,这种方法更为适用。现在已有多国联合开发航天航空器的事例。同时,联合开发也是充分利用社会资源,提高开发速度的良好途径。

3. 花钱买技术或专利

"自制或是外购"的决策同样可运用于研究开发战略。有条件独立进行研究开发固然很好,外购或引进他人的先进技术,使用他人的研究开发力量,也不失为一个好办法,还可借此促进自身技术实力的增强。但在购买或引进之后,要注意消化、吸收和创新,形成自己的特色。

4. 做基础研究还是应用研究

基础研究是对某个领域或某种现象进行研究,但不能保证新的知识一定可以得到应用。基础研究成果转化为产品的时间较长,投资比较大,而且能否转化为产品的风险很大。但是,一旦基础研究的成果可以得到应用,对企业的发展将起很大的推动作用。应用研究是根据市场需求选择一个潜在的应用领域,有针对性地进行的研究活动。应用研究实用性强,容易转化为现实的生产力。但应用研究一般都需要基础理论的指导。企业选用何种研究开发战略,取决于它的规模、技术实力、产业环境和竞争对手的状况。

(三)生产运作系统的设计

生产运作系统的设计对生产运作系统的运行有先天性的影响,它是企业战略决策的一个重要内容,也是实施企业战略的重要步骤。生产运作系统的设计主要包括选址、设施布置、工作设计、考核与报酬四方面的内容。

1. 选址

选址就是指将生产运作的设施、设备等物质实体设置在什么地方的问题。选址对企业的运行效率和效果都有先天性的影响,其重要性不言而喻。一旦选择不当,它所带来的不良后果不是通过建成后的改善措施可以弥补的。而且,在选址确定以后,随着社会经济的发展及扩大生产能力的需要,企业也会面临着迁址和重新选址的问题。因此,选址是现代企业生产运作系统设计中需要解决的首要问题。

2. 设施布置

设施布置是在选址之后进行的,目的是把企业内的各种设施、设备进行合理的安排,确定组成生产系统的各个部分的平面和立体位置,并确定物料流程和运输路线等。设施布置对生产运作的效率有很大影响。设施布置不当,会造成运输路程长,运转路线迂回曲折,不仅浪费了人力、物力资源,而且延长了生产周期。设施布置是随着生产类型的不同而采用不同的布置方式。对大量大批生产,一般采用流水线布置(按对象原则);对多品种小批量生产,一般采用按功能布置(按工艺原则),即将完成相同功能的机器设备布置在一起。功能布置能适应多种产品的生产,生产系统有较高的柔性,但物料运送的路线长。

3. 工作设计

在生产运作系统中,机器设备及技术的优势发挥、生产运作系统运行的状况最终取决于操纵、控制该系统的人,取决于人对工作的态度和工作方式。而工作设计就是要设计工作结构,制订与同事、与顾客之间的联系,并对工作有关的活动规则做出正式和非正规的说明。工作设计有不同的指导思想和方案。不同的指导思想和方法会产生不同的效果。比如,流水生产线上的工作设计指导思想是分工理论,通过细致分工,提高工作效率,从而提高生产系统的产出,但这种方式使工作单调乏味;而团队工作方式则可以使工作丰富化,提高员工的工作兴趣和责任感,但在一定程度上牺牲了效率。

在工作设计中需要特别注重的一个问题是要正确处理人机分工。工作设计要使机器和工作环境适合人的能力和需要,而不是相反。

4. 考核和报酬

对人的工作业绩要进行考核,并将考核结果与报酬挂钩,这是大家已达成共识的问题。只有这样才能激励员工努力工作,不断改进工作方法,发挥创造性,提高工作效率。报酬涉及工资和薪水的数量和发放办法。通常有两种计酬的办法:计时付薪和按贡献付薪。计时付薪适用于难以量化的工作。按贡献付薪包括计件和承包等办法,适用于能够量化的工作。报酬系统的选择和设计对于发挥最重要的资源的潜力有十分重要的影响。

第二节 产品战略决策

一、产品战略决策的含义

产品战略是企业对其所生产与经营的产品进行的全局性谋划。它与市场战略密切相关,也是企业经营战略的重要基础。产品的整体概念有五个基本层次:

(1)核心产品;
(2)形式产品;
(3)期望产品;
(4)延伸产品;
(5)潜在产品。

从满足用户需求的观念出发,产品功能可以划分以下三个层次:基本功能、心理功能、附加功能。

二、新产品选择及其影响因素

新产品的创意和改变创意的来源主要包括:①意料之外的事;②原创意不符合实际;③制造过程的需求;④产业或市场结构的变化;⑤人口变迁;⑥认知的改变;⑦新知识;⑧灵感。

产品选择应考虑以下因素:

(1)产品的市场潜力;

(2)产品的收益性:销售利润率、资金利润率等;

(3)市场竞争性:应综合考虑市场容量、竞争优势和弱点选择有利于发挥企业核心技术优势的产品进行开发;

(4)可利用的资源条件:便利程度、经济性、环保要求;

(5)技术水平和生产能力;

(6)经销能力:营销渠道、服务能力;

(7)国家政策、法律、法规等要求。

新产品发展过程如图2-3所示。

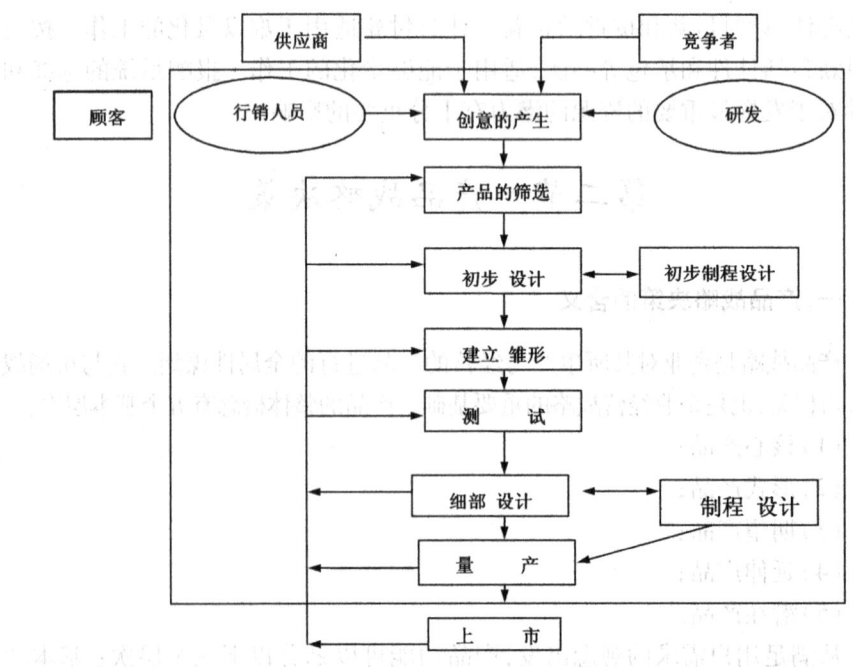

图2-3 新产品发展过程

决策时需要考虑的因素很多,在众多因素中,如何理清相互关系、权衡轻重?

1. 分级加权法

使用分级加权法时,首先需要列举进行产品决策时应考虑的重要因素,按其重要程度分别给予相应的权重,每个因素再分成几级,分别打分,其分值和权重值相乘得出该因素的积分,最后将全部因素的积分加起来则得出一个方案的总分。对候选的每个方案都采用同样的方法打分,最后可通过每个方案的高低来评价其好坏。

2. 多指标评分法
3. 产品寿命周期方法

产品全生命周期管理(见图2－4):产品全生命周期管理(product overall life—cycle management,PLM)是对产品的整个生命周期(包括培育期、成长期、成熟期、衰退期、结束期)进行全面管理,通过培育期的研发成本最小化和成长期至结束期的企业利润最大化来达到降低成本和增加利润的目标。

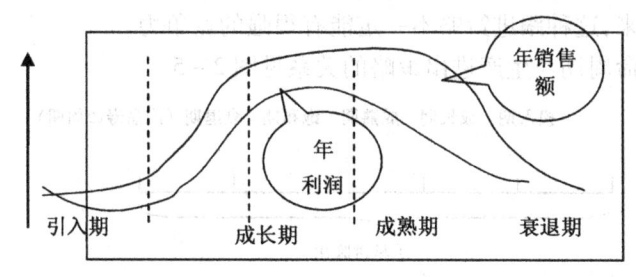

图2－4 产品寿命周期

企业组织和实施PLM战略的总体框架是围绕着6个主要的需求来构造的简称为"PLM ACTION"。这六个需求是:

调整(alignment)——平衡企业信息化投资花费,增加对PLM的投资

协同(collaboration)——与业务伙伴交换洞察力、想法和知识,而不是CAD数据

技术(technology)——获取新的技术来建立智力资产生态系统

创新(lnnovation)——开发客户驱动的、行业"杀手锏"类的创新产品

机会(opportunity)——致力于跨学科的集成,追求产品的新的生命周期机会

智力资产(intellectual property)——把产品知识作为战略财富加以对待和充分利用。

三、产品整合

产品整合有三种不同的发展趋势:多样化、系列化和关联性。根据产品所处的寿命周期阶段及相应的可能销售额和利润,可以按照以下几种策略考虑一种商品的生产与否。

(1)早进晚出。这种策略是指从产品的寿命周期开始直至终了自始至终生产。很多具有大批量、低成本生产系统的企业,往往采用这种产品进出策略,以便使其系统优势得到充分发挥。在一些进入壁垒和退出壁垒均较高的行业,例如汽车、手机这样的高科技、资本密集行业,通常也采取这种策略。

(2)早进早出。这种策略是指在产品的投入期和成长期进行生产。合成纤维是这方面的一个典型例子。一些产品开发能力较强、市场开拓能力也较强且具有较灵活的生产系统的企业,也往往采用这种策略。

(3)晚进晚出。这种策略是在一种产品的市场已经被开发、产品已进入成长期、市场前景已经看得较明显以后,才开始进行生产。采取这种策略的企业通常技术革新能力与研究开发能力较弱,但具有较优越的制造能力、生产应变能力和销售能力。这种策略的有利之处是,可以避免进行新产品开发的风险。但反过来,这种跟进策略不一定能有很强的竞争力。

产品寿命周期与生产进出策略的关系见图 2-5

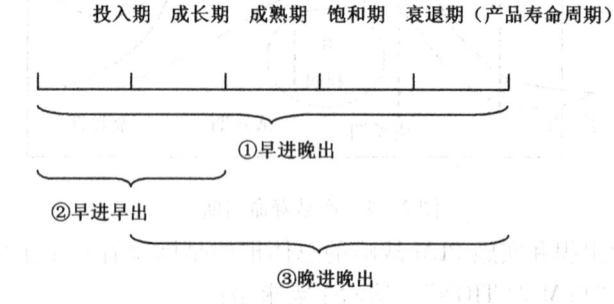

图 2-5 产品寿命周期与生产进出策略的关系

四、产品研究发展策略

(一)产品进入和占有市场的时机分析

哈耶(Hayes)、韦瑞特(Wheelright)提出了如表 2-4 所示的市场进入-退出产品战略。

(二)产品组合优化方法

常用的产品组合优化方法是由美国通用电气公司和波士顿战略咨询集团于 20 世纪 60 年代中期合作研究提出的"产品项目平衡管理技术",称之为 PPM 技术。该方法的应用步骤如下:

(1)给产品的市场吸引力(包括资金利润率、销售利润率、市场容量、对国民经济的影响程度等)和企业实力(包括市场占有率、生产能力、技术能力、销售能力等)的各个具体因素确定评分标准。

(2)按照各项因素的评分标准给每一个产品(产品项目或产品线)评分,分别计算每种产品的市场吸引力和企业实力的总分。

(3)依据产品的市场吸引力总分和企业实力总分的高低,分别把它各自划分为大、中、小三等。

(4)按照每种产品的市场吸引力和企业实力的大、中、小情况分别填入产品系列分布象限图。

表2-4 市场进入-退出产品战略

产品战略	市场进入时阶段	市场退出时阶段	对生产经营的含义
早期进入 晚期退出	产品引入阶段	产品衰退阶段	小批量\灵活性 大批量\低成本
早期进入 早期退出	产品引入阶段	产品成熟阶段	小批量\灵活性
晚期进入 晚期退出	产品成长阶段	产品衰退阶段	大批量\低成本

(三)产品开发战略

1. 领先型开发战略

采取这种战略,企业努力追求产品技术水平和最终用途的新颖性,保持技术上的持续优势和市场竞争中的领先地位。

2. 追随型开发战略

采取这种战略,企业并不抢先研究新产品,而是当市场上出现较好的新产品时,进行仿制并加以改进,迅速占领市场。

3. 替代型开发战略

采取这种战略,企业有偿运用其他单位的研究与开发成果,替代自己研究与开发新产品。研究与开发力量不强、资源有限的企业宜于采用这种战略。

4. 混合型开发战略

以提高产品市场占有率和企业经济效益为准则,根据企业实际情况,混合使用上述几种产品开发战略。

第三节 生产战略的制定与实施

一、生产战略制定的影响因素

制定生产战略要充分考虑各种环境条件。主要有两大类:企业外部环境和内部条件。

（一）企业主要外部因素

企业在制定生产战略时,需要考虑的外部环境因素有很多种,由于在制定企业经营战略时基本上都已考虑过,在这里只涉及与生产战略制定关系密切的几个主要外部因素。

1. 国内外宏观经济环境和经济产业政策

宏观经济环境包括国民消费水平、收入分配、投资水平、国民生产总值、产业政策、家庭数量和结构、经济周期、就业水平、储蓄率、利率等。而在这其中对生产战略影响最大的是产业政策。虽然在制定经营战略时已经充分考虑了这一点,但它对产品决策和生产组织方式的选择有着重大的影响。尤其是对一些大的产业来说,如汽车、钢铁产业的发展,不仅取决于国民收入的水平,而且取决于国家的产业政策和基础设施条件。

2. 市场需求及其变化

市场需求及变化主要是指消费者和潜在消费者的需求和期望,市场销售渠道,竞争对手及潜在竞争对手的数量、优势和不足,他们的战略,进入市场的障碍,市场对价格的敏感性,产品生命周期的潜在销售量和盈利性等。这个因素看似与经营战略的制定关系更为密切,实际上它也直接影响着生产战略的制定。例如,某企业通过市场调查发现,电视机需求的下一个发展趋势是高清晰度电视,那么,企业现有的生产技术、工艺、生产能力等能否适应新产品的开发和生产,生产系统是否需要调整等一系列问题就必须随着做出决策,这就必然影响到生产战略的制定和执行。

3. 技术进步

科学技术的进步,一方面对企业的新产品开发产生直接影响,另一方面也给企业内部生产运作系统所采用的生产方法、工艺及组织管理带来新的变革。例如,并行工程技术的产生,不仅改进了产品设计方法,而且对整个生产运作系统的组织机构、业务过程提出了重组的要求,促进了企业组织管理水平的提高。当然,技术进步在给企业带来机遇的同时,也会给一些企业带来很大的威胁,对企业提出了新的、更高的要求。

4. 供应市场

资源供应主要是指原材料、外协件、劳动力等资源的供应。这个因素对企业产品竞争力的影响非常大。企业在制定生产运作战略时,一定要充分考虑这些因素。例如,企业生产所需的外协件的供应非常不稳定,就可能会影响到正常的交货期,从而影响到企业响应市场需求的速度和竞争力。

(二)企业主要内部因素

影响生产运作战略制定的内部条件因素主要是：

1. 企业整体经营目标与各部门职能战略

企业经营战略规定了企业的经营目标。在企业整体经营目标之下，企业的不同职能部门分别建立自己的职能部门战略和自己力图达到的目标。因此包括生产运作战略在内的各个职能级战略的制定，都受企业整体目标的制约和影响。由于各职能级目标所强调的重点不同，往往对生产战略的制定有影响，而且影响的作用方向是不一致的。因此，在同一个整体经营目标之下，生产战略既受企业经营战略的影响，也受其他职能战略的影响。在制定生产战略时，要考虑到这些相互作用、相互制约的目标，权衡利弊，使生产战略决策能最大限度地保障企业经营目标的实现。

2. 企业能力

企业能力对制定生产运作战略的影响主要是指，企业在运作能力、技术条件以及人力资源等方面与其他竞争企业相比所占有的优势和劣势，在制定生产运作战略时要把握住竞争重点，尽量扬长避短。例如，企业的技术力量强大、设备精度高、人员素质好，进行产品选择决策时可能应该以高、精、尖产品取胜；如果企业的生产应变能力很强，那么集中力量开发和生产与本企业生产工艺相近、产品结构类似、制造原理也大致相同的产品，在市场竞争中以快取胜。

企业的能力评价是一个非常复杂的难题，它需要在全面评审内部条件的基础上做出一个大致的判断。通常情况下，需要评价的企业内部条件包括：对市场需求的了解和营销能力，现有产品状况，现有的顾客及与顾客的关系，现有的分配和交付系统，现有的供应商网络及与供应的关系，管理人员的素质和能力，工人的技能水平，对自然资源拥有的情况及获取能力，设施、设备、工艺状况，产品和工艺的专利保护，可获得的资金和财务优势等。

二、生产战略的制定与实施

(一)生产战略的制定

生产运作管理者在制定生产运作战略时，必须充分理解组织的总体战略。因为在企业所拥有的所有资源中，生产运作系统占用着大多数的资源数量。要充分利用资源，实现资源的优化配置，单凭有效的市场营销和财务管理，并不能使资源得到最有效的利用，保证把最好的产品及时地交付给顾客，只有生产运作职能才能做到这些。因此，生产战略是企业建立竞争优势的基础。生产与运作战略仅仅是组成企业战略的一个职能性战略。它的制定过程同企业战略制定过程基本是相同的。图2-6给出了生产战略制定的基本过程及战略内容概要。需要指出的是,成功的生产战略不仅要同整个组织的环境分析战略一致,还应当与产品生命周期阶段的特点和要求相吻合。也可以说,在产品生命周期不同阶段里,有待解决的具体战略性问题也不同。

一般来说,产品的投入期,是增加市场份额的最佳时机,企业战略的关键问题是研究开发和工程,而生产战略的关键是产品设计和开发,面临和需要解决的主要问题是:产品和工艺设计频繁变动、生产能力不相适应、生产成本高、产品型号少、质量标准的确定、工人的技术熟练程度、迅速消除设计缺陷等;产品的成长期,要根据实际情况调整产品价格、树立产品形象,企业战略的重点应放在市场营销上,生产运作的关键问题是:产品和工艺稳定可靠、产品不断改进和多样化以具更强的竞争力、提高生产能力、逐步确立产品的市场主导地位等;产品成熟期,企业战略的关键问题是以低成本来提高竞争能力,以新的促销和分销手段保持市场地位,生产运作战略的重点应是大力实施标准化、提高工艺稳定性、缩短生产周期、进行产品改进和系列化、降低产品成本等;产品的衰退期,行业生产能力过剩,企业战略的核心是以新产品占领新市场,成本控制是关键,生产运作战略的重点是重新进行产品组合,精简产品系列,停止生产无利或利少的产品、缩减生产能力等。

(二)生产战略的实施

制定出生产战略后,就进入了实施阶段。在战略实施过程中,必须使企业的生产运作系统的内部结构及条件与战略相适应,也就是说,生产战略要与企业的技术与能力、资源分配、内部生产政策和工作程序、计划方案等相适应。一般说来,企业生产战略的实施过程包括明确目标、制订方案、编制预算、确定工作程序等内容。

1. 明确生产战略目标

生产战略目标要根据企业经营战略来制定。虽然在企业战略中已明确生产职能的目标,但这只是一个粗略的基本目标。要使生产战略顺利地实施,还要把目标具体化,使其成为可以执行的具体目标。生产战略目标主要包括生产能力目标、品种目标、质量目标、产量目标、成本目标、柔性目标、交货期和环保目标等。

2. 制订计划

为保证生产战略目标的实现,需要制订相应的计划。在企业生产运作过程中,计划是一切行动的纲领,企业内部的一切生产运作活动都要按照计划来进行。在生产运作管理中,生产计划是整个计划体系的龙头,其他计划都要依据生产计划来编制。

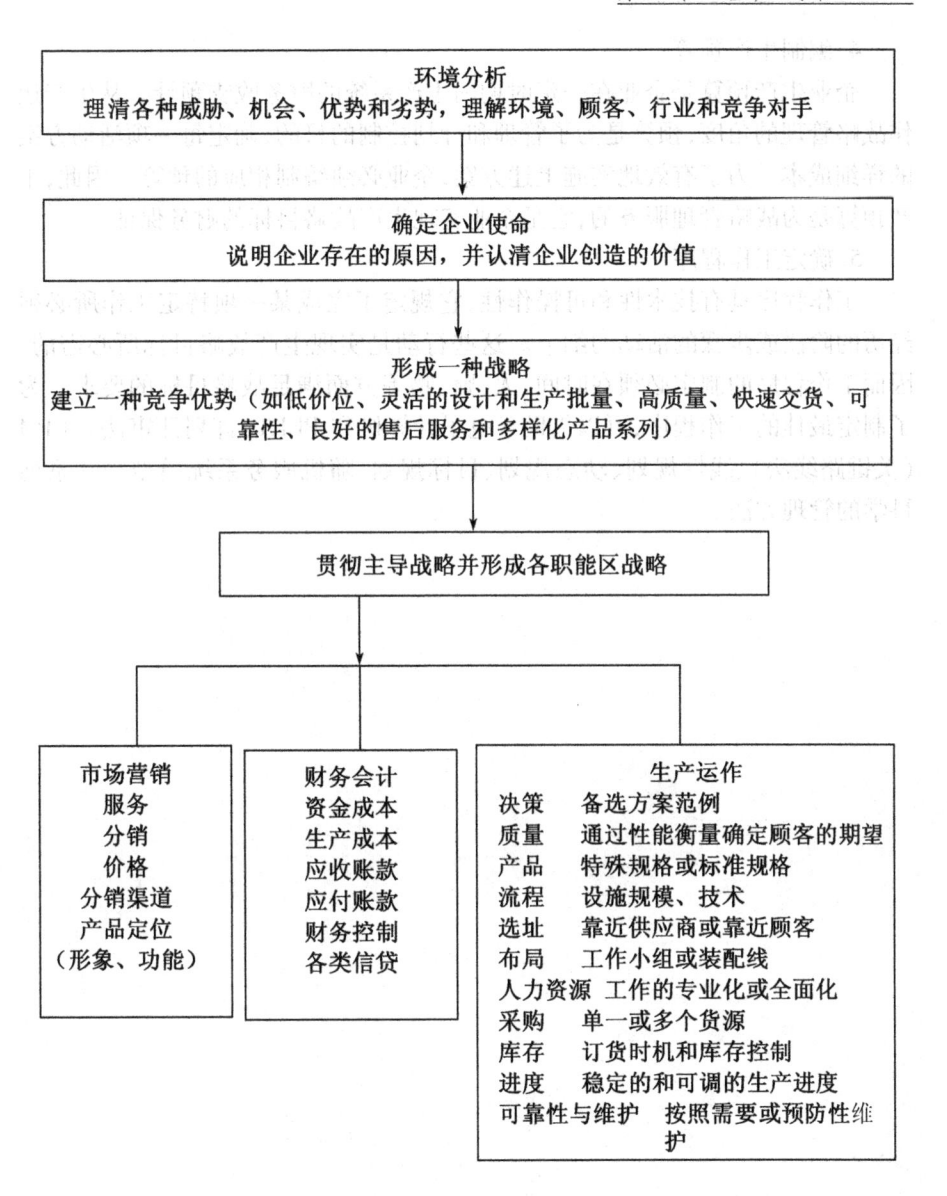

```
┌─────────────────────────────────────────────────────┐
│                    环境分析                          │
│   理清各种威胁、机会、优势和劣势,理解环境、顾客、行业和竞争对手   │
└─────────────────────────────────────────────────────┘
                          ↓
┌─────────────────────────────────────────────────────┐
│                   确定企业使命                        │
│         说明企业存在的原因,并认清企业创造的价值           │
└─────────────────────────────────────────────────────┘
                          ↓
┌─────────────────────────────────────────────────────┐
│                   形成一种战略                        │
│   建立一种竞争优势(如低价位、灵活的设计和生产批量、高质量、快速交货、可  │
│        靠性、良好的售后服务和多样化产品系列)              │
└─────────────────────────────────────────────────────┘
                          ↓
┌─────────────────────────────────────────────────────┐
│            贯彻主导战略并形成各职能区战略                │
└─────────────────────────────────────────────────────┘
```

市场营销	财务会计	生产运作	
服务	资金成本	决策	备选方案范例
分销	生产成本	质量	通过性能衡量确定顾客的期望
价格	应收账款	产品	特殊规格或标准规格
分销渠道	应付账款	流程	设施规模、技术
产品定位	财务控制	选址	靠近供应商或靠近顾客
(形象、功能)	各类信贷	布局	工作小组或装配线
		人力资源	工作的专业化或全面化
		采购	单一或多个货源
		库存	订货时机和库存控制
		进度	稳定的和可调的生产进度
		可靠性与维护	按照需要或预防性维护

图 2-6 生产运作战略制定的过程及战略内容概要

3. 确定实施方案

计划明确了生产运作活动的方向,但要具体实施还需制定相应的行动方案。通过实施方案进一步明确实施计划的行动,从而使计划目标落实到行动上。例如,为了落实新产品的开发计划,企业可以制定实施相应的生产组织机构调整方案、扩大生产能力或设备调整方案、选择供应商方案等。

4. 编制生产预算

企业生产预算是企业在一定时期内生产系统的财务收支预计。从生产运作战略管理的角度，预算是为了管理和计划控制的目的，确定每一项活动方案的详细成本。为了有效地实施上述方案，企业必须编制相应的预算。因此，生产预算是为战略管理服务的，它是企业实现生产战略目标的财务保证。

5. 确定工作程序

工作程序具有技术性和可操作性，它规定了完成某一项特定工作所必须经历的阶段或步骤的活动的细节。这些行动是实现生产战略目标所必需的，因而工作程序的制定必须在时间、人、财、物等方面满足战略目标的要求。为了制定最佳的工作程序，可以借助于电子计算机和 PERT(计划评审法)、CPM(关键路线法)、线性规划、动态规划、目标规划、随机服务系统模型等一系列科学的管理方法。

第三章 库存管理

库存管理是企业管理中的一个古老的课题，但又一直是探索的前沿，几乎每一个社会经济组织，不管是营利的还是非营利的，都在生产、使用、储存和分配库存。库存的大量发生，使得每一个组织每年要花大量的人力、资金、设施、费用去计划和控制库存，这种看似必要的活动，实质上可能潜伏巨大的浪费。

多数企业都面临资金短缺的问题，而库存往往是占用资金最大的项目。因此，如何在保证均衡生产和满足顾客需求的前提下尽可能降低库存，就成为生产计划与控制内容中的一个重点。

第一节 库存管理概述

一、库存的定义

一般来说，库存是指为了满足未来需要销售或使用而暂时闲置的、用于未来的、有经济价值的资源，如：原材料、半成品、成品、机器、人才、技术，等等。

资源的闲置就是库存，与这种资源是否放在仓库中没有关系，与资源是否处于运动状态也没有关系。汽车运输的货物处于运动状态，但这些货物是为了未来需要而暂时闲置的，就是一种在途库存。实际上人、财、物、信息等各方面的资源都有库存问题，如专门人才的储备就是人力资源的库存，计算机硬盘储存的大量信息是信息的库存。

库存在历史上曾被当作财富的象征。衡量一个商人的财富，是看他存有多少担粮食、多少头牛、多少匹布和多少两黄金白银。直到 20 世纪科学管理运动兴起以后，企业管理者才摒弃了一味生产存货的观点，开始重视存货的流动性，并最终将存货周转率作为衡量企业效率的重要指标。

库存周转率可用下式表示：

库存周转率 = 年销售额／年平均库存值

还可细分为以下三种：

成品库存周转率 = 年销售额／成品平均库存值

在制品库存周转率 = 生产产值／在制品平均库存值

原材料库存周转率 = 原材料消耗额／原材料平均库存值

注意：上面各式分子、分母数值均应指相同时间段内的数值。

库存周转率越快表明库存管理的效率越高；反之，库存周转慢意味着库存占用资金大，保管等费用发生多。库存周转率对企业经营中至关重要的资金周转率指标也有极大的影响作用。但是库存周转率在许多国家由于各方面条件的限制呈现出很大的不同，很多北美制造业企业1年为6～7次，而一些日本企业1年可达40次之多。

二、库存的特点

一般来说，库存设置主要基于三个目的：预防不确定的、随机的需求变动；保持生产的连续性、稳定性；以经济批量订货。但是持有库存会发生费用，还会带来其他一些管理上的问题。

（一）库存的优点

归纳起来，库存的作用主要表现在如下方面：

(1)缩短顾客订货提前期（快速满足预期顾客需求）。当厂商维持一定数量水平的成品库存时，顾客就能够及时得到所需的物品，于是缩短了客户的订货提前期，改善了客户服务质量，有利于争取更多的顾客。

(2)保持生产的均衡性。激烈的市场竞争中外部需求变化多端，而企业一方面要满足客户的需求，另一方面又要保持内部组织生产的均衡性。库存将外部需求和内部生产相连接，像水库一样起着稳定作用。

(3)节省订货费用。订货费是指订货过程中为处理每份订单和发运每批订货而产生的费用，这种费用与订货批量的大小无关。所以如果通过持有一定量的库存而增大订货批量，就可以减少订货次数，从而分摊订货费用。

(4)提高人员与设备的利用率。持有一定量的库存可以从三方面提高人员与设备的利用率：减少作业更换时间，这种作业不增加任何附加价值；防止某个环节由于零部件供应缺货导致生产中断；当需求波动或季节性变动时，使生产均衡化。

除此之外，库存还可以达到防止脱销和发生缺货；避免价格上涨或争取数量折扣等作用。

（二）库存的弊端

库存具有上述几方面的重要作用，但是企业管理改进的方向是不断降低库存，而不是增加库存。

(1)占用大量资金、场地。企业的资金是有限的，而仓库里的库存却是一堆堆静止不动的资金，不但不能给企业带来效益，而要占用大量存储空间，发生很大费用,包括占用资金的利息、储藏保管费、保险费、库存物品价值损失费等。

(2)麻痹管理人员的思想,掩盖企业经营、生产管理中存在的问题。库存可能被用来掩盖产品、零部件的质量问题。一般来说,当废品率或返修率较高时,企业会将加大生产批量、增加在制品或成品库存当做权宜之计;库存可能被用来掩盖工人的缺勤问题、技能训练差的问题、操作不规范的问题、劳动纪律松弛和现场管理混乱的问题;库存可能被用来掩盖供应商或外协厂家的原材料质量问题、外协件质量问题、交货不及时问题;库存可能被用来掩盖和弥补作业计划安排不当、生产控制制度不健全、需求预测不准、产品配套性差等问题,并且根据库存的性质不同,腐烂变质、破碎等情况出现,还会出现耗损,增加企业费用支出。

此外,如产品设计不当问题、工程改动问题、生产过程组织不适应等问题,都可以在库存这里找到安全的靠垫。总之,是生产管理不善,最终导致库存水平居高不下。

三、库存的种类

从不同的角度对库存可以有多种不同的分类,简单介绍如下。

(一)按其在生产和配送过程中所处的状态划分

按其在生产和配送过程中所处的状态划分,库存可为原材料库存、在制品库存和成品库存。

(二)按库存的作用划分

按库存的作用划分,库存可分为周转库存、安全库存、调节库存和在途库存。

周转库存:当生产或订货是以每次一定批量,而不是以每次一件的方式进行时,这种由批量周期性形成的库存就称为周转库存。成批生产或订货一是为了获得规模经济,二是为了享受数量折扣。由于周转库存的大小与订货的频率有关,因此如何在订货成本与库存成本之间做出选择是决策时主要考虑的因素。

安全库存:又称缓冲库存,是生产者为了应付需求的不确定性和供应的不确定性,防止缺货造成的损失而设置的一定数量水平的库存,例如供货商未能按时供货、生产过程中意外停电停水等。安全库存的数量除受需求和供应的不确定性影响外,还与企业希望达到的顾客服务水平有关,这些是安全库存决策时主要考虑的因素。

调节库存:是为了调节需求或供应的不均衡、生产速度与供应速度的不均衡、各个生产阶段的产出不均衡而设置的一定数量的库存。比如空调、电扇的生产商为保持生产能力的均衡在淡季生产一定数量的产品置于调节库存，以备旺季(夏天)的需求。有些季节性较强的原材料，或供应商供应能力不均衡时，也需要设置调节库存。

在途库存：是处于相邻两个工作地之间或是相邻两级销售组织之间的库存，包括处在运输过程中的库存，以及停放在两地之间的库存。在途库存的大小取决于运输时间和运输批量。

（三）按用户对库存的需求特征划分

按用户对库存的需求特征划分，库存可为独立需求库存和相关需求库存。

来自用户的对企业产品和服务的需求称为独立需求。其最显著的特点是需求是随机的，企业自身不能控制而由市场决定，与企业对其他库存产品所做的生产决策没有关系。正是由于独立需求的对象和数量的不确定性，它的测定只能通过预测的方法粗略地估计。

相关需求也称非独立需求，它与其他需求有内在的相关性，可以根据对最终产品的独立需求精确地计算出来，是一种确定性的需求。例如，某汽车制造厂年产汽车 30 万辆，这是独立需求所确定的。一旦 30 万辆的生产任务确定之后，构成该型号汽车的原材料的数量和需求时间则可精确地计算得到。对零部件和原材料的需求就是相关需求。图 3 - 1 反映了生产过程中不同阶段库存项目之间的需求关系。

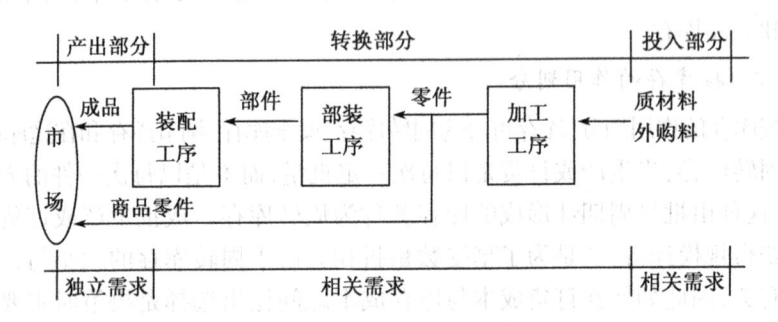

图 3 - 1 生产过程中的不同需求类型

独立需求库存问题和相关需求库存问题是两类不同的库存问题。

此外，库存还有其他方面的分类，在此仅做了解。

(1)按库存在生产中的作用分类：① 主要原材料库存；② 辅助材料库存；③ 燃料和动力原材料库存；④ 修理用备件库存；⑤ 外购件库存。

(2)按库存物资存在的状态分类：① 原材料库存；② 成品库存；③ 部件库存；④ 备品、备件、工具、工艺装备库；⑤ 在制品库存。

(3)按库存用途分类:① 经常性库存;② 保险性库存;③ 季节性库存。
(4)按库存目的分类:① 安全库存(safety stock);② 预期储备库存(anticipation inventory);③ 批量库存(lot size inventory);④ 在途库存(transportation inventory);⑤ 囤积库存(hedge inventory)。

第二节　库存控制的决策

一、库存决策的内容

库存决策的内容主要包括以下几方面:
(1)两次订货的间隔时间的确定;
(2)每次订货的订货批量的确定;
(3)每次订货提前期的确定;
(4)库存控制程度的确定(满足用户需求的服务水平)。

二、影响库存控制决策的因素

影响库存控制决策的因素有以下四方面:
(1)需求特性因素:①确定性需求与非确定性需求;②有规律变化需求与随机变化需求;③独立需求与相关需求。
(2)订货提前期:确定的或随机的订货提前期。
(3)自制与外购。
(4)服务水平。

三、库存费用和库存控制的目标

(一)库存费用
1.随库存量增加而增加的费用
(1)资金成本;
(2)仓储空间费用;
(3)物品变质和陈旧;
(4)税收和保险。
2.随库存量增加而减少的费用
(1)订货费;
(2)调整准备费;
(3)生产管理费;

(4)购买费和加工费；

(5)缺货损失费。

3.库存总费用

(1)存储成本(持有成本 carrying cost)。

存储成本是指存储设备(包括仓库)的成本。如搬运费、保险费、折旧费、损坏费用、利息、税金等。现代管理把、库存占用资金的机会成本(即这些资金若投资于其他处所能获得的收益)也记入保管费用中。保管费用往往用占库存价值的百分比来估算。

(2)生产准备成本(setup cost)。

生产准备成本是指生产一种新产品的准备成本，包括设备调试费用及与生产产品有关的原材料和零件成本直接加工费用等。

(3)订购成本(交易成本 acquisition cost)。

订购成本是指为获取物料所需要支付的费用，如准备订单、洽谈、运输、搬运、验收、办公管理、差旅费用等。订货费用同订货批量与次数有关。

(4)缺货成本(shortage cost)。

缺货成本是指库存不能满足需求而造成的损失，包括为实现销售的机会成本、停工待料的损失、延期交货的费用、信誉损失以及影响生产造成的损失等。有时，缺货成本很难度量，只能主观估计。

以上几项费用通常是相互影响的。例如库存量很大，缺货损失就小，但是订货和保管费用就高；订货次数多每次批量小，则保管费用低，但订货费用就高等。控制库存就是要权衡这些费用，使总费用最低，达到满足生产同时降低成本的目的。

(二)库存控制的目标

前面介绍了库存的利弊两方面，我们可以看出，为了保证企业正常的经营活动，库存是必要的，但同时库存占用了大量资金，还存在很多弊端。那么，怎么既保证企业生产经营的正常进行，又达到流动资金的占用达到最小的目的，这是我们需要关注的问题。因此，库存控制的目标就是防止超储和缺货。

(三)有效库存管理的必要条件

(1)可靠的需求预测；

(2)对生产提前期及变化幅度的了解；

(3)对库存持有成本、订货成本与缺货成本的合理评价；

(4)库存细项的合理分类。

第三节　库存问题的分类与控制的基本方法

一、库存问题的分类

(一)单周期库存与多周期库存

(1)单周期需求:仅仅发生在比较短的一段时间内或库存时间不可能太长的需求,也称作一次性订货量问题。

(2)多周期需求:在足够长的时间内对某种物品重复的、连续的需求,其库存要不断地补充,库存物品可以重复订货。

(二)独立需求与相关需求库存

(1)独立需求库存:库存管理对象是具有独立需求属性的物品。

(2)相关需求库存:库存管理对象是具有相关需求属性的物品。

(三)确定型与随机型库存

(1)确定型库存:库存问题的参数是确定的。

(2)随机型库存:库存问题的参数是随机变量。

二、库存控制的基本方式

(一)连续观测库存控制系统(固定量系统)

工作原理：

连续不断地监视库存余量的变化,当库存余量下降到某个预定数值——定货点(reorder point, RL)时,就向供应商发出固定批量的订货请求,经过一段时间,我们称之为提前期(lead time, LT),订货到达补充库存,如图3-2所示。

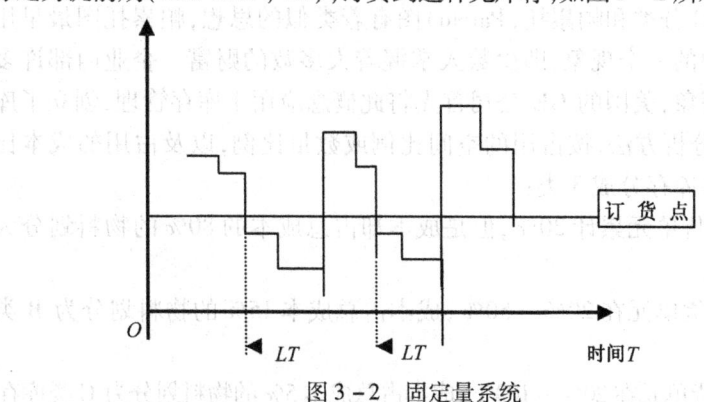

图3-2　固定量系统

(二)定期观测库存控制系统(固定间隔期系统)

工作原理：

每经过一个固定的时间间隔，发出一次订货，订货量为将现有库存补充到一个最高水平 S。

(三)最大最小系统

工作原理：

实质仍然是一种固定间隔期系统，只不过它需要确定一个订货点 S。当经过时间间隔 t 时，如果库存降到 S 及以下，则发出订货；否则，再经过时间 t 时再考虑是否发出订货。如图 3-3 所示。

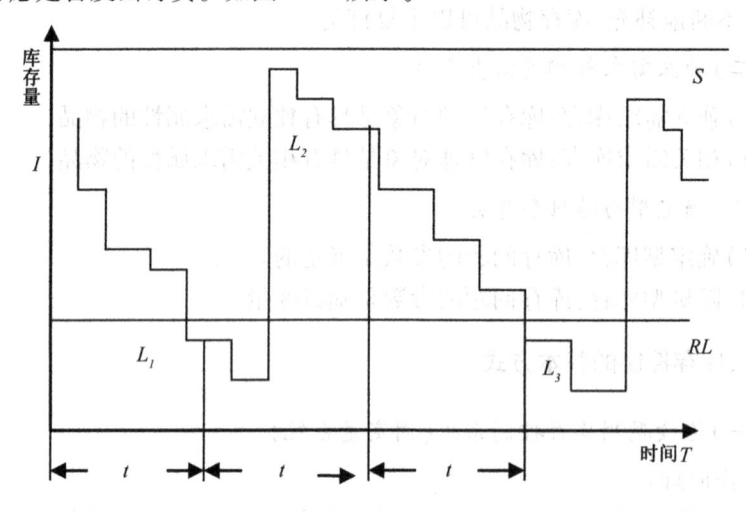

图 3-3 最大最小系统

(四)库存重点控制方法——ABC 分类法

库存 ABC 分类和帕累托(Pareto)图有着类似的思想，帕累托图最早用于解释经济学中的一个现象，即少数人掌握着大多数的财富。企业内部许多问题也有这种现象，美国的 GE 公司首先将此概念应用于库存管理，创立了库存的 ABC 三级分析方法，按占用的空间比例或数量比例，以及占用的成本比例之间的关系将库存分成 3 类：

(1)将存货单元累计 20%，但是成本却占总成本的 80% 的物料划分为 A 类库存。

(2)将存货单元在 20%~50%，成本占总成本 15% 的物料划分为 B 类库存。

(3)将存货单元在 20%~100%，成本占总成本 5% 的物料划分为 C 类库存。

字母 A,B 和 C 代表不同的分类且其重要性递减,选用这 3 个字母并没有特别的意义,将物料分为三级也不是绝对的。库存的 ABC 分析可以用图来描述,如图 3-4 所示,这种分类并不是影响物料重要性的唯一标准,除此之外,还有其他的标准,如物料的单位成本、生产物料的资源和人力是否容易获得,提前期,物料的缺货成本等。

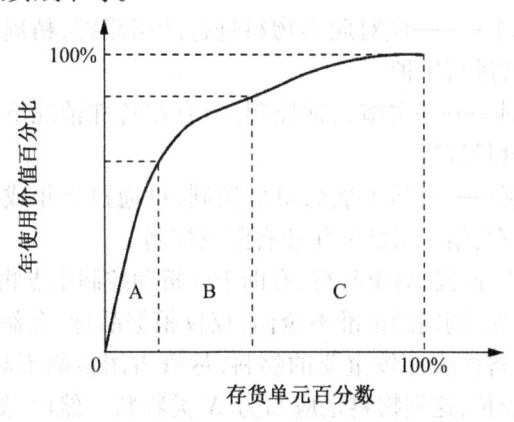

图 3-4 库存重点控制方法——ABC 分类法

运用 ABC 法的关键,在于如何以"关键的少数和次要的多数"作为依据,通过定性和定量的分析,将管理对象的库存物料按照分类指标划分为 ABC 三类,然后采取相应的控制策略,这就是 ABC 分类法的基本思想。采取重点管住少数价值高的物品的策略,可以收到很好的效果。

不同公司划分 A,B,C 三类物资的标准有所不同。

实施步骤:

1. 实施程序

在实践中,人们常以产品品种数量和对应的金额数作为划分标准,需要强调的是,使用年度金额并不是作为物料分类的惟一准则,只是一般的 ABC 分类法,一般 ABC 分类法实施的程序为:

(1)确认库存中每一物料的年度使用量。

(2)将每一物料的年度使用量和物料的成本相乘,计算每一物料的年度使用金额。

(3)将所有物料的年度使用金额求和,得到全年度库存总金额。

(4)将每一物料的年度使用总金额分别除以全年度库存总金额,计算出每一物料的年度使用百分比。

(5)将物料根据年度使用百分比由大至小排序。

(6)检查年度使用量分布,并根据年度使用量百分比将物料加以分类。

2. 控制策略

对库存进行分类的目的是，按利用价值对存货单元加以区别对待，采用不同的库存控制策略分别进行控制。一般地，对于高价值的 A 类物料，应集中力量进行控制以减少库存；相反，对于低价值的物料，如 C 类物料，通常维持较大库存以避免缺货。可以从以下方面阐述物料的控制策略：

(1) A 类物料———应对此类物料进行严格跟踪，精确地计算订货点和订货量，并且经常进行维护。

(2) B 类物料———实施正常控制，只有在特殊情况下才赋予较高的有限权，可按经济批量订货。

(3) C 类物料———尽可能简单地控制，可通过半年或一年一次的盘点来补充大量的库存，给予最低的作业有限权控制。

这种 A,B,C 分类法简单易行，有助于分析和控制重点物料，但是，其缺点也显而易见。首先，判别的标准不全面，仅仅根据品种、金额的多少还难以科学分类。如有些备件或比较重要的物料，尽管占用金额不高，但对生产影响大，且采购周期较长，这类物料也应归为 A 类物料。然而，如果按照一般 A,B,C 分类法，这类物料也许应归为 B 类或 C 类物料，因此，A,B,C 的划分，不仅取决于品种和金额的大小，同时应考虑物料的重要性程度、采购周期的长短等，只有综合考虑多种因素，才能合理地区分 A,B,C。另外，一般分类法只是一种粗略的区别，因为物料品种很多，一次划分难以合理，也不易控制，因此，需要更细、更具体的针对性划分方法。已公开发表的分类方法有备件的层次类别 A,B,C 分析法和基于模糊评判法的 A,B,C 分析法，金锡万等提出了备件的层次类别 A,B,C 分析法，韩明光等提出了模糊评判法的 ABC 分类法。

此外，需要说明的是，对不同的产品，如外购件、自制件、独立需求产品和相关需求产品等应进行不同的 A,B,C 分析。在分析过程中，不能忽略需求和未来的发展趋势，库存量及库存管理的重点应根据市场的需求变化做动态调节，此一时是 A 类物料，彼一时则可能是 B 类物料，另外，仓库管理部门和其他部门如销售部门、工程部门等应实现信息共享，如果某时期，销售部门计划放弃某产品，则应将这个信息及时反馈至仓库管理部门。仓库管理部门还应与供货的厂家保持联系，因为可能由于市场变化，某种产品不再生产，则供货商必须及时得到该信息，以决定采取相应的库存管理策略。

例 3.1 某仓库有 10 种物料，每年使用量、年利用价值如表 3 - 1 所示。试进行库存的 A,B,C 分析。

将这 10 种物料按照年使用金额比例进行排序，并进行归类，即将这 10 种物料按年使用金额分成 A,B,C 三种物料，见表 3 - 2，表中还列出了每种物料年使用量百分比,对表 3-2 进行整理和合并,可得到最后的结果,见表 3-3。

表 3-1 物料的使用量和价值

物料编号	年使用量/kg	年利用价值/元
001	1 500	600
002	2 800	63 150
003	3 000	700
004	2 000	8 400
005	1 000	450
006	1 200	33 150
007	2 000	1 080
008	1 500	4 980
009	2 500	10 980
010	2 500	1 140
总计	20 000	124 630

表 3-2 按照物料的价值排序

物料编号	年利用价值/元	累积年利用价值/元	累积百分比/%	年使用量/kg	年使用量百分比/%	物料级别
002	63 15	63 150	50.67	2 800	14	A
006	33 150	96 300	77.27	1 200	6	A
009	10 980	107 280	86.08	2 500	12.5	B
004	8 400	115 680	92.82	2 000	10	B
008	4 980	120 660	93.81	1 500	7.5	B
010	1 140	121 800	97.73	2 500	12.5	C
007	1 080	122 880	98.60	2 000	10	C
003	700	123 580	99.16	3 000	15	C
001	600	124 180	99.64	1 500	7.5	C
005	450	124 630	100	1 000	5	C

表 3-3 整理合并后的最终结果

级别	物料编号	年使用量百分比/%	每级总价值/元	总价值百分比/%
A	002,006	20	96 300	77.26
B	009,004,008	30	24 360	19.55
C	010,007,003 001,005	50	3 970	3.19

(五)库存实际主要控制方法

1. 任意补充系统(optional replenishment system)

任意补充系统强制系统以某一固定频率(例如每周一次)对库存进行盘点,当库存水平下降到某一数量以下时订购一个补充量。该系统适用定期订货模型。

2. 双箱系统(two-bin system)

在双箱系统中,物资从一箱获得,另一箱的库存数量刚好等于再订购点的库存量。该系统采用的是定量订货模型。

3. 单箱系统(one-bin system)

单箱系统对库存进行周期性补充,以固定的时间间隔(例如一周)将库存补充到预定的最高水平。单箱系统采用的也是定期订货模型。

降低库存需要库存管理的专门知识,而不只是简单的选择模型代入数据进行计算的问题。首先,模型有时候不适用;其次,有关数据不一定正确;通常认为定购量的确定是一个交易问题,也就是说,对存储成本和生产准备成本的平衡问题。当今许多企业经营运行中的重要的目标之一就是减少库存,但是要注意的是这些方法的目标都是成本极小化,可是我们企业的目标是满足客户需求并且降低成本,赢得利润。一般而言,正确地减少库存能够降低成本、提高绩效、增加效益。

第四节　库存分析的基本模型

一、单周期库存模型

单周期需求库存控制的关键在于确定订货批量。只有机会成本和陈旧成本对最佳订货量的确定起决定性作用。

二、多周期模型

了解了库存控制的机制,下面将要讨论多周期条件下的独立需求库存的基本模型。

(一)经济订货批量模型

经济订货批量(EOQ)是存货维持与订货处理相结合使成本最低的补给订货批量。这种批量的确定,是假设全年的需求和成本相对较稳定,关系如图 3-5 所示。

(二)间断订货批量

相关需求(dependent demand)的存货服务需要一种经调整过的方法来确定订货批量,这种批量称作"间断订货批量"(discrete lot sizing)。

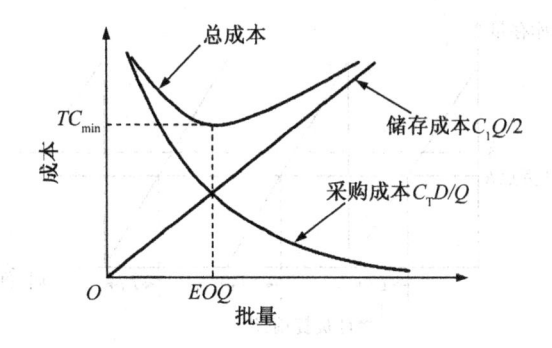

图 3-5 经济订货批量

三、订货量模型

(1) 经济订购数量。"经济订购模型"假定需求率为定值且没有库存短缺,它应用在零售杂货店所售物品(如糖、面粉和其他农产品)上时出奇的精确。

(2) 计划短缺库存模型。当顾客愿意容忍库存短缺时,可以应用计划短缺库存模型。

四、经济订货(生产)批量

(一) 基本经济订货批量问题

订货批量是指花费一次订货费用所采购某种产品的数量。经济订购批量(economic order quantity,简称 EOQ)就是从库存总费用最小的原则出发确定的订货批量,这种方法称经济订货批量法。

经济订货批量法是库存管理中最简单却最重要的内容,揭示了许多库存决策方面的本质。

EOQ 法基于如下假设进行讨论:
(1) 需求是已知的常数;
(2) 不允许发生缺货;
(3) 订货提前期已知且为常数;
(4) 瞬时交货;
(5) 没有数量折扣,即产品成本不随批量而变化。

基于如上假设,参考经简化处理的图 3-6 所示经济订货批量图解模型进行讨论。

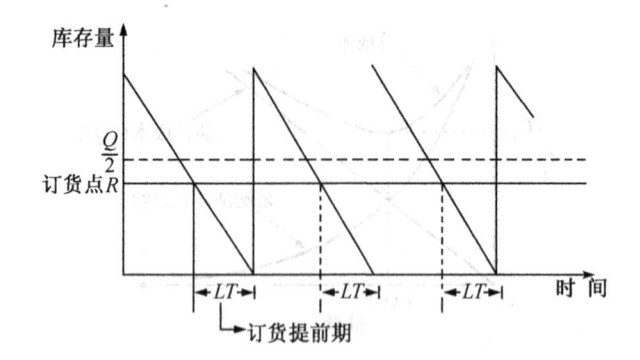

图 3-6　经济订货批量假设下的简化库存量模型

(二) 经济生产批量模型

EOQ 模型有一个基本假设是库存的补充是瞬时到货,这显然是一种理想情况。一般来说,在实际库存管理活动中,库存往往是边消耗边补充,于是库存模型呈现如图 3-7 的状态。当产品生产率大于销售需求率,在一定生产时间内就会积累起库存;如果生产率小于需求率就是供不应求,则不会出现库存。图 3-7 所示可见,生产在时间 0 时开始进行,在 t_p 结束。由于生产率 p 大于需求率 d,随着生产的不断进行,库存逐渐增加,于 t_p 时刻达到最大值。t_p 到 t 的时间内生产停止,而需求继续发生,于是库存不断减少并于 t 时刻成为零,同时生产重新开始,进入下一个循环周期,周而复始。那么多大的生产批量最经济呢? 这就是经济生产批量 EPQ 问题(economic production quantity)。

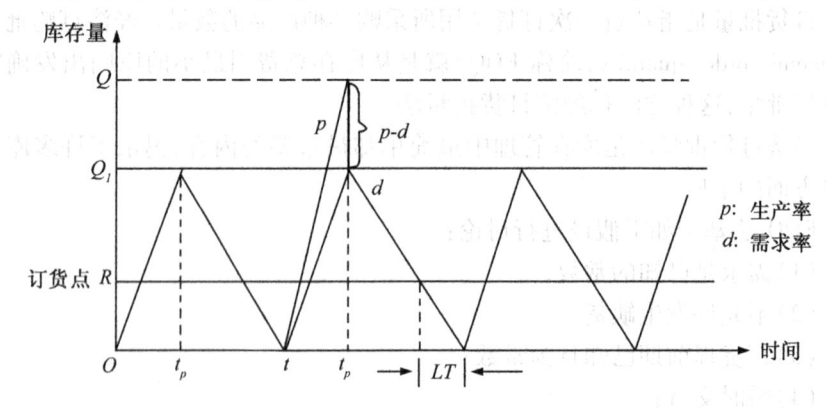

图 3-7　经济生产批量模型

(三) 非即时收货

当生产正在进行时,有部分产品送到存货但在此期间也有往外的提货发生,其结果平均批量库存将不等于批量的一半,这种情形叫非即时收货。

(四)有数量折扣的经济订货批量的确定

前面讨论 EOQ 模型时的一个基本假设是设有数量折扣,而现实生活中,"量大从优"却是商家经常给予的价格优惠,以刺激需求诱发购买行为。如图 3-8 所示有两种数量折扣的情况,采购批量小于 Q_1 时,单价为 P_1;当采购批量大于或等于 Q_1 而小于 Q_2 时,单价为 P_2;当采购批量大于或等于 Q_2 时,单价为 P_3。同时有 $P_3 < P_2 < P_1$。

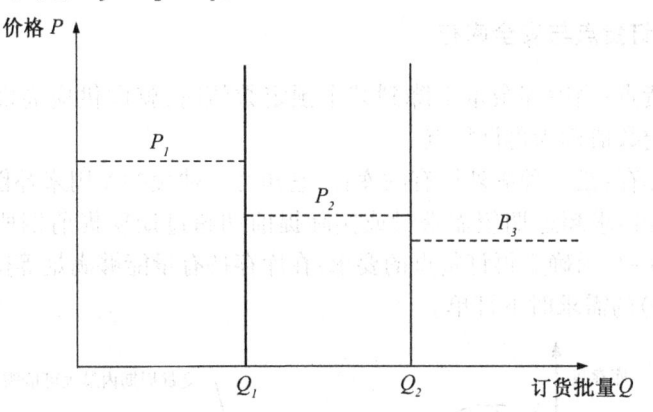

图 3-8 有数量折扣的价格曲线

如果订货量大于供应商规定的折扣数量,如上图的 Q_1 或 Q_2,则购买者自然愿意接受优惠的价格。但是当订货量小于这一限量时,购买方是否应该增大订货量而争取数量折扣则应该仔细考虑。因为购货厂家在争取数量折扣时,虽然可以使库存的单位成本下降,订货费用减少,运输费用降低,缺货损失减少,抵御涨价的能力增强,但同时库存量加大,库存管理费用上升,流动资金周转减慢,库存货品还可能陈旧、老化。综合考虑可见,问题的关键在于增加订货后是否有净收益,若接受折扣所产生的总费用小于订购 EOQ 经济批量所产生的总费用,则应增加订货量而争取数量折扣。

有数量折扣的经济批量模型的假设与 EOQ 模型假设区别仅有一点,即允许有价格折扣,这时物资单价不是固定的,而库存保管费用与物资单价有关,于是导致不同价格水平下库存总费用不同。求有数量折扣的经济批量可按如下步骤进行。

第一步:取最低价格代入基本 EOQ 公式求出最佳经济批量 Q^*,若 Q^* 落在 TC 曲线上则可行,即得到最优订货批量。否则转第二步。

第二步:取次低价格代入基本 EOQ 公式求出 Q^*,若 Q^* 可行,计算订货量为 Q^* 时的总费用 TC 以及所有大于 Q^* 的数量折扣点(TC 曲线中断点)所对应的总费用,取其中最小者对应的数量作为最优订货批量,停止。

第三步:若第二步中求得的 Q^* 不可行,则重复第二步直至找到一个可行的 EOQ 为止。

第五节 安全库存及定期订货模型

一、再订货点与安全库存

再订货点:当库存余量下降到某个预定数值时,就向供应商发出订货请求。该预定数值称为再订货点。

安全库存:是一种额外持有的库存,它作为一种缓冲器用来补偿在订货提前期内实际需求超过期望需求量或实际提前期超过期望提前期所产生的需求。如图 3-9 示确定再订货点的要求:在库存持有量能够满足等待订货期间(即提前期)的需求时下订单。

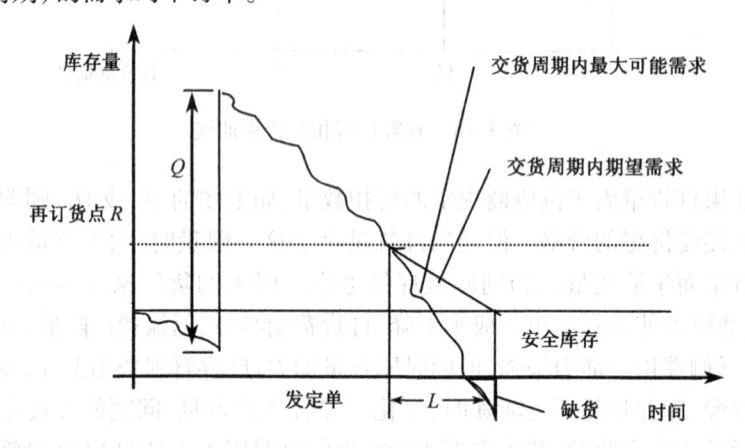

图 3-9 安全库存

(1)若需求与提前期都是常数,再订货点(ROP)为:
$$ROP = d * LT \tag{3.1}$$

其中:d —— 需求率;

LT —— 提前期。

(2)一旦需求或提前期发生变化,实际需求就有可能超过期望需求。因此,为了减少缺货风险,应持有额外库存即安全库存。这时再订货点为:

ROP = 提前期内的期望需求 + 安全库存(SS)

二、定期订货模型

定量订货系统模型要求对系统进行适时的跟踪,如果没有计算机,则这项工作是很难实现的。有些物料尤其是非独立需求的物料,是用物料需求计划系统来管理的,物料需求计划将在后面章节中介绍。也可以采取一种策略来代替这种订货点法,即使用常用的周期检查策略,定期进行盘点。这就要求必须在每隔一定时间即周期,检查库存并发出订单,定期订货模型适用于下列情形:

(1)通常为独立需求产品。

(2)物料从仓库中出货比较难以记录,且连续记录花费比较昂贵。

(3)购自同一供应商的一组物料,集成为一张订单,会大幅度降低每个物料的总准备成本,如小工具、大量共用的零件(如螺栓、螺钉、垫片)等。

(4)容易腐烂的物品,特别是有保存期限的物品,尤其适合用定期订货模型来管理。

(5)整车运送或完全利用可使用的能力,可享受经济上的优惠。

在定期订货系统中,只在特定的时间进行库存盘点,不同时间的订购量不尽相同,订购量的大小主要取决于各个时期的使用率。它一般要求比定量订货系统更高的安全库存。

定量订货模型是要对库存连续盘点,一旦库存水平到达再订购点,立即进行订购。相反地,标准定期订货模型仅是在盘点期进行库存盘点。它有可能在订货刚到时由于大批量的需求而使库存降至零,这种情况只有到下一个盘点期才会被发现。而新的订货需要过一段时间才能到达,这样,在盘点期和提前期内有可能发生缺货。安全库存应当保证在盘点期和提前期内不发生缺货,因此定期订货模型的库存量要高于定量订货模型的库存量。定期订货系统模型如图 3-10 所示。定期订货模型的每个订货周期内的需求有静态和动态两种情况,静态情况比较简单,图 3-10 显示的是需求为随机的情况。

在定期订货系统中,当在盘点期进行再订购时,安全库存必须为 $z\sigma$。若盘点期为 t,则图 3-10 中有 $t_1 = t_2 = t_3 = t$,固定提前期为 LT。在这种情况下,需求率是随机分布的且为均值。订货量 Q 用下式表示:

订货量 = 盘点期和提前期内的平均需求 + 安全需求 - 现有库存

即

$$Q = q(t + LT) + z\sigma - I \tag{3.2}$$

式中:Q——订购量;

t————两次盘点的间隔期;

LT————订货提前期;

q————日平均需求量;

z————既定服务水平下的安全系数;

σ————盘点周期与提前期需求的标准差;

I————现有库存量。

如某种产品日平均需求量为10单位,盘点期间为10/d,订货提前期为5d,安全库存量为15单位,该产品现有库存量为40单位,则最大库存水平为$10\times(10+5)+15=165$单位,而订货量为$165-40=125$单位。在该模型中,日平均需求量可以根据对年需求量的预测进而计算得到。对于z值,可以通过求以下公式,然后查标准正态分布表可以得到相应的值:

$$E(z) = \frac{qt(1-r)}{\sigma_1 + TL} \tag{3.3}$$

式中:$E(z)$————期望缺货率;

r————服务水平;

qt————盘点周期内的需求量;

$\sigma_1 + TL$————盘点周期和提前期内需求的标准差。

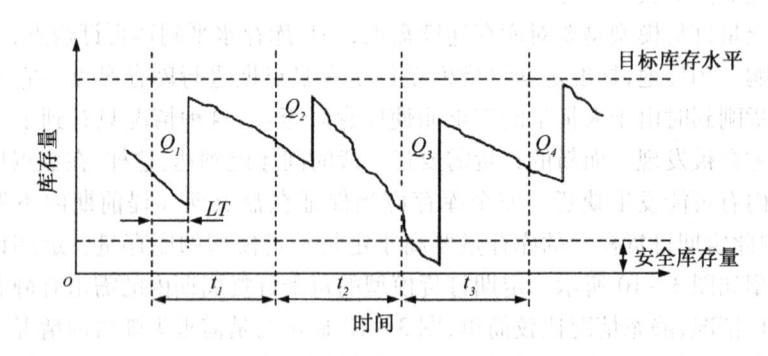

图3-10 定期订货模型

三、服务水平

服务水平(service level)是衡量随机型库存系统的一个重要指标,它关系到库存系统的竞争能力。就是不缺货的概率(与缺货概率是相对的,服务水平 + 缺货率 = 100%)。

服务水平与安全库存的关系:一方面安全库存对公司的成本有双重影响。

降低了缺货损失费,提高服务水平。增加了维持库存费。另一方面服务水平越高,安全库存量越大,所花的代价也越大,但服务水平过低又将失去顾客,减少利润。因而确定适当的服务水平是十分重要的。

当服务水平达到比较高的程度时,再提高服务水平就需大幅度增加安全库存。

第四章 综合生产计划

综合生产计划是在工厂设施规划、资源规划和长期市场预测的基础上做出的,是指导全厂各部门一年内经营生产活动的纲领性文件,长期需求预测为制订综合生产计划提供了依据。综合生产计划是针对产品群的计划,是将企业策略与生产能力转换为劳动力水平、库存量、产量等变量的一种优化组合,它可以使总成本最小。所以说,综合生产计划的制订实际上也是对能力和需求的一种平衡,计划的结果可以采取一种单独的策略,也可以采取多种策略的混合策略。

第一节 综合生产计划概述

一、综合生产计划的内容

综合生产计划(aggregate production planning,APP)又称为生产大纲,是根据市场需求预测和企业所拥有的生产资源,对企业计划期内出产的内容、出产数量以及为保证产品的出产所需劳动力水平、库存等措施所做的决策性描述。

综合计划是企业的整体计划,计划期通常是年(有些生产周期较长的产品,如大型机床等,可能是2年、3年或5年),因此有些企业也把综合计划称为年度生产计划或年度生产大纲。在该计划期内,使用的计划时间单位是月、双月或季。在采用滚动计划方式的企业,还有可能未来3个月的计划时间单位是月,其余9个月的计划时间单位是季等。综合生产计划与各种生产计划之间的关系如图4-1所示。

企业综合生产计划工作的内容包括:制定的策略、确定各项生产指标;粗能力平衡;制订综合生产计划方案;组织实施综合生产计划;检查考核综合生产计划的完成情况。

由图4-1可看出综合生产计划在整个生产计划体系中纲领性的作用,同时企业综合生产计划规定企业在计划期内各项生产指标(品种、质量、数量、产值、进度等)应达到的水平和应增长的幅度,以及为保证达到这些指标的措施。它是编制企业生产经营计划其他各项组成部分的重要依据。正确制订综合生产计划指标,既可以使企业生产的产品在品种、质量、数量和出产时间上

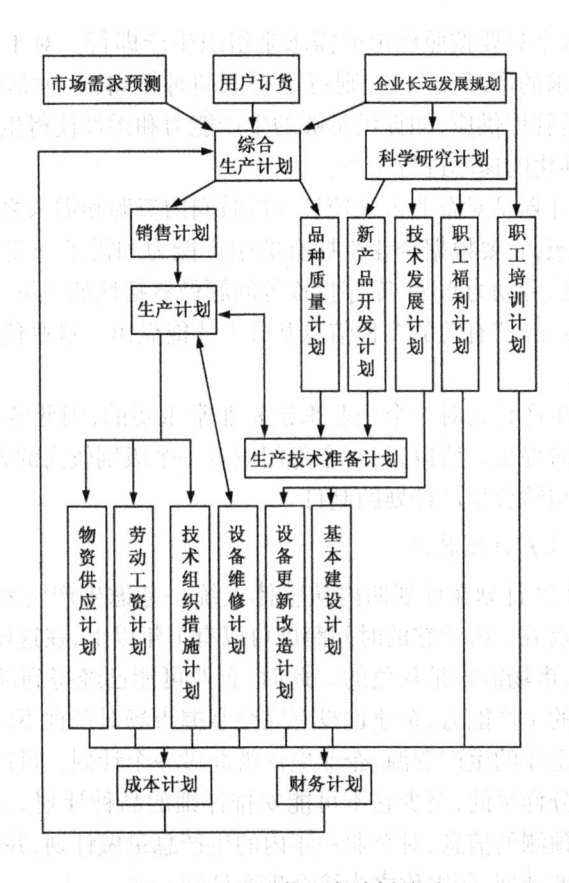

图 4-1 APP 与生产计划关系

满足社会和用户的需要,又能充分利用企业的人力、物力和财力,在提高劳动生产率、降低产品成本的基础上增加利润。

二、综合生产计划特点

(一)综合生产计划层次及目的

在整个生产计划与控制系统中,综合生产计划所处的层次较高。综合生产计划的主要目的是明确生产率、劳动力人数、当前库存和设备的最优组合。确保在需要时可以得到有计划的产品或服务。生产率是指每单位时间(如每小时或每天)生产的产品数量。劳动力水平是指生产所需的工人人数。当前库存等于上期期末库存。综合生产计划的周期也较长,计划周期为 6~18 月。通常为 1 年,但每月或每季度都要根据实际情况做适时的更新。

对于需求稳定的产品或服务,不存在综合生产计划的问题,生产率、劳动力人数、库存水平只要按照稳定的需求来组织生产即行。对于存在季节性需求或周期性需求的产品或服务,则可以采取两种策略:一种是修改或管理需求;另一种就是管理供应,如提供足够的生产能力和柔性使得生产能力满足需求,或者以标准化的速率进行生产。

综合生产计划是对企业未来较长一段时间内资源和需求之间的平衡所做的概括性的设想,它要根据企业所拥有的生产能力和需求预测对企业的产出内容、产出速度、劳动力水平、库存投资等问题做概括性的决策。这些决策,必须在与企业生产经营有关的多种信息基础上才能做出。这些信息需要企业不同的部门提供。

由于综合生产计划对一个企业来说是非常重要的,因此各种信息应尽量正确并保证及时提供。所以,每一个部门应有一个级别较高的人来负责此事,提供信息并参与综合生产计划的制订。

(二)综合生产计划特点

(1)综合生产计划在计划期内从整体上统一考虑生产资源的合理使用,以期获得最佳效益。由于它的时间跨度可以有1年以上,在这段时间内,对企业决策者而言,市场需求是灰色的。此时,企业可能已经得到部分订单,但还没有达到企业的生产能力,企业也没有完全掌握市场对各种不同品种的需求,为了充分利用企业的生产资源,企业应该就此做一个计划。可以想象,这个计划不可能是十分详尽的,至少它不可能安排详细的品种计划。它只能依据部分订单和市场预测的信息,对企业一年内的生产总量做计划,并做生产资源优化条件下的进度计划,所以称之为综合生产计划。

(2)综合生产计划是不十分确定的生产计划。但对于企业经营决策者,完全有必要对一年的生产任务早做安排。虽然此时企业只掌握部分的市场信息,但这并不妨碍做生产资源计划。事实上,有经验的决策者在考虑下一年度计划时,开始时关心的并不是产品的品种需求,而是产品的总量需求,它甚至可以是一个抽象产品或代表产品的总需求量。有了对总需求量的估计,就可以基本确定下年度的生产任务总量,为企业筹措生产资源提供了坚实的基础。

(3)综合生产计划往往是以抽象的产品概念或某类产品作为计划的单位,如电视机厂是以电视机台数来计量,而不考虑产品的型号规格,因为此时既不可能获得详细的市场信息,也无十分的必要。综合生产计划要解决的问题是在既定的市场条件下,如何确定总产量,进一步再考虑生产进度如何安排,人力资源如何调整,库存数量如何决定,目的是使利润最大,生产成本最小。

(4)综合生产计划特别适用于一年内需求呈季节性的生产类型,它虽然十分的粗略,但是对于决策者来说,由于对市场需求有了大致的了解,对年度生产任务有了大体上的安排,在以后的生产管理活动中,不会因需求的变动而措手不及。

三、综合生产计划的编制步骤

正确制订综合生产计划,必须按照一定的步骤进行。一般综合生产计划的编制,可按以下几个步骤进行。

(一)确定计划期生产产品的市场需求

确定计划期内生产产品市场需求的主要途径和方法有：

(1)对产品的未来需求的预测：根据过去产品销售的统计资料与影响产品销售量因素的发展变化资料,进行销售预测分析。在利用统计资料分析预测未来的销售情况时,还要同时考虑产品处于产品寿命周期的哪个阶段。

(2)现有订单,未来的库存计划(例如,备货生产中对未来产品库存水平的确定);来自流通环节(批发商)或零售环节的信息(指未发的订单之前的信息)等。

根据这些信息,就可大致确定生产产品的市场需求。通过订货会议、产品展销会、访问用户及召开用户座谈会等方式,了解对企业产品品种、规格、质量、数量及交货期等方面的要求。

(二)分析外部约束条件和企业内部的生产条件

(1)外部约束条件：主要是指原材料、燃料、动力等的供应情况以及外协件、配套件、外购件等供应和协作的保证程度。企业所需要的原材料等物品是多种多样的,企业可以按照物资采购的各种渠道分别调查了解。对保持固定协作关系和供货关系的单位,了解它们的生产情况及供应原材料及配套产品的可能性;通过市场调查、商品展销会或向有关商业部门了解供应情况;对于短缺的物资与资金,要通过调查,了解获取不足物资与资金的渠道和可能性。

(2)企业内部的生产条件包括以下资料与信息：报告生产计划及其他计划的完成情况;机器设备的数量、比例构成及完好情况,机器设备计划期保修计划;生产车间与辅助生产车间及生产前方与技术后方的能力协调情况;各车间、工段及关键设备组的生产能力;产品图纸、工艺文件、工夹量具等技术准备工作情况;企业技术革新、改造情况;各种物资的库存情况与在制品数量;职工劳动情况(包括出勤率、工时利用率、劳动生产率等);各工种各等级工人人数及比例构成;等等。企业内部的生产条件可通过各部门提供的统计分析资料及深入到基层进行调查研究,掌握情况。

(三)拟订生产指标方案,进行方案优化工作

企业在经过调查研究,摸清情况、掌握了制订生产计划必要的资料后,可以拟订生产指标方案。

首先要确定生产的产品品种。用户的订货合同以及对产品的销售预测分析,是确定产品品种的依据。运用产品系列平衡、销售收入与利润分析法、产品寿命周期分析等方法进行分析并做出生产哪些产品的决策。

生产计划中规定的产品产量指标,既要满足用户的需要,又要得到设备、原材料、能源、劳动力等的保证,还要使企业的生产经营活动取得良好的经济效益。确定各种产品产量的优化方案。

(四)综合平衡,编制计划草案

综合平衡工作可分以下三方面:

(1)计划指标之间的平衡。生产计划中产品品种、质量、数量等指标存在着有机的联系,必须正确处理,求得平衡。例如,对质量和数量不能单纯追求数量而降低质量,但是也不能忽视数量指标,总的要求是优质高产。在处理品种和产量的关系时,企业应当多生产市场急需的短线产品,积极试制新产品,而不要单纯追求产量。制定生产指标时还应通过试算,求得同劳动生产率、工资、物资供应、成本、销售、利润等指标之间的平衡。

(2)生产任务与生产能力之间的平衡。生产计划指标既要反映社会需要,又要反映满足需要的可能性与必要条件。为此,必须切实做好以下各种试算平衡的工作:生产任务与生产能力的平衡、生产任务与劳动力的平衡、生产任务与物资供应的平衡、生产任务与生产技术准备的平衡、生产任务与外部协作的平衡。这些试算平衡工作,需要由企业内部的不同部门和单位来完成。比如,生产任务与生产能力的平衡工作,主要由企业的生产部门来负责完成;生产任务与劳动力的平衡工作,主要应由企业的劳资部门来负责完成;而生产任务与生产技术准备工作,要由企业的设计部门与工具管理部门或技术部门及其他单位共同协作来完成等。

(3)综合生产计划与长期生产计划之间的平衡。企业的综合生产计划与长期、中期生产计划之间的平衡工作,实际上是眼前利益与长远利益之间,阶段目标与战略目标之间的平衡。在制订企业综合生产计划的产量指标时,应当尽可能与企业的长期、中期生产计划规定的产量增长幅度保持一致。

(五)审核批准综合生产计划

综合生产计划草案需要最高管理层的认可,通常是组成一个专门委员会来审查综合计划,该委员会中应包括各有关部门的负责人。委员会将对综合

计划方案进行综合审视,也许会提出一些更好的建议,以处理其中相悖的若干目标。综合生产计划一旦确定,就需要每个部门尽全力使之得以实现。

第二节 综合生产计划策略分析

编制综合生产计划需要解决的一个基本问题是,如何处理能力与需求的关系。市场需求的起伏和波动是绝对的,而企业能力又是相对稳定的,要解决这个矛盾,就要选取相应的策略进行综合生产计划编制。

一、综合生产计划决策方式

如何制定初步的候选方案?一般来说,有两种基本的决策方式:稳妥应变型和积极进取型。

(一)稳妥应变型

这种类型的基本思路是根据市场需求制订相应的计划,即将预测的市场需求视为给定条件,通过改变人员水平、加班加点、安排休假、改变库存水平、外协等方式来满足市场需求。在这种基本的思路之下,常用的应变方法有以下几种。

1. 调节人力水平

通过聘用和解聘人员来实现这一点。当人员来源充足且主要是非熟练工人或半熟练工人时,采用这一方法是可行的。但是,对于很多企业来说,符合其技能要求的人员来源是非常有限的,并不是什么时候想聘用什么时候就有。新工人需要加以培训,培训是需要时间的,一个企业的培训设施能力也是有限的。此外,对于很多企业来说,解聘工人是很困难的,或者说很特殊的情况下才有可能(例如社会制度的不同;工会强大与否;行业特点;社会保险制度的特点),而对于某些产业来说,解聘再聘则是很平常的事,例如旅游业、农场等。

2. 加班或部分开工

调节人员水平的另一个方法是加班或者减少工作时间(部分开工)。当正常工作时间不足以满足需求时,可考虑加班;反过来,正常工作时间的产量大于需求量,可部分开工,只生产所需的量。但是,加班需要付出更高的工资,通常为正常工资的 1.5 倍,这是生产运作管理人员经常限制加班时间的主要原因。工人有时候也不愿意加班太多,或长期加班。此外,加班过多还会导致生产率降低、质量下降等。部分开工是在需求不足,但又不解聘人员的情况下才使用的方法。在许多采取工艺专业化组织方式的企业,对工人所需技能的要求较高,再聘具有相当技能的人不容易,就常常采用这种方法。在有些情况下,这只是一种不得已而为之的方法,例如根据合同或有关法规不能解聘人员。这种方法的主要缺点是生产成本升高(单位产品中的人工成本增加),人力资源、设备的效率低下。

3. 安排休假

在需求淡季时只留下一部分骨干人员进行设备维修和最低限度的生产,大部分设备和人员都停工,在这段时间内,可使工人全部休假或部分休假。例如,西方企业经常在圣诞节期间使用这种方案,它们不仅利用这段时间进行设备维修、安装等,还借此减少库存。这种方案可有几种使用方法,例如由企业安排工人的休假时间和休假长度(按需求),或企业规定每年的休假长度,由工人自由选择时间。前者容易操作,而后者需要考虑在需求高峰时工人的休假要求如何满足。此外,还有有偿休假、无偿休假等方式。

4. 利用调节库存

可在需求淡季储存一些调节库存,在需求旺季时使用。这种方法可以使生产速率和人员水平保持一定,但却需要耗费相当成本。成品的储存是最费钱的一种库存投资形式,因为它所包含的附加劳动最多。因此,如果有可能的话,应该尽量储存零部件、半成品,当需求到来时,再迅速组装。

5. 外协

这是用来弥补生产能力短期不足的一种常用方法。可利用承包商提供服务、制作零部件,某些情况下,也可以让它们承包完成品。

总而言之,稳妥应变型的决策最终要决定不同时间段的不同生产速率,无论上述哪一种应变方法或哪几种应变方法被考虑,都意味着在该事件段内的产出速率被决定。换言之,生产速率是上述这些因素的函数。

(二) 积极进取型

用稳妥应变型的思路来处理季节性需求或其他波动较大的需求往往需要花费较高成本。与之相反,积极进取型则力图通过调节需求模式,影响、改变需求,调节对资源的不平衡要求来达到有效的、低成本的满足需求的目的。常用的方法有:

(1) 导入互补产品也就是说,使不同产品的需求"峰"、"谷"错开。例如生产拖拉机的企业可同时生产机动雪橇,这样其主要部件——发动机的年内需求则可基本保持稳定(春、夏季主要装配拖拉机,秋、冬季主要装配雪橇)。关键是找到合适的互补产品,它们既能够充分使用现有资源(人力、设备),又可以使不同需求的"峰"、"谷"错开,使产出保持均衡。

(2) 调整价格,刺激淡季需求。在需求淡季,可通过各种促销活动,如降低价格等方式刺激需求。例如,夏季削价出售冬季服装;冬季降价出售空调;航空货运业在需求淡季出售廉价飞机票等。

一般来说,基于稳妥应变型思路的候选方案主要由生产运作管理人员来审查合适与否,而给予积极进取型思路的方案主要由市场营销人员来考虑。

二、综合生产计划基本策略

上述两种决策方式之下的各种候选方案可结合使用。在这样的基础上,即假设积极进取型可采取的方法已经被计入需求量中,那么下一步要考虑的问题就集中在稳妥应变型的各种方法上。稳妥应变型的方法主要与生产速率和人员水平有关。那么在制订综合生产计划中,具体可从以下几方面考虑。

1. 追逐策略

追逐策略是适时改变劳动力水平以适应需求变化的一种策略,当订货变动时,雇佣或解雇工人,使产量与订货相一致。这种策略取决于劳动力的成本,发达地区劳动力成本往往很高,通常不采取这种策略;经济欠发达地区,则通常采取追逐策略以保证能按时完成订单。采用这种策略,是因为在招聘新工人时要对员工进行培训,还要求工人所从事的工作易于培训。这种经常性变动员工的数量,往往会造成员工人心不稳,影响员工工作的积极性和士气。

2. 稳定的劳动力水平——变化的工作时间

通过柔性的工作计划或加减班改变工作时间,以适应需求量的变化,使产品产量与订单量相匹配。采用这种策略使工人人数相对稳定,但在需求量变化时,必须增加或减少员工的工作时数,这时只能采取加减班的策略。缺点是不须另招聘或解聘员工,虽然节省了招聘或解聘费用,但柔性工作计划或加班会产生其他成本,加班费用往往超出正常工作的费用。

3. 外包

如果需求量增大时,企业既不想通过雇佣新工人来满足需求,又不想通过加班来满足需求,则可以将超过企业生产能力的那部分外包出去,从而间接地提高企业的生产能力。但采取这样的策略通常都有一定的风险,因为将部分订单外包出去以后,可能会有一部分顾客转投竞争对手,从而会失去顾客。一般都在雇佣或解雇工人的费用很高,或者加班成本很高,以及在核心领域发生转移时采取这种策略。

上述三种策略可以叫作需求配合策略,即保证企业有足够的生产能力和柔性以满足需求。这种方法会使生产率变动很大。需求配合策略的基本出发点是避免为满足需求必然要求高库存从而提高库存成本的情况发生。如果需求出现上升,然后又出现短期下降的趋势,则可以在这段时间内对这些多余人员进行训练,使他们掌握多种技能,这样可以增大生产线的柔性。

4. 平准策略

可以用变动库存量、压缩订单积压和减少销售来消化缺货或剩余产品。保持稳定的劳动力数量与产出率。因有稳定的工作时间雇员可以受益。但可能会造成缺货。平准化生产方式是着眼于保持一个平准生产计划。平准生产计划是指在一段时间内保持生产能力的平稳。它在一定程度上是我们提到的4种策略的综合。对于每段时间,它维持劳动力数量的稳定和低库存量,并依赖需求拉动生产。平准策略可有计划安排整个系统,使之达到库存与在制品量最小化。这样在制品储备少,产品及时改进;生产系统流程平稳;从供应商处购买的物料能及时交付,而且事实上常常直接送至生产线。

综合生产计划的编制策略还与生产的类型有关。对于制造装配型企业来说(如汽车行业),通常采用订货生产,那么在制订年度计划时,由于市场的波动等不确定性因素的影响,根本不可能得到准确的订货合同信息,所以对这种生产类型的企业而言,综合生产计划只起到一个指导的作用。这类企业的计划重点将是周期更短的生产计划,如采用物料需求计划或准时化生产方式以克服上述缺点。而对于流程型生产企业来说,其生产是连续的,生产能力可以明确计算,加之其年需求量往往起伏不大,故综合生产计划是非常关键的。

制订综合生产计划时通常要保证总成本最小,如果采取上述单独的策略效果不佳,需要采取包含上述两个或两个以上的策略的混合形式。

三、综合生产计划相关成本

综合生产计划的制订过程实际上是一个优化的过程,其目标是确定劳动力水平和库存量的最优组合,从而使计划期内的与生产相关的总成本最低。所以说,综合生产计划也可以为企业的年度预算提供依据,保证预算的准确性。综合生产计划有四种与生产相关的成本,具体有:

(1) 基本生产成本——计划期内生产某一产品的固定与变动成本,包括直接与间接劳动力成本,正常与加班的工资。一般加班成本比正常成本高。

(2) 库存成本——主要组成部分是库存占用资金的成本。另外,还有储存费用、保险费、税费、物料损坏和变质费用、过时风险费用、折旧费用等。库存不仅占用无用的空间,而且其实质会掩盖企业中存在的许多问题和造成产品生产成本的增加。

(3) 延期交货成本——这类成本比较难以估算,包括由延期交货引起的赶工生产成本、失去企业信誉和销售收入的损失。

(4) 与生产率相关的变动成本——典型成本是雇佣、培训与解雇人员的成本,设施与设备占用的成本,人员闲置成本,兼职与临时员工成本,外包成本。雇佣临时或兼职员工是降低这类成本的一种方法。

第三节 综合生产计划的制订

制订综合生产计划的基本过程为:战略计划作为一个长期规划,是确定未来很长一段时间内公司的产品发展方向。工厂的生产能力也在此阶段做决策,这是工厂的设计能力。能力定好后,要进行工厂选址,以及工厂内部系统设施的配置。此时,工厂的最大生产能力已经定好,更重要的是确定实际的生产能力,然后进一步制订综合生产计划。

一、综合生产计划的计算方法

综合生产计划的计算方法有很多种,这里以反复试验法为例进行介绍。反复试验法易于理解和掌握,是最常用的一种方法。反复试验法,又称"试错法",可能是在管理实践中应用最广的方法。面对复杂的管理对象,人们很难找到优化的方法来处理,于是通过直觉和经验得出一种方法。将这种方法用于实践,取得经验,发现问题,对方法做出改进,再用于实践……如此反复。虽然,不一定能得到最优解,但是一定能得到可行的且大体令人满意的结果。在制订生产计划中,也可采用反复试验法。下面将以一个例子说明如何应用反复试验法。

例4.1 某公司要制订未来6个月产品群组的年度生产计划,已知6个月的需求预测量和每月实际工作天数如表4-1所示。每天正常工作时间为8h。该产品群组的期初库存量为600单位,关的成本数据如表4-2所示,需要说明的是,在考虑分包成本时,仅考虑边际成本,即假如材料成本为每件100元,分包成本为每件120元,那么在考虑实际分包成本时,要将分包成本减去材料本身的成本,就得到所谓的边际成本。

表4-1 每月需求预测量和工作天数

月份	预测量/件	每月工作天数/d
1	1 800	22
2	1 500	19
3	1 100	21
4	900	21
5	1 100	22
6	1 600	20
总计	8 000	125

表 4-2 成本数据

成本类型	成本值
招聘成本	200 元/人
解聘成本	250 元/人
库存成本	1.5 元/(件·月)①
缺货成本	5 元/(件·月)
材料成本	100 元/件
分包成本	20 元/件
单位产品加工时间	5h/件
正常人工成本	4 元/h
加班人工成本	6 元/h

注:每件产品保管1个月需1.5元。

综合生产计划的编制按照以下步骤进行:

(1)首先按照原始数据计算每月的实际需求和每月月末的库存量。

每月的实际需求计算公式为:

$$P_i = DF_i + SI_i - BI_i \tag{4.1}$$

式中:P_i——每月实际需求量;

DF_i——每月需求预测量;

SI_i——每月安全库存量;

BI_i——每月期初库存量。

每月月末库存量计算公式为:

$$EI_i = BI_i + P_i - DF_i \tag{4.2}$$

式中:EI_i——每月月末库存量。

每月安全库存量计算公式为:

$$SI_i = DF_i \times 25\% \tag{4.3}$$

以上计算结果如表4-3所示。

表 4-3 需求量的计算

月 份	1	2	3	4	5	6
期初库存量	400	450	375	275	225	275
需求预测量	1 800	1 500	1 100	900	1 100	1 600
安全库存量	450	375	275	225	275	400
实际需求量	1 850	1 425	1 000	850	1 150	1 725
期末库存量	450	375	275	225	275	400

(2)应用反复试验法应多选择几种策略或方法进行比较,初步设定四种策略介绍如下:

①追逐策略。满足需求量的变化,以改变工人人数来调节生产能力,假设

每班次工作8h,追逐策略的分析结果见表4-4。

表4-4 改变工人人数

月 份	1	2	3	4	5	6
实际需求量	1 850	1 425	1 000	850	1 150	1 725
满足需求所需生产时间/h	9 250	7 125	5 000	4 250	5 750	8 625
每月工作天数/d	22	19	21	21	22	20
每人每月工时/h	176	152	168	168	176	160
所需人数/人	53	47	30	25	33	54
招聘人数/人	0	0	0	0	8	21
招聘成本/元	0	0	0	0	1 600	4 200
解聘人数/人	0	6	17	5	0	0
解聘成本/元	0	1 500	4 250	1 250	0	0
正常人工成本/元	37 000	28 500	20 000	17 000	23 000	34 500

总成本:173 300元

在表中:满足需求所需生产时间 = 实际需求量×5h/件

每人每月工时 = 工作天数×8h/d

所需人数 = 满足需求所需生产时间÷每人每月工时

招聘人数 = 本月所需人数 - 上月人数

招聘人数如果为正,表示需招聘员工;如果为负,则表示需要解聘员工。

②平准策略。即保持工人人数不变,变动库存,既不加班也不外包,固定工人的人数用该段时间内平均每天需要工人人数计算,即用6个月的总需求量乘以每件加工时间,再除以一个工人在计划期内的总工作时间,即计算结果见表4-5。

表4-5 平准策略

月 份	1	2	3	4	5	6
月初库存存量	400	8	-276	-32	412	720
每月工作天数/d	22	19	21	21	22	20
可用生产时间/h	7 040	6 080	6 720	6 720	7 040	6 400
实际生产量	1 408	1 216	1 344	1 344	1 408	1 280
需求预测量	1 800	1 500	1 100	900	1 100	1 600
月末库存存量	8	-276	-32	412	720	400
缺货成本/元	0	1 380	160	0	0	0
安全库存存量	450	375	275	225	275	400

续表 4-5

月 份	1	2	3	4	5	6
多余库存存量	0	0	0	187	445	0
多余库存存成本/元	0	0	0	280.5	667.5	0
多余库存存成本/元	28 160	24 320	26 880	26 880	28 160	25 600
						总成本:162 488 元

在表中:可用生产时间 = 工作天数 × 8(h/天) × 40 人

实际生产量 = 可用生产时间 ÷ 5(h/件)

月末库存 = 月初库存 + 实际产量 - 需求预测量

下月的月初库存 = 本月的月末库存

③外包策略。即将超出能力之外的工作包出去,工人人数固定,以满足最小的需求预测量,由表 4-1 可知,最小预测量为 4 月份 850,其他月份超出 850 的能力就用外包的形式来满足,由最小预测量计算最少的固定的工人人数为:

$$\frac{5(\text{h}/\text{件}) \times 850(\text{件}) \times 6(\text{个月总测量})}{125(\text{d}) \times 8[\text{h}/(\text{d}\cdot\text{人})]} = 25 \text{人}$$

计算结果如表 4-6 所示。

表 4-6 外包策略

月 份	1	2	3	4	5	6
生产需求量	1 850	1 425	1 000	850	1 150	1 725
每月工作天数/d	22	19	21	21	22	20
可用生产时间/h	4 400	3 800	4 200	4 200	4 400	4 000
实际生产量	880	760	840	840	880	800
分包件数/件	970	665	160	10	270	925
分包成本/元	19 400	13 300	3 200	200	5 400	18 500
正常人工成本/元	17 600	15 200	16 800	16 800	17 600	16 000
						总成本:160 000 元

④加班策略,即保持工人人数不变,通过加班或减班来改变能力,计算结果见表 4-7。

表 4-7 加班策略

月 份	1	2	3	4	5	6
期初库存	400	8	-276	-32	412	720
每月工作天数/d	22	19	21	21	22	20
可用生产时间/h①	6 688	5 776	6 384	6 384	6 688	6 080
固定生产量	1 338	1 155	1 277	1 277	1 338	1 216
需求预测量	1 800	1 500	1 100	900	1 100	1 600
加班前库存量	-62	-345	177	554	792	408

续表 4-7

月 份	1	2	3	4	5	6
加班生产件数	62	345	0	0	0	0
加班成本/元	1 860	10 350	0	0	0	0
安全库存	450	375	275	225	275	400
多余库存	0	0	0	329	517	8
库存成本/元	0	0	0	494	776	12
正常人工成本/元	26 752	23 104	25 536	25 536	26 752	24 230

总成本：165 491 元

注：该策略的正常工人人数比较难以确定，目标是使期末的库存与安全库存尽可能接近，这要进行反复试算。最后可知最合适的工人人数为 38 人，可用生产时间 = 工作天数 ×8(h/d)×38 人。

（3）将四种策略进行比较，比较结果见表 4-8。

表 4-8　4 种策略的比较结果　　　　　　　　　　元

成本项	策略 1	策略 2	策略 3	策略 4
正常人工成本(元)	160 500	160 000	100 000	152 000
加班人工成本(元)	0	0	0	12 210
招聘成本(元)	5 800	0	0	0
解雇成本(元)	7 000	0	0	0
外包成本(元)	0	0	60 000	0
库存存成本(元)	0	948	0	1 281
缺货成本(元)	0	1 540	0	0
总成本(元)	173 300	162 488	160 000	165 491

（4）确定最佳策略，由表 4-8 可知，策略 3 即外包策略的总成本最小，故可以确定采用这种策略，在该策略中，未来 6 个月的工人人数为 25 人，每月的安全库存和期末库存都可以确定。

反复试算法只能用于解决单一产品的问题，并且最终也只能采取一种最佳的策略，所得到的最佳解只是一种局部的优化，因为实际上最小总成本所对应的可能是几种策略的组合，这就必须借用数学方法来解决。

二、综合生产计划数量方法

综合生产计划的数学方法一般不为人们所采用，原因有：建立的优化数学模型常常是动态的，因为它会受一些政策的影响；一些因素如劳工合约、可用资金、生产能力限制或产品储存寿命可能会影响决策；试算方法已被大多数企业经理所接受，如果利用电子表格来计算则会使工作量大大降低；另外，数学的规划方法是研究人员从研究角度所提出的，它很难为企业所接受。下面简述几种常用的数学规划方法。

(一)线性规划方法

线性规划方法是确定一些变量,这些变量满足一定的约束条件,并追求一定的目标,其中目标函数和约束条件均为线性的,线性规划方法因此而得名。线性规划的数学模型确定以后,如果是比较简单的数学模型,则可以用图解法来解。

比较复杂的线性规划模型,则可以通过单纯型方法来解。对于不考虑雇佣与解聘的特殊情况,可应用更容易建立的运输方法模型,比较复杂或非常复杂的线性规型还可以通过建立线性规划数学模型,借助于计算机软件来计算分析。线性规划数学模型中,目标通常是总成本最小或总利润最大,而限制条件则是生产能力的限制、储存空间的限制、劳动时间的限制、劳动人数的限制等。因为做线性的假设,而实际情况却常常不是线性的,因此要建立符合实际情况的数学模型,这样就比较困难。例如,由于生产效率的降低,每小时加班成本可能会随加班的增加而增加。另外,如果生产量的变化较大,则随着生产量的增大,每单位产品的成本可能会随着产量的增大而降低。

典型的线性规划数学模型如下:

目标函数为

$$\min Z = \sum_{j=1}^{n} (j = 1, 2, \cdots, n) \qquad (4.4)$$

约束条件为

$$\begin{aligned} A_{11}X_1 + A_{12}X_2 + \cdots + A_{1n}X_n &\leq B_1 \\ A_{21}X_1 + A_{22}X_2 + \cdots + A_{2n}X_n &\leq B_2 \\ &\cdots \\ A_{m1}X_1 + A_{m2}X_2 + \cdots + A_{mn}X_n &\leq B_m \end{aligned} \qquad (4.5)$$

式中,A_{ij},B_i,C_j——给定常量。

如果将上述通用线性规划模型用于综合生产计划,则目标函数是总成本最小。总成本要考虑人工成本、招聘成本、解聘成本、加班成本、外包费用和缺货损失等。约束条件主要考虑生产能力的约束、人工能力的约束、库存水平的约束非负条件的约束等。

将该线性规划数学模型用于综合生产计划模型的建立,则目标函数为总成本最小,约束条件有:

(1)产品的计划产量应小于最高需求量;

(2)产品的计划产量应高于最低需求量;
(3)各种资源的限制;
(4)各种变量的非负性限制。

(二)运输方法

运输方法又可称为图表作业法,实际上是一种表格化的线性规划方法。用运输方法编制综合生产计划必须做一定的假设:

(1)每一计划期内的正常生产能力、加班生产能力和外包都有一定的限制;
(2)每一期间的需求预测量均为已知;
(3)成本和产量为线性关系。

利用运输方法,必须正确建立运输表格,见表4-19。在表中,第一行分别为每期计划方案、计划期、未用生产能力和可用生产能力。接下来是每期的正常产量、加班产量和外包产量。最下面一行表示每期总的需求量。表中每一格的右上角表示单位产品的相应成本,包括了生产成本和库存成本。设单位产品在每期的库存成本为 C_I,单位产品的正常生产成本为 C_P,单位产品的加班生产成本为 C_O,单位产品的外包成本为 C_W,则如果第 1 期生产出来的产品准备在第 2 期销售,其成本就变为 $C_P + C_I$,若在第 3 期销售,成本就为 $C_P + 2C_I$。以此类推可得加班生产成本和外包成本。第 t 期的正常可用生产能力为 PN_t,第 t 期的加班可用生产能力为 PO_t,第 t 期的正常可用生产能力为 PW_t。

应用运输方法编制综合生产计划时遵循如下步骤:①在可用生产能力一列填上正常、加班和外包的最大生产能力。②在每一单元格中填上各自的成本。③在第 1 列寻找成本最低的单元格,尽可能将生产任务分配至该单元格,但必须满足生产能力的限制。④在该行的未用生产能力中减去所占用的部分,但必须注意剩余的未用生产能力不能为负数,如果该列仍有需求尚未满足,则重复步骤②~④,直至需求全部满足为止,并且按照②~④的步骤分配全部期间的单元格。使用运输表还应注意,每一列的分配总和必须等于该期的总需求,每一行生产能力和也应等于可用的总的生产能力。

表 4-9 运输表

计划期	计划方案	计划期 1	计划期 2	计划期 3	未用生产能力	可用生产能力
1	正常	C_P	$C_P + C_1$	$C_P + 2C_1$		PN_1
	加班	C_O	$C_O + C_1$	$C_W + 2C_1$		PO_1
	外包	C_W	$C_W + C_1$	$C_W + 2C_1$		PW_1
2	正常		C_P	$C_P + C_1$		PN_2
	加班		C_O	$C_O + C_1$		PO_2
	外包		C_W	$C_W + C_1$		PW_2
3	正常			C_P		PN_3
	加班			C_O		PO_3
	外包			C_W		PW_3
需求		D_1	D_2	D_3		

(三)线性决策规划

有一些学者 Holt, Modigliani, Muth, 以及 Simon 曾利用线性决策规划来研究综合生产计划问题,线性决策规则是与生产率变动、库存水平及加班有关的成本,表示为生产与员工人数的二次函数。决定最佳员工人数与生产率水平的线性决策规划可由总二次成本函数的微分而得到。这种方法也有缺点:一是这种方法需要二次成本函数,但这往往不符合实际情况;二是这种方法没有对决策变量进行限制,实际上决策变量也往往是有一些限制的。

(四)目标规划

在制订综合生产计划时通常有以下目标:制订的计划应在生产能力之内;生产必须满足需求;生产与库存成本应最小化;库存投资不应超出一定的限制;加班成本应控制在一定的范围之内;员工人数不能超出一定的数目。在建立线性规划的数学模型时,这些目标一般是单目标问题,但是这些目标的优先顺序难以确定。利用目标规划就可以克服这个缺点,它可以提供这些目标优先次序的解决方案,但是如果目标是相互抵触的,则难以同时满足这些目标。

(五)计算机仿真

无论是线性规划方法,还是线性决策规划方法,或是目标规划方法,均要求出实际的解析表达式,求准确的解析表达式往往比较困难,于是就利用计算机作为工具,通过开发一定的仿真软件进行综合生产计划的编制。利用解析方法编制综合生产计划,要求严格地假定决策变量间的关系。例如,有的假设成本与生产量之间为线性关系,有的则假定成本与生产量之间是一个二次函数。利用解析方法求解,这种决策变量间的关系应是固定的,而实际情况往往是,有的期间成本与生产量之间为线性关系,而有的期间则为二次函数关系。计算机仿真方法可以很容易地克服这个难题。解析方法可以得到最佳解,而系统仿真方法则不一定能求到最佳解。

前面讨论的几种综合生产计划方法都是针对一种产品的生产计划优化问题,实际工作中,往往是多品种、多阶段的计划问题、有的资料中将这种问题归纳为高级综合生产计划问题,高级综合生产计划无法用反复试验进行试算。而只能通过建立数学模型。用一定的算法软件来解决。

第五章 主生产计划

主生产计划是对企业生产计划大纲的细化,是详细陈述在可用资源的条件下何时要生产出多少物品的计划,一个有效的主生产计划是企业对客户需求的一种承诺,它充分利用企业资源,协调生产与市场,实现生产计划大纲中所确定的企业经营计划目标。主生产计划在计划模块中起承上启下,从宏观计划向微观计划过渡的作用,它决定了后续的所有计划及制造行为的目标,是后续物料需求计划的主要驱动。

第一节 主生产计划概述

一、主生产计划内容

主生产计划(master production scheduling,MPS)是整个计划系统中的关键环节。一个有效的主生产计划是企业对客户需求的一种承诺,它充分利用企业资源,协调生产与市场,实现生产计划大纲中所确定的企业经营计划目标。

首先,从短期上讲,主生产计划是物料需求计划、零件生产、订货优先级和短期能力需求计划的依据。从长期上讲,主生产计划是估计本厂生产能力(厂房面积、机床、人力等)、仓库容量、技术人员和资金等资源需求的依据,如图5-1所示。

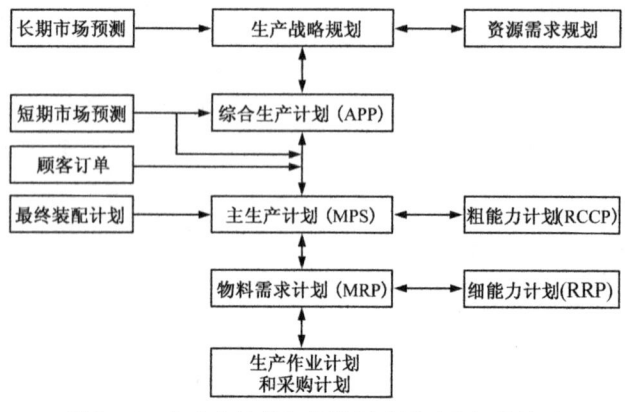

图5-1 主生产计划与其他制造活动之间的关系

其次，综合生产计划约束主生产计划，因为主生产计划的全部细节性的计划要和综合生产计划所阐述的一致。在一些公司，主生产计划是总公司或单个工厂按照月或者季度销售计划来进行描述的。而在另外一些公司，主生产计划是根据每个月生产线上要生产的产品的产量来进行描述的。

在主生产计划制订后，要检验它是否可行，这时就应编制粗能力计划，对生产过程中的关键工作中心进行能力和负荷的平衡分析，以确定工作中心的数量和关键工作中心是否满足需求。

最后，组装计划描述的则是在特定时期里主生产计划的物料组装成最终产品，有时候其对象和主生产计划的计划对象一致，在大多数情况下，最终组装计划和主生产计划的计划对象不一致。

主生产计划是制造物料的最基础的活动，是生产部门的工具，因为它指明了未来某时段将要生产什么。同时，主生产计划也是销售部门的工具，它指出了将要为用户提供什么，主生产计划还为销售部门提供生产和库存信息，一方面它可以使得企业的行销部门与各地库存和最终的顾客签订交货协议，另一方面，也可使生产部门较精确地估计生产能力。如果能力不足以满足顾客需求，应及时将此信息反馈至生产和行销部门。高级管理层需要从主生产计划反馈的信息中了解制造计划可否实现。

二、主生产计划特点

（1）主生产计划是对企业生产计划大纲的细化，是详细陈述在可用资源的条件下何时要生产出多少物品的计划，用以协调生产需求与可用资源之间的差距。使之成为展开 MRP 与 CRP 运算的主要依据，它起着承上启下、从宏观计划向微观计划过渡的作用。

生产计划大纲只代表企业在计划年度内应生产的产出总量目标，要把它付诸实施，必须进一步将总量计划分解为具体的产品产出计划，即分别按产品的品种、型号、规格编制它们在各季各月的产量任务，这就是主生产计划。只有有了主生产计划，企业才能保证销售计划，并依据它进行物料、劳动力和设备的准备，制订出这些资源的供应和准备计划。因此，它是生产计划工作的一项重要内容。

（2）主生产计划是按时间分段计划企业应生产的最终产品的数量和交货期。主生产计划是一种先期生产计划，它给出了特定的项目或产品在每个计划周期的生产数量。这是个实际的详细制造计划。这个计划力图考虑各种可能的制造要求。

（3）主生产计划是计划系统中的关键环节。一个有效的主生产计划是生产对客户需求的一种承诺,它充分利用企业资源,协调生产与市场,实现生产计划大纲中所表达的企业经营计划目标。主生产计划在3个计划模块中起"龙头"模块作用,它决定了后续的所有计划及制造行为的目标。在短期内作为物料需求计划、零件生产计划、订货优先级和短期能力需求计划的依据。在长期内作为估计本厂生产能力、仓储能力、技术人员、资金等资源需求的依据。

(4) 主生产计划应是一个不断更新的计划,更新的频率和需求预测的周期、客户订单的修改等因素有关。因此,主生产计划是一个不断修改的滚动计划:当有了新的订单,需要修改主生产计划;当某时间阶段结束时,未完成计划的工作需要重新安排;当某工作中心成为瓶颈时,有可能需要修改计划;当原材料短缺时,产品的生产计划也可能修改。总之,主生产计划是不断改进的切合实际的计划,如果能及时维护,将会减少库存,准时交货,提高生产率。主生产计划的增加或修改进行的时间越早,一般将不影响低层的物料需求计划和能力需求计划 CRP;而当物料订购之后,修改计划产生影响将会较大,生产费用也将会受到影响。

三、主生产计划的计划对象

综合生产计划的计划对象是产品系列,每一系列可以由多个型号的产品所构成,综合生产计划不做细分,这和其后的主生产计划有所区别,举例来说,如果某汽车公司生产某种轿车,有4种型号A,B,C和D,计划年总生产量为1万辆,这是综合生产计划预先规定的,而不必规定每一型号的轿车的产量。而主生产计划则规定每一种型号的产品的生产量,如A型号车为2 500辆、B型号车为3 500辆。C型号车为2 000辆,D型号车为2 000辆,如图5-2所示。图中,通过编制汽车的综合生产计划可知第一个月的总产量为800辆。在此基础上,编制主生产计划时,不仅要将该产品群分解至每一型号的汽车产量,还要将时间周期进行分解,通常分解为以周为单位,则由图可以看出,第一个月的第一周需生产A型号汽车,产量为200辆;第二周需生产B型号和D型号的汽车,产量分别为300辆和150辆;第三周需生产C型号的汽车,产量为150辆;第四周不生产,这样,前四周的总产量和综合生产计划相对应,即为800辆。

四、主生产计划的制造环境

主生产计划是针对产品系列中具体的产品而做的计划,其计划对象是基于独立需求的最终物料,这种最终物料可能是最终产品,也可能是一般的零件或部件。如果零件或部件是作为装配最终产品所用,则该零部件为相关需求

汽车的综合生产计划

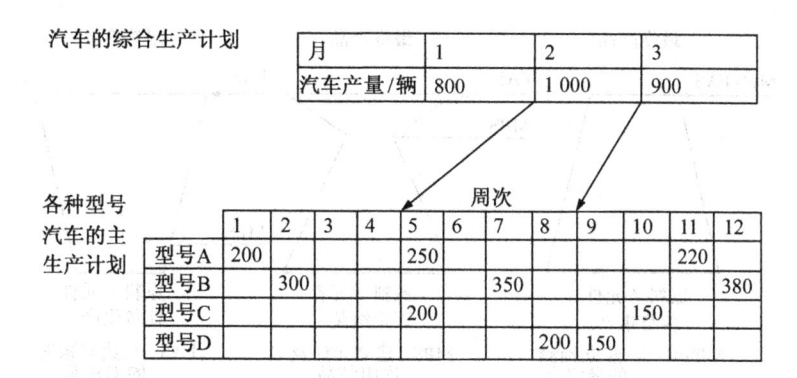

月	1	2	3
汽车产量/辆	800	1 000	900

各种型号汽车的主生产计划

	\multicolumn{12}{c	}{周次}
	1	2	3	4	5	6	7	8	9	10	11	12
型号A	200				250						220	
型号B		300					350					380
型号C					200				150			
型号D								200	150			

图 5-2 综合生产计划和主生产计划的关系

产品。可用物料需求计划来制订详细的计划，如果这种零部件不是作为装配最终产品所用，例如，它是作为维修件专门提供给维修公司的，则应视为独立需求件，于是制订相应的主生产计划。

关于产品的制造环境或生产模式在第一章中已介绍，从客户订制的程度和要求看，可以将生产模式分为4种典型的情况：备货生产、订货组装、订货生产和订货工程。可以将订货生产和订货工程也即按顾客设计制造归为一类。主生产计划的计划对象是基于最终产品的，特定的顾客订单或者最终产品和产品的选择，对不同的制造环境其概念是不同的。

（一）备货生产

备货生产是先将产品生产出来，然后依靠库存来满足需求，它是根据对市场需求预测和安全库存及期初库存来制订主生产计划的。备货生产通常是生产流通领域内直接销售的产品，主生产计划和最终组装计划的计划对象都是A型产品结构中的顶层，如图5-3(a)所示。对于产品系列下有多种具体产品的情况，要根据市场分析来估计各类产品占产品系列总量的百分比。此时，主生产计划的计划对象是具体产品。

（二）订货组装

订货组装是把很多已装配好的结构零件进行组装，期望交货期比实际交和货期要短，所以生产必须在预测顾客订单时开始。大量最终产品的制造使得最终预测变得非常困难，并且储存最终产品也有相当的风险。由此订货组装试图维持柔性，只生产基本零件和组件，一般在接到最终订单时才开始进行最终产品的装配。

订货组装的好处是，不同的最终产品只需要相当少的次组件和零件就可以完成，这样可大量降低产品库存。这种产品实际上是模块化的产品，即产品

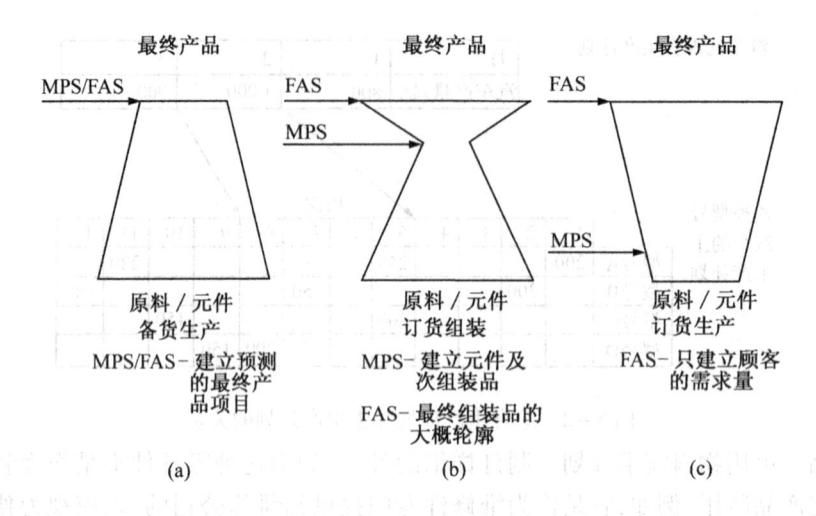

图 5-3 不同制造环境下的 MPS 和 FAS 计划对象

有多种搭配选择时,基本的次组件则可能不多,此时,主生产计划的计划对象是相当于 X 型产品结构中的"腰部"的材料,即通用件、基本件或可选件,而顶部的产品,则是最终组装计划的计划对象,如图 5-3(b)所示。

如图 5-4 所示,一个最终产品由 4 个次组件和 1 个零件组成,每个次组件有不同的型式,如 SA1 有 4 种型式,SA2 有 2 种型式,SA3 有 4 种型式,SA4 有 3 种形式,零件有 5 种型式,则最终的产品有 $4 \times 2 \times 4 \times 3 \times 5 = 480$ 种。此时,如果主生产计划以最终产品为对象,则共有 480 种计划对象,这时应以组件为计划对象,则只有 $4 + 2 + 4 + 3 + 5 = 18$ 种。

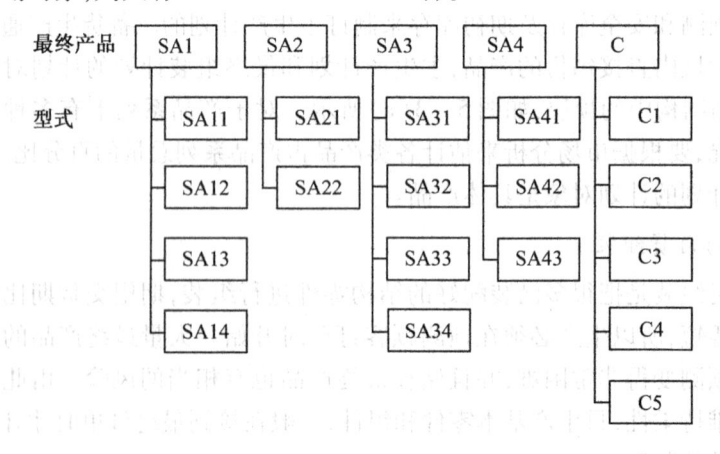

图 5-4 订货组装下主生产计划的对象

订货组装的例子有汽车,它有很多已装配好的零件和组件,如发动机、汽车坐椅、转向器、制动器等,在有顾客订单时才组装。这种原料/元件很多,通用件、次组装件、可选件则相对较少,但组合却有很多情况。主生产计划的计划对象应为数量不太多的通用件、次组装件和可选件。

(三)订货生产和订货工程

一般来讲,订货生产的公司保存非成品库存,并在需要时设立每一客户订单。在大批量生产的公司虽然经常如此,但是不大可能准确地预测顾客的需求。

订货生产和订货工程的最终产品一般就是标准定型产品或按订货要求设计的产品,也就是产品结构 O 层的最终产品。对钢材这类的订货生产,同一型号的钢坯可轧制出规格多样的钢材,这时,主生产计划的计划对象可以放在按钢号区分的钢坯上(相当于 T 型或 V 型结构的低层),以减少计划的物料数量。然后,再根据订单确定最终产品。而最终组装计划则是品种很多的钢材的组装。订货生产和订货工程计划对象如图 5-3(c)所示。

五、主生产计划的时间分段

主生产计划的结果是一个分时段的计划,在不同的时间分段上,生产计划对应的订单状态是不同的,按照三级状态,可以将主生产计划的订单分成三类:

制造订单、确认的计划订单以及计划订单。

(一)制造订单(manufacturing order)

已下达至系统的制造订单,授权制造指定数量的产品。这种订单通常不能更改,只有企业最高层管理人员才有权处理。

(二)确认的计划订单(firm planned order)

计划订单的数量和时间已固定下来,计算机不能自动地改变它们。只有计划员才可以改变它们,确认计划订单是叙述主生产计划的常用方法。

(三)计划订单(planned order)

计划订单是系统管理的订单,随时可以更改。

主生产计划是一个分时段的生产计划,和订单的状态相对应,制造订单和确认的计划订单是以需求时间栏作为分界的,而确认的计划订单和计划订单是以计划时间栏作为分界的。

需求时间栏(demand time fence)是目前时间至计划时间中的一个时间点,在目前时间至需求时间这一段时间内,相应的订单为制造订单,这是已经开始要制造的订单,在此期间,只有最高层领导才有权对此进行修改,一般情况下,这个阶段的主生产计划是不能随意改变的。

计划时间栏(plan time fence)是位于需求时间栏和全部计划期间之间的一个时间点,在需求时间栏和计划时间栏之间对应的订单为确认的计划订单。包含了实际订单及预测的订货,而在计划时间栏之后便只有预测的客户订单、通常在企业的生产控制系统中的处理策略是:在需求时间栏以内,根据客户的实际订单做计划;在需求时间栏至计划时间栏之间,根据客户订单和预测订货量中的最大值进行计划,如预测量超出实际订单。表示还有订单可能没有到达,若实际订单超出预测量,则表示预测偏低。以实际订单为准;而在计划时间栏之后一般便可根据预测的订货量做计划。

需求时间栏和计划时间栏,以及对应的订单如图5-5所示。

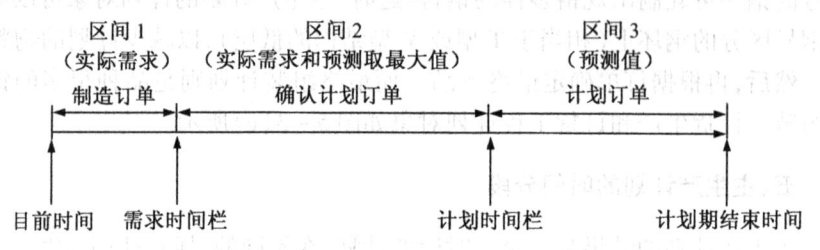

```
区间1              区间2                   区间3
(实际需求)    (实际需求和预测取最大值)    (预测值)
 制造订单         确认计划订单              计划订单

目前时间  需求时间栏           计划时间栏       计划期结束时间
```

图5-5 主生产计划时间栏的说明

第二节 主生产计划的策略分析

一、主生产计划的编制策略

(一)主生产计划的方案

在编制主生产计划时,应首先识别制造环境不同来选择不同的 MPS 方案和策略。

1. 面向库存的生产方式

用很多种原材料和部件制造出少量品种的标准产品,则产品、备品备件等独立需求项目通常成为 MPS 计划对象的最终项目。对产品系列下有多种具体产品的情况,有时再根据市场分析估计各类产品占系列产品总产量的比例。此时,生产规划的计划对象是系列产品,而 MPS 的计划对象是按预测比例计算的具体产品。每种的需求量是用占产品系列总数的预计百分比来计算的。产品系列同具体产品的比例结构形式,类似一个产品结构图,通常称为计划物料单或计划 BOM。

2. 面向订单的生产方式

最终项目一般就是标准定型产品或按订货要求设计的产品，MPS 的计划对象可以就在相当于 T 型或 V 型产品结构的低层，以减少计划物料的数量。如果产品是标准设计或专项，最终项目一般就是产品结构中 0 层的最终产品。如果用少量品种的原材料和部件，根据客户的要求生产出各种各样不同品种的最终项目，如飞机、船舶的生产，则原材料和部件等项目通常成为 MPS 计划对象的最终项目。

3. 为订单而装配的生产方式

产品是一个系列，结构基本相同，表现为模块化产品结构，都是由若干基本组件和一些通用部件组成。每项基本组件义有多种可选件，有多种搭配选择（如轿车等），从而可形成一系列多种规格的变型产品，可将主生产计划设立在基本组件级。在这种情况下，最终项目指的是基本组件和通用部件。这时主生产计划是基本组件（如发动机、车身）的生产计划。

（二）主生产计划的基本原则

主生产计划的基本原则是根据企业的能力确定要做的事情，通过均衡地安排生产实现生产规划的目标，使企业在客户服务水平、库存周转率和生产率方面都能得到提高，并及时更新，保持计划的切实可行和有效性。

编制产品出产进度计划应遵循以下原则：

（1）各种产品的出产时间和数量，应首先保证已有的订货合同的要求。在安排产品的顺序上，要分清轻重缓急，如先安排国家重点工程、重点客户订货、出口产品等的任务，再安排其他的一般性任务。

（2）多品种生产的企业，要做到产品品种的合理搭配。尽量减少各计划周期（季、月）的生产品种；同时又能使各车间在各周期的设备和人力的负荷比较均衡。

（3）新产品试制任务应在全年内均匀分摊，避免生产技术准备工作忙闲不均。

（4）要使原材料、外购件、外协件的供应时间和数量与产品出产进度计划的安排协调一致。

（5）要注意跨年度计划之间的衔接。如安排年初出产的产品时，应根据上一年度的产品在制情况，而对第四季度则要考虑为下一年度的产品出产做好准备。

（三）主生产计划的控制

（1）生产规划使企业开始运转，它确定要生产的产品数量，要采购和制造的物料数量，要使用的人工量。其展望期一般扩展到 12 个月或更长，至少每月由企业的高层领导签发。

（2）主生产计划应按生产规划汇总，以确保主生产计划的各种数据与生产规划相吻合。

（3）生产规划应按企业经营规划汇总，以确保从财务观点上考虑，生产规划确实代表了企业高层领导的经营意图。

（4）缺料单可以用来反映主生产计划的质量。如果有合理的主生产计划，则没有必要再使用缺料单。检查生产系统运行的有效性，只要看看生产过程中使用的是缺料单还是派工单即可。如果仍使用缺料单，则通常说明主生产计划未得到正确的管理，它未能效地预报未来的缺料情况。

（5）只有企业的决策者才有权改变主生产计划的策略。

（6）对计划实施过程要进行检测。每月都应检测主生产计划，以确保正在实现总的财务目标。应检测原计划的所有项目中实际完成的百分比，典型的情况应当达到95%。此时总的财务目标实现仍可以达到100%，因为当一些项目推迟时，有另外一些项目被安排到当前月。

二、主生产计划的约束条件

制订主生产计划时要确定每一具体的最终产品在每一具体时间段内的生产数量。它所需要满足的约束条件是：

（1）首先是，主生产计划所确定的生产总量必须等于生产计划大纲确定的生产总量。该约束条件包括两个方面：

第一个方面是，每个月某种产品各个型号的产量之和等于生产计划大纲确定的该种产品的月生产总量。

第二个方面是，生产计划大纲所确定的某种产品在某时间段内的生产总量（也就是需求总量）应该以一种有效的方式分配在该段时间段内的不同时间生产。当然，这种分配应该是基于多方面考虑的，例如需求的历史数据，对未来市场的预测，订单以及企业经营方面的其他考虑。

此外，主生产计划既可以周为单位，也可以日、旬或月为单位。当选定以周为单位以后，必须根据周来考虑生产批量（断续生产的情况下）的大小，其中重要的考虑因素是作业交换成本和库存成本。

（2）另一个约束条件是，在决定产品批量和生产时间时必须考虑资源的约束。与生产量有关的资源约束有若干种，例如设备能力、人员能力、库存能力（仓储空间的大小）、流动资金总量等。在制订主生产计划时，必须首先清楚地了解这些约束条件，根据产品的轻重缓急来分配资源，将关键资源用于关键产品。

主生产计划的格式一般是一份按某时间跨度编排的矩阵表，见表5-1。

表的横向是计划时间,表的纵向是产品。计划时间跨度最好是与 MRP 系统的时间间隔一致。

表 5-1 生产规划

项目\周期	过去	1	2	3	4	5	6	7	8	9	10
生产规划		1 000	1 000	1 000	1 000	1 000	1 000	1 000	1 000	1 000	1 000
百分比计划清单	20%	20%	20%	20%	20%	20%	20%	20%	20%	20%	20%

三、主生产计划中有关数据量的计算

在制订主生产计划的过程中涉及一系列的量,现对它们的计算方法分述如下。

(一)生产预测量

用于指导主生产计划的编制,使得主生产计划员在编制主生产计划时能遵循生产规划的目标。它是某类产品的生产规划总生产量中预期分配到该项产品的部分,其计算通常使用百分比计划清单来分解生产规划。

(二)未兑现的预测量

未兑现的预测量是在一个时区内尚未由实际客户订单兑现的预测,它指出在不超过预测的前提下,对一个最终项目还可以期望得到多少客户订单。计算方法是以某时区的预测值减去同一时区的客户订单。但是由于需求时界的累计未兑现预测需进行处理,典型的 MRP II 软件将提供不同的策略供用户选择,或移到需求时界之后的第一个时区,或忽略不计。

(三)总需求量

某个时区的总需求量即为本时区的客户订单、未兑现的预测和非独立需求之和。

(四)预计可用量

主生产计划员使用预计可用量来验证预测和主生产计划之间的平衡程度。如果预计可用量出现负值,则说明主生产计划量偏低。如果预计可用量随时间的推移而越来越高,则说明主生产计划量偏高。

(五)可签约量

可签约量(available to promise,ATP)等于主生产计划量减去实际需求。此项计算从计划展望期的最远时区由远及近逐个时区计算。如果在一个时区内需求量大于计划量,超出的需求可从早先时区的可签约量中预留出来。如

果在第一个时区内可签约量是负值,则保持负值。主生产计划员使用可签约量来验证预测的合理性。如果可签约量很高,则通常表明预测量过高;如果可签约量很低,则通常表明预测量过低。

(六)累计可签约量

从最早的时区开始,把各个时区的可签约量累加到所考虑的时区即是这个时区的累计可签约量。它指出在不改变主生产计划的前提下,积累到目前所考虑的时区为止,关于此最终项目还可向客户做出多大数量的供货承诺。

一般,主生产计划员首先根据总需求量、ATP、预计可用量和时界策略来制订主生产计划,然后,当新的操作数据产生时,再对主生产计划进行维护。下面给出一个例子说明主生产计划的编制方法。

第三节 主生产计划的制订

主生产计划是以预测、客户订单和生产计划大纲作为输入,根据能力和产品提前期的限制,来识别(输出)生产产品品种,安排生产时间和确定生产数量。从较短的时间来看,主生产计划可以作为物料需求计划的基础;从较长的时间来看,主生产计划也可以作为各项资源长期计划的基础。

一、主生产计划制订的内容与步骤

(一)主生产计划制订的内容

①客户订单;②经销商订单;③库存补货订单;④个别成品的预测;⑤厂际需求;⑥配销中心需求;⑦成品的库存水准;⑧安全库存量;⑨已发出的完成品指令单;⑩库存的限制。这些因素都是动态变化的,主生产计划的制订要充分考虑以上因素变化的影响。

主生产计划和物料需求计划一样,制订过程中通常要解决以下三个基本问题:①制造的目标是什么?②制造的资源是什么?③如何协调目标(要求)与资源(能力)之间的关系?

(二)制订主生产计划的步骤

(1)选择物料。

(2)根据产品族安排主生产计划。

(3)制订计划的总周期、需求时间栏、计划时间栏,以及相关的准则。

(4)选择计算和显示可供销售量的方法。

主生产计划的建立,首先必须以进行市场的需求预测为前提。在整个计划期不同的时段内,主生产计划的输入数据是不一样的,在需求时界内,是根据顾客订单制订的,所以除了进行市场需求预测外,还要对客户的订单进行需求的管理。然后,制订初步的主生产计划,并用粗能力计划技术核算生产能力是否满足需求,如果能力小于负荷,则要修改主生产计划,此外,在主生产计划执行期间,还要不断对主生产计划进行实时控制。

(三)主生产计划制订注意的问题

1. 主生产计划与生产计划大纲的衔接

主生产计划的基本模型中,并未考虑利用生产速率的改变、人员水平的变动或调节库存来进行权衡、折中。但是,生产计划大纲是要考虑生产速率、人员水平等折中因素的,因此,在实际的主生产计划制订中,是以综合计划所确定的生产量而不是市场需求预测来计算主生产计划量。也就是说,以生产计划大纲中的生产量作为主生产计划模型中的预测需求量。

主生产计划应是对生产计划大纲的一种具体化,当主生产计划以上述方式体现了生产计划大纲的意图时,主生产计划就成为企业整个经营计划中的一个重要的、不可或缺的部分。

2. 主生产计划的"冻结(相对稳定化)"

主生产计划是所有零件、部件等物料需求计划的基础。由于这个原因,主生产计划的改变,尤其是对已开始执行、但尚未完成的主生产计划进行修改时,将会引起一系列计划的改变以及成本的增加。当主生产计划量要增加时,可能会由于物料短缺而引起交货期延迟或作业分配变得复杂;当主生产计划量要减少时,可能会导致多余物料或零部件的产生(直至下一期主生产计划需要它们),还会导致将宝贵的生产能力用于现在并不需要的产品。当需求改变,从而要求主生产量改变时,类似的成本也同样会发生。

为此,许多企业采取的做法是,设定一个时间段,使主生产计划在该期间内不变或轻易不得变动,也就是说,使主生产计划相对稳定化,有一个"冻结"期。"冻结"的方法可有多种,代表不同的"冻结"程度。一种方法是规定"需求冻结期",它可以包括从本周开始的若干个单位计划期,在该期间内,没有管理决策层的特殊授权,不得随意修改主生产计划。

另一种方法是规定"计划冻结期"。计划冻结期通常比需求冻结期要长,在该期间内,计算机没有自主改变主生产计划的程序和授权,但计划人员可以在两个冻结期的差额时间段内根据情况对主生产计划做必要的修改。在这两个期间之外,可以进行更自由的修改。例如,让计算机根据预先制定好的原则自行调整主生产计划。这几种方法实质上只是对主生产计划的修改程度不同。例如,某企业使用3个冻结期,8周、13周和26周。在8周以内,是需求冻结期,轻易不得修改主生产计划;从 8~13 周,主生产计划仍较呈刚性,但只要零部件不缺,可对最终产品的型号略作变动;从 13~26 周,可改变最终产品的生产计划,但前提仍是物料不会发生短缺。26 周以后,市场营销部门可根据需求变化情况随时修改主生产计划。

总而言之,主生产计划冻结期的长度应周期性地审视,不应该总是固定不变。此外,主生产计划的相对冻结虽然使生产成本得以减少,但也同时减少了响应市场变化的柔性,而这同样是要发生成本的。因此,还需要考虑二者间的平衡。

3. 不同生产类型中主生产计划的变型

主生产计划是要确定每一具体的最终产品在每一具体时间段内的生产数量。其中的最终产品,是指对于企业来说,最终完成的要出厂的产品,但实际上,这主要是指大多数 MTS 的企业而言。在这类企业中,虽然可能要用到多种原材料和零部件,但最终产品的种类一般较少,且大都是标准产品,这种产品的市场需求的可靠性也较高。因此,通常是将最终产品预先生产出来,放置于仓库,随时准备交货。

在另外一些情况下,特别是随着市场需求的日益多样化,企业要生产的最终产品的"变型"是很多的。所谓变型产品,往往是若干标准模块的不同组合。以汽车生产为例,传统的汽车生产是一种大批量备货生产类型,但在今天,一个汽车装配厂每天所生产的汽车可以说几乎没有两辆是一样的,因为顾客对汽车的车身颜色、驱动系统、转向盘、坐椅、音响、空调系统等不同部件可以自由选择,最终产品的装配只能根据顾客的需求来决定,车的基本型号也是由若干不同部件组合而成的。例如,一个汽车厂生产的汽车,顾客可选择的部件包括 3 种发动机(大小)、4 种传动系统、2 种驱动系统、3 种转向盘、3 种轮胎尺寸、3 种车体、2 种平衡方式、4 种内装修方式、2 种制动系统。基于顾客的这些不同选择,可装配出的汽车种类有 $3 \times 4 \times 2 \cdots = 10\,368$ 种,但主要部件和组件只有 $3 + 4 + 2 + \cdots = 26$ 种,即使再加上对于每辆车来说都是相同的那些部件,部件种类的总数也仍比最终产品种类的总数要少得多。因此,对于这类产品,一方面,对最终产品的需求是非常多样化和不稳定的,很难预测,因此保持最终产品的库存是一种很不经济的做法。而另一方面,由于构成最终产品的组合部件的种类较少,因此预测这些主要部件的需求要容易得多,也精确得多。所以,在这种情况下,通常只是持有主要部件和组件的库存,当最终产品的订货到达以后,才开始按订单生产。这种生产类型被称为"面向订单的装配生产(assemble-to-order)"。这样,在这种生产类型中,若以要出厂的最终产品编制 MPs,由于最终产品的种类很多,该计划将大大复杂化,而且由于难以预测需求,计划的可靠性也难以保证。因此,在这种情况下,主生产计划是以主要部件和组件为对象来制订的。例如,在上述汽车厂的例子中,只以 26 种主要部件为对象制订主生产计划。当订单来了以后,只需将这些部件做适当组合,就可在很短的时间内提供顾客所需的特定产品。还有很多采取"订货生产(make-to-ordel)"类型的企业,如特殊医疗器械、模具等生产企业,当最终产品和主要的部件、组件都是顾客订货的特殊产品对时,这些最终产品和主要部件,组件的种类比它们所需的主要原材料和基本零件的数量可能要多得多。因此,类似于组装生产,在这种情况下,主生产计划也可能是以主要原材料和基本零件为对象来制订的。

二、产品出产进度计划的编制

主生产计划制订过程中,产品出产进度计划的编制可分为以下几个步骤进行。

(一)相关原始参数的确定

制订主生产计划时,应以时间分段记录来说明主生产计划量、销售预测、预计可用库存量和可供销售量之间的关系。制订主生产计划结果是形成主生产计划报表,报表由表头和表体构成。表体是进行主生产计划计算所需的重要原参数,常用的原始参数有物料名称、物料编号、现有库存量、提前期、需求时界、计划时界、安全库存量、批量等,见表 5 - 2。报表主体则是主生产计划的计算主体,要根据主生产计划的计算逻辑分别确定预计可用库存量、净需求量、计划产出量和可供销售量等信息。编制主生产计划除了需要上述原始参数外,还需要预测量和实际订单量的信息,见表 5 - 3,这是制订主生产计划的最重要的输入。

表 5 - 2 相关原始参数

参数名称	参数值	参数名称	参数值
物料号	LA001	提前期/周	1
物料名称	灯具	需求时界/周	3
期初库存存量	15	计划时界/周	8
安全库存存量	5	计划日期	02/04/01
批量	60	计划员	PES

表 5 - 3 预测和合同量

	1	2	3	4	5	6	7	8	9	10
预测量	20	20	20	20	20	20	20	20	20	20
合同量	25	18	23	16	28	15	24	18	20	18

↑ 需求时界点   ↑ 计划时界点

对主生产计划而言,比较关心产品的可供销售量,而物料需求计划则关心物料的可用库存量。计算过程首先是根据预测量和合同量确定毛需求,再根据毛需求和现有库存量,以及计划接受量计算净需求,从而确定何时投入、何时产出、投入多少、产出多少。下面依次说明主生产计划的相关计算逻辑。

(二)计算毛需求(gross requirement,GR)

毛需求不是预测信息,而是生产信息。毛需求是有时段性的,而不是某一计划期的一个平均值。毛需求的确定没有固定的模式,因系统和企业的实际需求而定。其中用得较多的是考虑每阶段所在的时段,在需求时界内。毛需求等于实际顾客合同量;在计划时界内,毛需求取预测量和合同量中的最大值;在计划时界以外,毛需求则取预测值。设产品 i 在期间 t 的毛需求为 $GR_i(t)$。则其计算公式为:

$$GR_i(t) = \begin{cases} D_i(t) & t \leqslant t_d \\ \max[D_i(t), F_i(t)] & t_d < t \leqslant t_p \\ F_i(t) & t_p < t \end{cases}$$

(5.1)

式中:$D_i(t)$——产品 i 在期间 t 的实际订单量;

$F_i(t)$——产品 i 在期间 t 的需求预测量;

t_d——需求时界;

t_p——计划时界。

由表 5-3 可得毛需求的计算结果见表 5-4。

表 5-4 毛需求计算结果

	\multicolumn{10}{c}{期间/周}
	1	2	3	4	5	6	7	8	9	10
预测量	20	20	20	20	20	20	20	20	20	20
合同量	25	18	23	16	28	15	24	18	20	18
毛需求	25	18	23	20	28	20	24	20	20	20

(三)制定产品出产进度计划草案

根据总需求量和事先确定好的订货策略和批量,以及安全库存量和期初库存量,计算各时区的主生产计划接收量和预计可用量。使用如下公式从最初时区推算:

第 $K+1$ 时区的预计可用量 = 第 K 时区预计可用量 +

第 $K+1$ 时区主生产计划接收量 $-$ 第 $K+l$ 时区的总需求量 $(K=0,1,\cdots)$；

第 0 时区预计可用量 = 期初可用量

在计算过程中，如预计可用量为正值，表示可以满足需求量，不必再安排主生产计划量，如预计库存量为负值，则在本时区计划一个批量作为主生产计划接收量。从而给一份主生产计划的备选方案。在此过程中，要注意均衡生产的要求。

对于大批大量的生产企业，一般将产量均余地安排到各季各月，以便与流水生产方式相适应。对于成批生产企业，要着重考虑产品品种的合理搭配：对于产量较大、需求变动较少的产品可分配到全年的各季各月生产；对于产量较小的产品，尽量集中在某段时间内生产。当然，这种安排以不违反交货期要求为准则。对于单件小批生产，主要根据订货合同规定的数量和期限，适当地兼顾其他方面的要求，如同类型的产品集中安排，新产品与生产难度大的老产品错开安排等。

根据以上计算过程，主生产计划编制的信息输入如图 5-6 所示，其主要输入是客户订单和生产预测，生产的提前期则包括总装、组装、加工、购买所有部件、零件和原材料的时间。当产品能从现有的成品库中提供或客户的交货期小于生产的提前期时，主生产计划根据预测的需求来制订。生产规划也是主生产计划的输入，它规定了主生产计划必须遵守的条件。

（四）确定在途量（scheduled receipts，SR）

在途量表示已经订购或已经生产，预计在期间 t 到货的物料量，设产品 i 在期间 t 的在途量为 $SR_i(t)$。计算净需求量和预计可用库存量时应考虑在途量。如何考虑在途量，将在计算净需求量和预计可用库存量中做介绍。当该产品提前期大于 1 周时，如提前期为 3 周，则已核发和执行的订单既可以在第 1 周到达，也可以在第 2 周或第 3 周到达，因为本例的提前期是 1 周，故已在途的订货量应在第 1 周到达。当然，如果考虑实际的特殊情况，在途量可以在计划期间的任一期到达。

（五）计算预计在库量（projected on-hand，POH）

某期间若没有计划订单产出，则期末预计的在库量称为预计在库量。物料需求计划利用预计在库量 POH 来决定某期是否有净需求。设产品 i 在期间的 t 预计在库量为 $POH_i(t)$。第一期的预计在库量等于初始库存量加上第一期的在途量再减去毛需求，计算公式为

$$POH_i(1) = OH + SR_i(1) - GR_i(1) \tag{5.2}$$

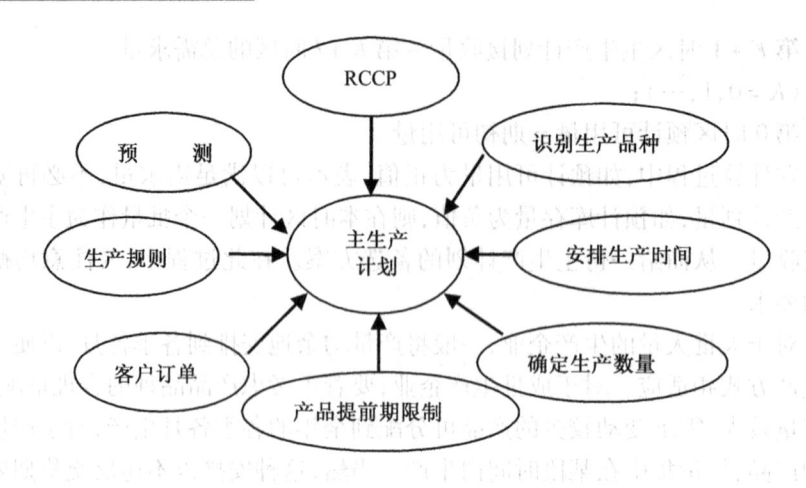

图 5-6　主生产计划的信息输入

其他期的预计在库量

$$POH_i(t) = PAB_i(t-1) + SR_i(t) - GR_i(t) \qquad (5.3)$$

式中：$PAB_i(t-1)$——产品 i 在期间 $t-1$ 的预计可用库存量,后文将有介绍。

预计在库量是用来决定某期是否有净需求的。若预计在库量比安全库存量少,则净需求等于安全库存量减预计在库量;反之,若预计在库量比安全库存量大,则没有净需求。

(六)计算净需求(net requirement,NR)

净需求是一个实际的需求,和毛需求不一定相等,因为毛需求是一个比较粗的需求,它只是根据客户订单和预测得到的一个需求值,并没有考虑这种物料的现有库存量。举例来说,如果某种产品在某期的毛需求是 100 单位,现有库存为 40 单位,则若不设置安全库存,实际需求并非 100 单位,而是 60 单位。除考虑现有库存量,还必须考虑在途量,如上例中在途量为 20 单位,则实际需求就变为 60-20-40 单位。若考虑安全库存,则实际需求还应加上安全库存量,所以说,净需求的确定要根据该产品的毛需求、现有库存量、在途量和安全库存量来计算。若不考虑安全库存,则净需求可用本期毛需求减去本期在途量和上期可用库存量得到。设产品 i 在期间 t 净需求为 $NR_i(t)$,则其计算公式可以写成:

$$NR_i(t) = GR_i(t) - SR_i(t) - PAB_i(t-1) \qquad (5.4)$$

式中：$PAB_i(t-1)$——上期即第 $t-1$ 期的预计可用库存量。

如果净需求计算结果为负值,也就是现有库存加上计划订单入库量之和超过了毛需求,则净需求为零,此时,不需要下达生产订单或采购订单;反之,如果净需求的计算结果为正值,表明可提供的量小于需求量,则有净需求,净需求量即为式(5.4)的计算结果。

若考虑安全库存,并设安全库存为 SS,则净需求为毛需求加安全库存并减去在途量和上期可用库存量得到,计算公式为

$$NR_i(t) = SS + GR_i(t) - SR_i(t) - PAB_i(t-1) \quad (5.5)$$

式(5.5)也可写成

$$NR_i(t) = SS - POH_i(t) \quad (5.6)$$

同理,若计算结果为负,表明没有净需求,当计算结果为正时,表明有净需求。至于每一期的净需求的计算,则可以逐期往前推移。表 5-5 中显示了净需求的计算,因本例安全库存为 5,故应用式(5.3)计算净需求,如第 1 期和第 2 期的净需求计算为

$$NR_i(1) = SS + GR_i(1) - SR_i(1) - PAB_i(0)$$
$$= 5 + 25 - 20 - 15$$
$$= -5$$
$$NR_i(2) = SS + GR_i(2) - SR_i(2) - PAB_i(1)$$
$$= 5 + 18 - 0 - 10$$
$$= 13$$

第 1 期的净需求为 -5,小于 0,表明第 1 期无净需求。第 2 期的净需求计算结果为 13,表明第 2 期产生净需求。其他期别以此类推。

表 5-5 主生产计划计算结果

	期初	1	2	3	4	5	6	7	8	9	10
毛需求		25	18	23	20	28	20	24	20	20	20
在途量		20									
预计在库存量		10	-8	29	9	-19	21	-3	37	17	-3
预计可用库存量	15	10	52	29	9	41	21	57	37	17	57
净需求		0	13	0	0	24	0	8	0	0	8
计划订单产出量		0	60	0	0	60	0	60	0	0	60
计划订单投入量		60	0	0	60	0	60	0	0	60	0
可供销售量		10	0	0	0	12	0	0	0	0	0

(七)确定计划订单的产出(planned order receipts,PORC)

由上面净需求的计算可以看出,并非所有期间都有净需求,如果可提供的量能满足毛需求,则表明有净需求,净需求是一个随机的结果。某一期间 t 有净需求,就要求在该期必须获得等于或超过净需求的物料量,这就是计划订单的产出,产出的期别和净需求的期别相对应。通常设产品 i 在期间 t 的计划订单产出量为 $PORC_i(t)$。如表 5-6 中第 1 期的净需求为 O,则第 1 期的计划订单产出量也为 O,第 2 期的净需求为 13,则在第 2 期就有一定量的产出。产出量的确定通常要考虑订货的经济批量因素,所以说,计划订单的产出量应为批量的整数倍。批量的大小通常在系统运行之时即已确定,当然,在系统运行过程中也可以根据实际情况做相应的调整,主要指正在执行中的在未来某时段到达的订单数量。本例中,批量为 60,因第 2 期的净需求为 13 单位,故只要有一个批量的产出即能满足净需求,如果净需求为 75 单位,则计划订单的产出应为 2 个批量大小。

(八)确定计划订单的投入(planned order release,POR)

订单的下达到交货通常有个周期,这个周期就是所谓的提前期,计划订单的下达时段用产出日期即净需求的需求日减去计划订单的提前期。设产品在期间 t 的计划订单产出量为 $POR_i(t)$,则其计算公式为

$$POR_i(t) = PORC_i(t-LT) \qquad (5.7)$$

式中:LT——订货提前期。

如第 2 周有 13 单位的净需求,考虑到提前期为 1 周,故该计划订单应在第 1 周下达。

(九)计算预计可用库存量(projected available balance,PAB)

可用库存量是在现有库存中,扣除了预留给其他用途的已分配量,可以用于需求计算的那部分库存,它和现有库存量不是一个概念。每期预计可用库存量可用上期可用库存量加上本时段的在途量和本时段的计划产出量减去本期的毛需求。设第 i 种产品在第 t 期的预计可用库存为 $PAB_i(t)$,$PAB_i(0)$ 即表示期初库存,$PAB_i(t)$ 的计算公式为

$$PAB_i(t) = PAB_i(t-1) + SP_i(t) + PORC_i(t) - GR_i(t) \qquad (5.8)$$

式中,$PORC_i(t)$——第 t 期的计划订单接受量。

式(5.7)也可写成

$$PAB_i(t) = POH_i(t) + PORC_i(t)$$

如第 1 周的预计可用库存量为

$$PAB_i(1) = PAB_i(0) + SP_i(1) + PORCi(1) - GRi(1)$$

$$= 15 + 20 + 0 - 25$$
$$= 0$$

第 2 周的预计可用库存量为
$$PAB_i(2) = PAB_i(1) + SP_i(2) + PORC_i(2) - GR_i(2)$$
$$= 10 + 0 + 60 - 18$$
$$= 52$$

第 3 周的预计可用库存量为
$$PAB_i(3) = PAB_i(2) + SP_i(3) + PORC_i(3) - GR_i(3)$$
$$= 52 + 0 + 0 - 23$$
$$= 29$$

若预计可用库存量为负值,则表示订单将被推迟。计算结果如表 5 – 6 所列。

(十)可供销售量(available to promise,ATP)

可供销售量的信息主要为销售部门提供决策信息,向客户承诺订单交货期,它是销售人员同临时来的客户洽谈供货条件时的重要依据。在某个计划产出时段范围内,计划产出量超出下一次出现计划产出量之前各时段合同量之和的数量,是可以随时向客户出售的,这部分数量称为可供销售量。可供销售量出现在所有主生产计划期间,在第 1 期中,可供销售量等于在库量加上某时段计划产出量减去已到期和已逾期的客户订单量,在第一期之后的任何有计划产出量的期间,可供销售量是把某时段的计划产出量(含计划接受量)减去下一次出现计划产出量之前的各毛需求量之和而得到。设产品 i 在期间 t 的可供销售量为 $ATP_i(t)$,则其计算公式为

$$ATP_i(t) = POR_i(t) + SR_i(t) - \sum_{j=t}^{t'} GR_j \qquad (5.9)$$

式中:$POR_i(t)$—— 期间 t 的计划订单产出量;

t'—— 下一次出现计划产出量前的期间。

如果计算第 1 周的可供销售量,则还应考虑期初库存。如第 1 周的可供销售量为

$$ATP_i(1) = POR_i(1) + SR_i(1) - GR_i$$
$$= 15 + 20 - 25$$
$$= 10$$

第 2 周的可供销售量为

$$ATP_i(2) = POR_i(2) + SR_i(2) - \sum_{j=2}^{4} GR_j$$

$$= 60 + 0 - 18 - 23 - 20$$
$$= -1$$

第5周的可供销售量为

$$ATP_i(5) = POR_i(2) + SR_i(2) - \sum_{j=2}^{6} GR_j$$
$$= 60 + 0 - 28 - 20$$
$$= 12$$

若某期间计算出来的可供销售量为负数,则表示业务员已超量接受订单。计算结果见表5-6。

三、主生产计划基本计算

(一)计算现有库存量(projected on hand inventory,POHI)

现有库存量是指每周的需求被满足之后剩余的可利用的库存量,计算公式为

$$I_t = I_{t-1} + P_t - \max\{D_t, MO_t\} \tag{5.10}$$

式中:I_t——t周末的现有库存量;

I_{t-1}——$t-1$周末的现有库存量;

P_t——t周的主生产计划生产量;

D_t——t周的预计需求;

MO_t——准备发货的顾客订货量。

式(5.9)中减去预计需求量和实际订货量的最大者是为了最大限度地满足需求。以某摩托车制造企业为例,为100型踏板式摩托车产品制定一个主生产计划,该产品1月份的需求为800件、2月份1 200件,期初库存量是500件,生产批量为600件,顾客的实际订货量见表5-6。按式(5.9)计算结果,见表5-6。

表5-6 某产品各期的现有库存量、主生产计划量和生产时间

月份	1月				2月			
周次	1	2	3	4	5	6	7	8
需求预计	200	200	200	200	300	300	300	300
订货量	150	150	100	100	0	0	0	0
现有库存量:500	300	100	500	300	0	300	0	300
主生产计划量	0	0	600	0	0	600	0	600

(二)确定主生产计划的生产量和生产时间

主生产计划的生产量和生产时间应保证现有库存量是非负值的,一旦现有库存量在某周有可能为负值,应立即通过当期的主生产计划量补上,这是确定主生产计划的生产量和生产时间的原则之一。

具体的确定方法是:

(1)当本期期初库存量与本期订货量之差大于0,则本期主生产计划量为0;

(2)当本期期初库存量与本期订货量之差小于0,本期主生产计划量为生产批量的整数倍,具体是一批还是若干批,要根据二者的差额来确定。

根据上述方法,确定前述例子的主生产计划的生产量和生产时间见表5-6。

(三)计算待分配库存(available-to-promise Inventory,ATP)

待分配库存是指销售部门在确切时间内可供货的产品数量。待分配库存的计算分两种情况:

(1)第1期的待分配库存量等于期初有现有库存量加本期的主生产计划量减去直至主生产计划量到达前(不包括该期)各期的全部订货量;

(2)以后各期只有主生产计划量时才存在待分配库存量,计算方法是该期的主生产计划量减去从该期至下一主生产计划量到达期以前(不包括该期)各期的全部订货量。

根据上述方法,计算主生产计划各期的待分配库存量见表5-7。

表5-7 某产品主生产计划各期的待分配库存存量

月份	1月				2月			
周次	1	2	3	4	5	6	7	8
需求预计	200	200	200	200	300	300	300	300
订货量	150	150	100	100	0	0	0	0
现有库存存量:500	300	100	500	300	0	300	0	300
主生产计划量	0	0	600	0	0	600	0	600
待分配库存存量	200		400			600		600

在前例中,假定该企业接收到该产品的4个订单,其订货量分别是100件、300件、100件和150件,其交货期分别在第2周、第5周、第3周、第4周。根据前面计算的主生产计划量和各期的待分配库存存量,按订货的先后顺序来安排,企业可满足前3个订单的要求,第4个订单可以与客户协商在第6周交货,否则只好放弃。当接受了前3个订单以后,主生产计划变为见表5-8。

表 5-8 接受前 3 个订单后某产品的主生产计划

月份	1月				2月			
周次	1	2	3	4	5	6	7	8
需求预计	200	200	200	200	300	300	300	300
订货量	150	250	200	100	300	0	0	0
现有库存存量:500	300	50	450	250	-50	250	-50	250
主生产计划量	0	0	600	0	0	600	0	600
待分配库存存量	100		0			600		600

第六章 生产能力计划

生产计划制订后须进行检验,以确认企业中可提供的生产能力和制造需求间是否平衡,这就是能力需求计划问题。生产能力计划的管理目标就是把某些工作中心所能提供的能力和生产计划需要的能力进行平衡。

第一节 生产能力计划概述

一、生产能力的概念

工业企业的生产能力,是指一定时期内(通常指一年)直接参与企业生产过程的固定资产,在一定组织技术条件下,所能生产一定种类的产品或加工处理一定原材料的最大数量的能力。其含义可简单概括为:

(1)企业的生产能力是按照直接参加生产的固定资产来计算的。

影响生产能力大小的因素有许多,其主要因素有产品的品种、数量构成、产品结构的复杂程度、质量要求、零部件的标准化、通用化水平、设备的数量、性能及成套性、工艺加工方法、生产面积的大小、工厂的专业化组织水平、生产组织及劳动组织形式、工人的劳动熟练程度及劳动积极性等。这里的生产能力,则仅仅考虑固定资产的能力,因为相对于其他各种因素,固定资产是一个比较稳定和占据企业生产能力的大部分的主要因素。根据我国目前的情况,现均按照固定资产核算生产能力,其他因素则按正常生产的条件来考虑。这样核算的生产能力,具有更大的客观性,因而也更能满足管理工作的要求。

(2)企业的生产能力是指在不定期某一时期内所能生产的产品数量企业生产能力是按一定的时间期计算的。年、月、日、班、小时都可以作为计算生产能力的时间期。但通常按年计算,以便与年度生产计划任务相比较。

(3)企业的生产能力是指在一定生产技术组织条件下所能达到的能力在不同的生产技术组织条件下,所能达到的生产能力水平是不一样的。如生产同类产品的两个企业中,尽管其固定资产的数量相同,但由于所采用生产组织和劳动组织不同,以及工人的技术水平和熟练程度不同,其生产能力是不相同的。

(4)企业的生产能力是企业内部各个生产环节、各种固定资产的综合能力。工业企业是按产品结构、工艺、产品的生产过程,组织劳动者在分工协作的条件下,运用这些相互联系的固定资产来完成生产的。为此,企业的生产能力应是企业各个基本生产车间、辅助生产车间能力综合平衡的结果,是各个生产环节、各种固定资产按生产的要求所能达到的综合能力。

生产能力以实物量作为计量单位。对于多品种生产的企业,其产品的结构工艺相似,用产品的产量代表生产能力;若品种繁杂,产品之间、工艺和劳动量差别很大,则用综合性指标来代表生产能力。如重型机器厂用年产机器的吨数、拖拉机厂用年产马力数、变压器厂用年产千伏安数表示生产能力。最普遍的用资源投入量(如设备台时数、工人工时数或生产面积数)表示生产能力。但这种计量方法不能说明生产系统所能确切提供的产量,因此不能准确衡量或对比企业的生产能力。

二、生产能力种类

企业的生产能力可分为设计能力、计划能力和实际能力三种。

(1)设计能力。设计能力是指在企业设计时确定的生产能力。它是由设计企业生产规模时,所采用的机器设备、生产定额及技术水平等条件决定的。通常,设计能力是一般在企业建成投产,经过一段时间熟悉和掌握生产技术工艺后,生产进入正常状态时才能达到的生产能力。

(2)计划能力。计划能力是指企业在计划期内能够达到的生产能力。它是根据企业现有的生产技术条件与计划期内所能实现的技术组织措施情况来确定的。

(3)实际能力。实际能力是在企业现有的固定资产、当前的产品方案、协作关系和生产技术组织条件下所能达到的生产能力。

设计能力是企业制定长期规划、安排企业基本建设和技术改造的重要依据。计划能力和实际能力是企业编制生产计划的依据,也可以说它是计划期生产任务与生产条件平衡的依据。

三、生产能力的测定

测定生产能力的程序基本分以下几个步骤:

(1)确定企业的专业方向和生产大纲。企业的生产能力是指按照一定的产品品种方案来计算的。因此,在测定生产能力时,首先要确定企业的专业方向和产品品种、数量方案。

(2)做好测定生产能力的准备工作。测定生产能力的准备工作包括组织准备和资料准备。

(3)分别计算设备组、工段时间和车间的生产能力。

(4)进行全厂生产能力的综合平衡。测定企业的生产能力,应当从基层开始自下而上地进行。首先计算和测定各生产线、各设备组的生产能力,在此基础上计算和测定各工段的生产能力,然后计算和测定车间的生产能力,最后在综合平衡各车间产能力的基础上,确定企业的生产能力。

四、综合生产能力的计量单位

在了解公司在计划期内的综合需求之后,就应该对公司综合生产能力进行测量。只有生产系统具有高度的标准化和重复特征时,才能比较方便地用具体产品的单位或标准单位给出生产能力一个比较准确的定义。生产能力的测量单位有:

(一)用具体产品表示

适用于产品品种单一的大量生产企业。计算生产能力时的生产率定额用该具体产品的时间定额或生产该产品的产量定额。企业的生产能力即以该具体的产量表示。

(二)用代表产品表示

适用于多品种中成批生产的企业。一般是从多品种产品中选择能代表企业专业方向的、产量大的、产品结构与工艺过程具有代表性的一种产品作为代表,用该种产品的单位来表示企业的生产能力。

(三)用假定产品表示

适用于产品品种数较多,各种产品的结构、工艺和劳动量构成区别较大的企业,数种产品按其产量比重构成一种假想的产品,生产能力用假想产品来表示。

五、综合生产能力的计算

由于企业的生产特点、生产类型不同,以及所采取的生产组织形式不同,生产能力的计算方法也不同。下面分别说明不同情况下各生产环节生产能力的计算方法。

(一)流水线生产能力的计算

大量生产企业,多按流水线组织生产,其生产能力按每条流水线计算。计算公式如下:

$$M_{流} = \frac{T_e}{R} \tag{6.1}$$

式中：$M_流$——流水线生产能力；

T_e——计划期流水线有效工作时间，min；

R——流水线节拍，min。

一个生产系统的设计能力不是总是能够在实际中得以实现的,生产中的实际生产能力往往低于设计能力。实际输出水平与设计能力的比值,叫作利用率;实际输出水平与有效生产能力的比值叫作生产效率,即

$$生产能力利用率 = \frac{实际输出水平}{设计生产能力} \tag{6.2}$$

$$生产效率 = \frac{实际输出水平}{有效生产能力} \tag{6.3}$$

(二) 间断工作设备组生产能力的计算

在成批和单件小批生产企业中,计算生产能力通常从设备组开始。构成设备组的基本条件是生产中的互换性,即设备组中的任何设备通常在相同的时间内可以完成分配给该设备组加工的任何相同工序,达到规定的质量标准,并且能使设备合理使用。同类设备组存在着生产单一产品和多种产品的情况,因此计算方法将有所不同。

(1) 在多品种生产的企业中,在结构、工艺和劳动量构成相似的产品中选出代表产品,以生产代表产品的时间定额和产量定额来计算生产能力。代表产品一般选代表企业专业方向,在结构工艺相似的产品,总劳动量(即产量与单位劳动量乘积)最大的产品。代表产品与具体产品之间通过换算系数换算。换算系数为具体产品与代表产品的时间定额的比例,即

$$K_i = T_i/T_0 \tag{6.4}$$

式中：K_i——产品 i 的换算系数；

T_i——i 产品时间定额,台时；

T_0——代表产品时间定额,台时。

(2) 在产品品种数较多,各种产品的结构、工艺和劳动量构成差别较大的情况下,不能用代表产品来计算生产能力,此时,可用假定产品作为计量单位。假定产品是由各种产品按其总劳动量比重构成的一种假想产品。例如,企业生产纲领规定生产 A,B,C 三种结构、工艺不相似的产品,其产量分别为 600,350,80,单位产品台时定额分别为 100,200 和 250,则各产品的总劳动量依次为 60 000,7 000 和 2 000 台时,总劳动量之和为 150 000 台时。因此,三种产品的总劳动量比重为：$\theta_A = 0.4(60\ 000/150\ 000), \theta_B = 0.133, \theta_C = 0.467$,则一个假定产品中含 0.4 个 A 产品,0.133 个 B 产品和 0.467 个 C 产品。

假定产品劳动量的计算公式为

$$t_a = \sum_{i=1}^{n} t_i Q_i \tag{6.5}$$

式中：t_a——单位假定产品的台时定额(台时／件)；

θ_i——i 产品的劳动量比重；

t_i——i 产品的台时定额(台时／件)；

n——产品品种数。

在产品品种繁多而且不稳定的单件小批生产企业,也常采用产品的某种技术参数作为计量单位,如发电设备的功率(kW)；在铸造、锻压、金属结构等工厂、车间,也常采用重量单位作为计量单位。

(三)生产面积生产能力的计算

(1)机械制造企业的铸造车间、装配车间等通常要计算生产面积的生产能力。

其计算公式为

$$M_m = M \times F_\gamma \times H/m \times t \tag{6.6}$$

式中：M_m——生产面积的生产能力,台/年；

M——生产面积,m²；

F_γ——制度工作日数,d；

H——每天工作小时数,h；

m——单位产品占用的生产面积,m²；

t——单位产品在该生产面积上停留制造的小时数,h。

(2)设备组生产能力的计算。

设备组中的各个设备具有以下特点：在生产上具有互换性,即设备组中的任何一台设备都可以完成分配给该设备组的任务,并能达到规定的质量标准。

在单一品种生产情况下,设备组生产能力计算公式为

$$M = F_e \cdot S/t \tag{6.7}$$

式中：M——设备组的年生产能力；

F_e——单台设备年有效工作时间,h；

S——设备组内设备数,台；

t——单位产品的台时定额,台时／件。

例6.1 某厂生产 A,B,C,D 四种产品,其计划产量分别为 250 台,100 台,230 台,50 台,各种产品在机械加工车间车床组的计划台时定额分别为 50 台时,70 台时,100 台时,50 台时,车床组共有车床 12 台,两班制,每班 8h,设备停修率 10%,试求车床组的生产能力。(每周按 6d 工作计算)

解: ①确定 C 为代表产品

②计算以 C 为代表产品表示的生产能力：

$$M = \frac{(365-59) \times 2 \times 8 \times (1-0.1) \times 12}{100}$$

$$= 529$$

③表 6-1 计算各具体产品的生产能力

表 6-1 以代表产品计算生产能力换算表

产品名称	计划产量 Q	单位产品台时定额 t	换算系数 K	换算为代表产品数量 Q_0	各种产品占全部产品比重/%	代表产品的生产能力 M	各具体产品的生产能力
甲	①	②	③	④=①×③	⑤	⑥	⑦=⑤×⑥÷③
A	250	50	0.5	125	25	529	265
B	100	70	0.7	70	14		106
C	230	100	1.0	230	46		243
D	50	150	1.5	75	15		53
合计				500	100		

例 6.2 某车床组共有车床 8 台,每台车床全年有效工作时间为 4 650h,在车床组上加工结构与工艺相似的四种产品 A,B,C,D,根据总劳动量最大的原则,选择 B 产品为代表产品。各产品的计划产量与台时定额见表 6-2 所示。B 产品在车床上的单位产品台时定额为 50,则以 B 产品为计量单位表示的车床组生产能力为 $M = 4\ 650 \times 8/50 = 744$(件)。将代表产品 B 表示的生产能力,换算为各具体产品的生产能力的过程详见表 6-3。车床组的负荷系数为 720/744 = 96.8%。

表 6-2 产品计划产量与台时定额表

产品名称	A	B	C	D
计划产量/件	280	200	120	100
台时定额/(台时/件)	25	50	75	100

例 6.3 某车床组有设备 15 台,每台车床全年有效工作时间为 4 800h,在车床组上加工 A,B,C,D 四种在结构上和工艺上相差较大的产品。采用假定产量计量单位来计算设备组的生产能力,产品的计划产量、台时定额以及假定产品为计量单位计算车床生产能力的计算过程见表 6-4。设备组的负荷系数为 60 000/191.8/375 = 83.3%。

表6-3 代表产品换算为具体产品的计算过程表

产品名称	计划产量	台时定额	换算系数	换算为代表产品的产量	以代表产品表示的能力	换算为具体产品表示的能力
①	②	③	④	⑤=②×④	⑥	⑦=⑥×$\frac{⑤}{\Sigma⑤}$×$\frac{1}{④}$
A	280	25	0.5	140	744	280
B	200	50	1	200		207
C	120	75	1.5	180		124
D	100	100	2	200		103
合计	—	—	—	720		

表6-4 以假定产品为单位生产能力计算过程表

产品名称	计划产量	台时定额	总劳动量	总劳动量比重	假定产品台时定额	以假定产品表示的能力	换算为具体产品的能力
①	②	③	④=②×③	⑤=④	⑥	⑦=×⑥	⑧=$\frac{SF⑤}{③}$
A	100		20 000	0.33	181.8	375	119
B	80		21 600	0.36			96
C	160		16 000	0.27			194
D	60		2 400	0.04			72
合计	—		60 000				—

例6.4 某台机器的设计转速为每分钟3 600转,实际运转过程中每分钟只能达到3 500转,该设备每生产100个零件,其中只有98个是合格的,原计划运行8h,由于出现故障耽误了半小时,则该设备的整体利用率为多少?

解：

$$该设备的工作效率 = \frac{3\,500}{3\,600} \times 100\% = 97.72\%$$

$$该设备的质量效率 = \frac{98}{100} \times 100\% = 98\%$$

$$该设备的利用率 = \frac{7.5}{8} \times 100\% = 93.75\%$$

$$该设备的整体效率 = 97.2\ \times 98\% \times 93.75\% = 89.3\%$$

六、工作中心能力的确定

(一)工作中心

工作中心是用于生产产品的生产资源,包括机器、人和设备,是各种生产或者能力加工单元的总称。工作中心属于能力的范畴即计划的范畴，而不属于固定资产或者设备管理的范畴。一个工作中心可以是一台设备、一组功能相同的设备、一条自制生产线、一个班组、一块装配面积或者是某种生产单一产品的封闭车间。对于外协工序，对应的工作中心则是一个协作单位的代号。

(二) 工作中心能力

工作中心的能力用一定时间内完成的工作量即产出率来表示。工作量可表示为标准工时(以时间表示)、米(以长度表示)、件数(以数量表示)等。工作中心包括如下数据项：每班可用的人员数、机器数、机器的单台定额、每班可排产的小时数、一天开动的班次、工作中心的利用率、工作中心的效率、是否关键资源、平均排队时间等。由此可计算出工作中心的定额能力 = 每日工作班次 × 每班工作小时 × 工作中心效率 × 工作中心利用率(工时/d)，其中：

$$利用率 = 实际投入工时数 / 计划工时数 \qquad (6.8)$$

$$效率 = 完成定额工时数 / 实际投入工时数 \qquad (6.9)$$

式(6.9)中的效率与工人技术水平和设备使用年限有关。式(6.8)中的利用率与设备的完好率、工人出勤率、停工率等因素有关，均是统计平量值。工作中心的定额能力应是能持续保持的能力。为使工作中心的定额能可靠有效，需要经常与实际能力比较，用实际能力修正。工作中心的实际能力也称历史能力，是通过记录某工作中心在几个时区内的产出再求平均值的方法计算的。

(三) 工作中心作用

工作中心有三个作用，分别如下：

(1) 作为平衡任务负荷与生产能力的基本单元。编制能力需求计划(CRP)时以工作中心为计算单元。分析 CRP 执行情况时也是以工作中心为单元进行投入/产出分析。

(2) 作为车间作业分配任务和编排详细进度的基本单元。派工单是按每个工作中心来说明任务的优先顺序。

(3) 作为计算加工成本的基本单元。计算零件加工成本，是工作中心数据记录中的单位时间费率(元/工时或台时)乘以工艺路线数据记录中占用该工作中心的时间定额得出的。

(四) 工作中心的定义和调整

定义工作中心是一项细致的基础工作，定义工作中心的关键是确保工作中心的划分与管理本企业所需的控制程度及计划能力相适应。因此，划分的原则是应能使工作中心起到上述三个作用。对那些可能形成瓶颈工序的工作中心必须单独标志。对那种可能有多个工序在一个固定工作地点同时工作的情况,如焊接装配,要慎重研究工作中心的划分。同一型号的机床若新旧程序不同并影响工作效率时,应有所区别,不要划为一个工作中心。对工艺路线中的外协工序,如前所述,要将相应的外协单位作为一个工作中心来处理,并建立相应的记录。采用成组技术,若干机床组成一个成组单元,有利于简化工作中心的划分和能力计划。

工作中心的数据通常要求尽量减少变更,但有时变更也是必要的。如新的工艺路线、生产过程以及对效率和利用率的调整都是引起工作中心数据调整的因素。

七、生产能力的平衡及提高

(一)生产能力的平衡方法

(1)增大瓶颈的生产能力,可采取一些临时措施,如加班工作、租用设备、通过转包合同购买其他厂家的产成品。

(2)在生产瓶颈之前留些缓冲库存,以保证瓶颈环节持续运转,不会停工。

(3)如果某一部门的生产依赖于前一部门的生产,那么就重复设置前一部门的生产设备,可以充足地生产以便供应下一部门的生产所需。

(二)扩大生产能力的频率

在扩大生产能力时,应考虑两种类型的成本问题:生产能力升级过于频繁造成的成本与生产能力升级过于滞缓造成的成本。首先,生产能力升级过于频繁会带来许多直接成本的投入,如旧设备的拆卸与更换、培训工人、使用新设备等。

此外,升级时必须购买新设备,新设备的购置费用往往远大于处理旧设备回收的资金量。最后,在设备更换期间,生产场地或服务场所的限制也会造成机会成本。

反之,生产能力过于滞缓也会有很大的成本支出,由于生产能力升级的间隔期较长,每次升级时,都需要投入大笔资金,大幅度的扩大生产能力。然而,如果当前尚不需要的那些生产能力被闲置,那么,在这些闲置生产能力上的投资就将作为管理费用计入成本,这就造成了资金的占用和投资的浪费。

(三)提高生产能力的途径

1. 充分合理地利用设备和生产面积的时间

(1)加强生产组织工作,合理编制和严格执行生产作业计划,加强生产调度工作,合理组织生产,加强生产准备工作。做好设备的计划检修和维护保养工作,合理安排设备检修计划,加强设备的日常维护和保养工作,采用先进的设备修理制度和方法,防止设备事故的发生。努力提高设备的修理质量,延长设备修理间隔期,缩短修理时间。

(2)改进作业换班制度,使交接班不停机,对某些生产能力薄弱的生产环节可增加班次。加强质量管理,提高产品质量,减少不合格损失,使设备和工人的无效工作时间减少到最低限度。提高生产设备的利用率,有条件的产品组织流水生产,提高各工序设备的负荷系数,减少机器设备等待分配任务和等待零件搬运的时间损失。

2. 提高设备和生产面积的强度利用

(1)提高设备和生产面积的生产率,改进产品设计,改进设备和工具,提高职工队伍的素质,全面提高生产效率。

(2)充分发挥设备和生产面积本身的技术条件,尽可能减少非生产面积,扩大生产面积在总面积中所占的比重。采用先进工艺和操作方法,减少零件加工的劳动量。充分利用设备的技术特性,防止出现大型设备加工小零件、精密设备进行粗加工、多工位设备只加工一个工位的零件等现象。

3. 改进生产组织管理

改进生产组织管理是提高生产能力的一个重要途径。具体方法有:

(1)改进生产组织和劳动组织,提高各个生产环节的专业化水平。

(2)合理布置车间内部的设备。

(3)在企业充分挖掘和利用现有设备,仍不能满足生产需要的情况下,经过技术经济分析、论证,可增加设备或采用外协方式。对能力有余的设备,应承接外协任务,以充分利用这部分富裕的生产能力。

第二节 粗能力计划

粗能力计划是对关键工作中心进行能力和负荷平衡的分析,以确定关键工作中心的能力能否满足计划的要求,同时也是检验生产计划制订是否合理继续生成后续的物料需求计划的一种计划。

一、粗能力计划与各生产计划的关系

图6-1显示了在生产计划各个阶段所对应的能力和需求的平衡分析,显示了能力计划的范围:由总的资源需求计划开始,进而到对主生产计划进行负

荷平衡分析的粗能力计划,然后是物料需求计划所对应的细能力计划,最后是车间现场的输入/输出控制。

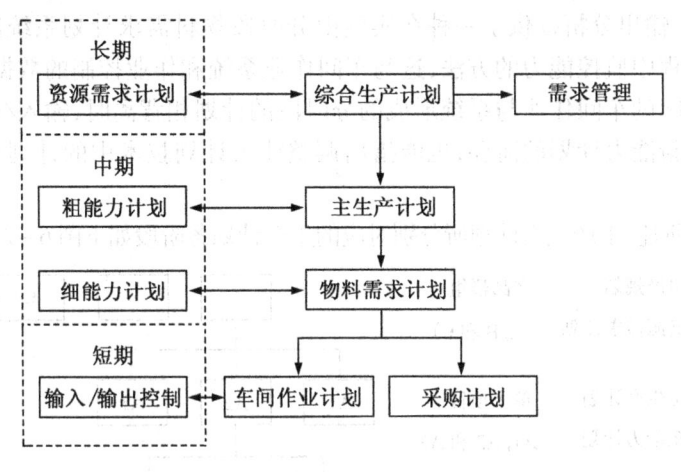

图 6-1　生产计划系统各个层次的能力计划

　　能力计划模块之间有联系,如图 6-1 所示的结构关系。资源需求计划与生产计划模块直接相连,这是高度集成和范围最广的能力计划决策。典型的资源需求计划包括把每月、每季度甚至每年的生产计划信息转化为总的资源。这一层次的计划包括新资本扩展、工厂的扩建、购置新的设备机器、增建仓库等,这一计划需要有一个时间分段标准,即月或年。

　　主生产计划是粗能力计划的基本信息来源。一个特定的主生产计划的粗能力需求可通过几种技术来估算,如综合因子法(capacity planning using overall factors,CPOF)、能力清单法(bill of resources)、资源负载法(resources profile)。这些技术为调整资源水平和物料计划提供信息,从而保证主生产计划的实施。对于那些使用物料需求计划来准备详细物料计划的企业来说,使用细能力计划可以将能力计划细化。为了提供细节的能力计划,需要先用物料需求计划系统制订出时间分段的物料计划,作为计算分时段能力需求的基础。细能力计划计算所用的数据文件,包括工作进程、工艺路线、计划接收和计划订单。粗能力计划提供的信息用于确定关键工作中心和劳动的能力需求,这主要是几个月到一年的计划,而细能力计划则用于确定所有工作中心的能力需求。

　　资源需求计划、粗能力计划和细能力计划与综合生产计划、主生产计划及物料需求计划系统分别相关。用双箭头表示相关关系有特定的原因,实施给定的主生产计划和物料需求计划所需的能力与可提供的能力之间必定存在着某种关系,没有这种关系,这一计划就不可能实施或不能充分实施。不是说能力必须要、为满足物料需求计划而变化,计划也可以根据实际情况,随着能力的现状做相应的调整。

输入/输出分析提供了一种在实施由分时段物料需求计划系统制订的车间作业过程中监控能力的方法,这与车间作业系统和作业控制的数据库有关。如果当实际的车间作业与系统形成的分时段的计划相背离时,输入/输出分析能指出更新能力计划的需要,也能指出调整能力计划技术中的计划因素的必要性。

综上所述,生产能力计划所分别对应的生产计划各阶段如下图6-2所示。

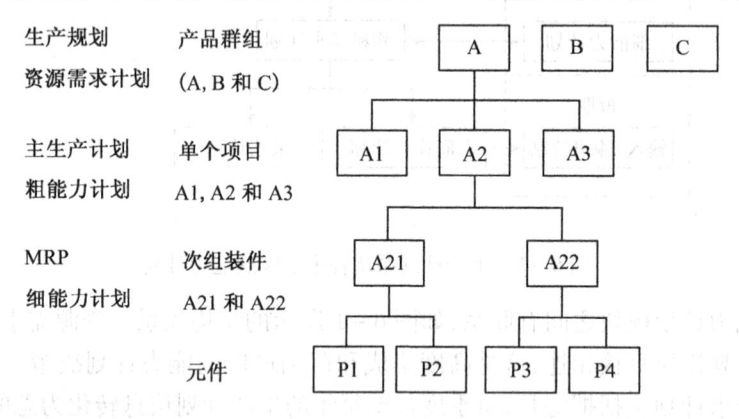

生产规划 资源需求计划	产品群组 (A,B 和 C)
主生产计划 粗能力计划	单个项目 A1,A2 和 A3
MRP 细能力计划	次组装件 A21 和 A22
	元件

图6-2 生产计划的各个阶段所对应的能力计划

二、粗能力计划的决策

制订和执行粗能力计划时,要计算实际可用的生产能力。大部分软件可确定所需生产能力和可用生产能力,当生产能力不满足需求时.可采用4种方法求增加生产能力、加班、外包、改变加工路线和增加人员。如果这4种方法都不能增加生产能力,则应改变主生产计划。

(一)加班

加班虽然不是最好的方法,但确实是经常使用的方法,因为它的安排最方便。而且员工一般也喜欢多加班,因为可以得到加班费。但加班必须有一定的限度。否则超过这一限制,就达不到预期的效果,此时,如果加班的强度太大,则需要采取其他决策,如雇佣新的员工、外包等。

(二)外包

外包在一定程度上可以解决能力不足的问题,但也会面临一定的风险,即可能面临失去顾客的风险。外包必须提前进行,因为必须耗费一定时间去寻找承包商。在计算外包成本时还要计算外包的边际成本,即外包费用减去零组件本身的费用。虽然外包产生边际成本,但是这应该比加班费用低,一般是在加班实在不能实现的情况下,才将超出的需求外包出去。外包的缺点是增加成本,当然和自制相比,外包会增加成本(如额外的运输费用),但和加班相比,外包费用则相对低一些。外包时另外还需要加大提前期。此外,它可能会带来质量问题,因为外包难以控制质量,同时,外包商的生产水平对产品质量也有一定的影响。

(三) 改变加工路线

如果仅有少量的工作中心过载,而大多数工作中心都有闲置,则此时应考虑改变加工路线,将工作重新进行分配。如果两个工作中心,其中一个过量,一个有闲置,则应将过量的工作中心上的一部分作业分配给闲置的工作中心,这种做法比让过量工作中心加班好一些,因为这样做有利于均衡整个生产线的能力。

(四) 增加人员

当设备不是生产线的约束时,人员可能成为约束,这时可增加人员来提高生产能力。有3种增加能力的方法:增加轮班、聘用新人员、对人员重新进行分配。

所以说,这是广义的增加人员。增加轮班次数一般在主生产计划初期形成时采用。雇佣新的人员应该从长远的角度去考虑,因为雇佣人员要产生费用,如果是短期的需求增大,则没有必要雇佣新的人员。因为当需求降低时,会造成人员的闲置,这样再解聘多余的人员时又会产生解聘费用。对人员进行重新分配不失是一个很好的方法,在精益生产中,强调对员工多技能的培训,这将有利于人员的重新分配,因为员工在新的工作岗位上,如果他是多能工的话,则一定能很容易地适应新的岗位。

(五) 修改主生产计划

如果加班、外包、改变工艺路线、增加人员均不能提供可用的生产能力,则唯一也是最后可以采取的技术只能是修改主生产计划,闭环的生产计划与控制即源于这种反馈系统。许多公司通常将修改主生产计划看成是在生产能力不足时最后的解决方案,实际上,修改主生产计划应该是公司首先要考虑的。修改主生产计划时,要考虑延缓哪些订单对企业总体计划的冲击最小,使得企业的总耗费成本最少。作为管理人员,必须负责确定粗能力计划的执行,如果负荷超过能力的情况实在无法避免,则管理人员必须负责修改作业到期日,以提供可行的主生产计划。

三、粗能力计划的运算方法

(一)综合因子法

综合因子法是一种相对简单的能力计划方法,它一般可通过手工完成。数据输入是由主生产计划确定的,而不是细的物料需求计划。综合因子法需要3个主要输入数据:主生产计划、生产某物料所需的总时间,以及每一关键工作中心所需总时间的百分比。这一程序以计划因素为基础,这些因素来源于标准或成品的历史数据。当把这些计划因素用做主生产计划的数据时,劳动或机器工作时间的总的能力需求就能估算出来。把估算出的能力分配给各个关键工作中心,分配额是依据车间工作载荷的历史记录定出的。综合因子法通常是以周或月为时间分段的,并且根据企业主生产计划的变化而修改。下面以一个例子说明综合因子法的计算过程以及后面两种计算技术。

例6.5 有两种产品 X 和 Y,未来 10 周的主生产计划见表 6-5;两种产品的物料清单表 BOM 见表 6-6;两种产品的工艺路线和标准工时数据见表 6-7,共 3 个关键工作中心 100,200 和 300。单位产品 X 和 Y 所需的能力见表 6-8。

表 6-5 产品 X 和 Y 的主生产计划

产品	期间/周									
	1	2	3	4	5	6	7	8	9	10
X	30	30	30	40	40	40	32	32	32	35
Y	20	20	20	15	15	15	25	25	25	30

表 6-6 产品 X 和 Y 的物料清单

父件	子件	所需数量
X	A	1
X	B	2
Y	B	1
Y	C	2
C	D	2

表 6-7 产品 X 和 Y 的工艺路线和工时数据

物料	所需工步	工作中心	单位准备时间/h	单位作业时间/h	单位总时间/h
X	1	100	0.025	0.025	0.05
Y	1	100	0.050	1.250	1.30
A	1	200	0.025	0.575	0.60
	2	300	0.025	0.175	0.20
B	1	200	0.033	0.067	0.10
C	1	200	0.020	0.080	0.10
D	1	200	0.020	0.0425	0.0625

表 6-8 产品 X 和 Y 的能力需求

最终产品	单位能力需求/h
X	1.05
Y	1.85

粗能力计划的第 1 步,是根据表 6-8 所列的单位产品的能力需求和表 6-5 所列的产品的主生产计划,计算未来 10 周的总的能力需求,如第 1 周总能力需求为 $1.05 \times 30 + 1.85 \times 20 = 68.50$ h,计算结果如表 6-9 所列。

表 6-9 总的能力需求

	\multicolumn{10}{c}{期间/周}
	1	2	3	4	5	6	7	8	9	10
总能力需求/h	68.50	68.50	68.50	69.75	69.75	69.75	79.85	79.85	79.85	92.25

粗能力计划的第 2 步,是根据以前的分配比例,把每个时间周期需要的总能力分配给各工作中心。3 个关键工作中心的直接工时的分配比例由前一年的分配比例确定,假设分配到的工时的百分比分别为 60%,30%,10%,则第 1 周 3 个关键工作中心的能力需求为

工作中心 100 所需工时 $68.50 \times 60\% = 41.10$(h)

工作中心 200 所需工时 $68.50 \times 30\% = 20.55$(h)

工作中心 300 所需工时 $68.50 \times 10\% = 6.85$(h)

其他9周均按该算法可以得到未来10周各关键工作中心的能力需求见表6-10。

综上所述,这就得到每个周期各关键工作中心所需的工时数。综合因子法计算过程简单,所需的数据少且取得也比较容易,计算相对简单,可以通过手工完成。该方法只对各关键工作中心能力需求进行粗略的计算,适用于那些工作中心间的产品组成或工作分配不变的企业。

表6-10 综合因子法所得到的各关键工作中心的能力需求计划

工作中心	历史比例/%	1	2	3	4	5	6	7	8	9
100	60	41.10	41.10	41.10	41.80	41.80	41.80	47.91	47.91	47.91
200	30	20.55	20.55	20.55	20.93	20.93	20.93	23.96	23.96	23.96
300	10	6.85	6.85	6.85	6.98	6.98	6.98	7.99	7.99	7.99
	总计	68.50	68.50	68.50	69.75	69.75	69.75	79.85	79.85	79.85

(二)能力清单法

能力清单有时也称为资源清单或人力清单,Conlon于1977年对能力清单做过如下定义:"能力清单是针对物料或零件,根据主要资源和物料所需能力列出的清单,它不是为了计划之用,而只是估计特定物料所需生产能力的方法。可为每一独立需求物料或相关需求物料的群组建立资源清单,并根据排定的数量来延伸,以决定生产能力需求。"能力清单法是为在产品主生产计划和各关键工作中心的能力需求之间,提供更多的相关关系的粗略计算方法,这种程序需要的数据比综合因子法多。必须提供准备时间和机器加工时间,表6-7列出了所需的工作时间的数据。

和综合因子法相比,能力清单法是根据产品物料清单展开得到的,它是最终产品在各个关键工作中心上细的能力清单,而不是总的能力需求,各个关键工作中心所需总时间的百分比不是根据历史数据得到,而是根据产品的工艺路线及标准工时数据得到的。能力清单的计算过程为:假定有 n 个主生产计划的物料,工作中心 i 的产品 k 的能力清单为 n,期间 J 的产品 k 的主生产计划数量为 b,则期间 J 在工作中心 i 所需的生产能力为

$$\text{所需能力} = \sum_{k=1}^{n} a_{ik} b_{kj} \tag{6.10}$$

对于所有的 i 和 j 由表6-6所列产品X和Y产品的物料清单,以及表6-7所列的时间数据进行展开,可以得到产品X和产品Y相对3个关键工作中心的能力清单,见表6-11。如产品X对关键工作中心200的能力需求计算为:

产品 X 的最终装配对工作中心 100 有需求,对工作中心 200 没有需求,而产品 X 下属物料 A 和 B 却对工作中心 200 有需求,物料 A 需求 0.60(h),物料 B 需求 $0.10 \times 2 = 0.20$(h),则总的需求就为 $0.60 + 0.20 = 0.80$(h)。

表6-11 产品 X 和产品 Y 的能力清单

工作中心	X	Y
100	0.05	1.30
200	0.80	0.55
300	0.20	0.00

根据表6-5所列的产品 X 和产品 Y 主生产计划,以及表6-11所列的能力清单,可以由式(6-10)计算得到关键工作中心的能力需求,见表6-12。以第1周为例,3个关键工作中心的能力计划分别为

$$0.05 \times 30 + 1.30 \times 20 = 27.50(h)$$
$$0.80 \times 30 + 0.55 \times 20 = 35.00(h)$$
$$0.20 \times 30 + 0.00 \times 20 = 6.00(h)$$

表6-12 使用能力清单法得到的工作中心需求计划

工作中心	期间/周									
	1	2	3	4	5	6	7	8	9	10
100	27.50	27.50	27.50	21.50	21.50	21.50	34.10	34.10	34.10	40.75
200	35.00	35.00	35.00	40.25	40.25	40.25	39.35	39.35	39.35	44.50
300	6.00	6.00	6.00	8.00	8.00	8.00	8.00	6.40	6.40	7.00
总计	68.50	68.50	68.50	69.75	69.75	69.75	79.85	79.85	79.85	92.25

(三)资源负载法

不管是综合因子法还是能力清单法,都没有考虑到不同工作中心工作开始的时间安排。资源负载法则考虑了生产的提前期,以便为各生产设备的能力需求提供分时段的计划。因此,资源负载法为粗能力计划提供了更精确的方法,但不如细能力计划更为详细。任何能力计划技术中,能力计划的时间周期是不同的(如周、月、季)。因为资源负载法计算比较复杂,所以通常借助计算机来完成。应用资源负载法必须使用物料清单、工序流程和标准作业时间。还须把各产品和零件的生产提前期信息加入数据库,就是说,应用资源负载法时还需要生产提前期的数据,下面先说明资源负载法考虑生产提前期的计算逻辑。表6-13为考虑提前期的关键工作中心1的资源负载表,表6-14为考虑提前期的关键工作中心2的资源负载表,表6-13和表6-14均为两个产品的3个月的资源负载。表6-15为两个产品在3个月的主生产计划。两

个关键工作中心在 3 个月的能力计划见表 6-16。

表 6-13 关键工作中心 1 的资源负载表

产品	离到期日的时间		
	2	1	0
P_1	A_{112}	A_{111}	A_{110}
P_2	A_{212}	A_{211}	A_{210}

表 6-14 关键工作中心 2 的资源负载表

产品	离到期日的时间/月		
	2	1	0
P_1	A_{122}	A_{121}	A_{120}
P_2	A_{222}	A_{221}	A_{220}

表 6-15 产品的主生产计划

产品	离到期日的时间/月		
	1	2	3
P_1	B_{11}	B_{12}	B_{13}
P_2	B_{21}	B_{22}	B_{23}

表 6-16 粗能力计划表

关键工作中心	月份/月		
	1	2	3
1	C_{11}	C_{12}	C_{13}
2	C_{21}	C_{22}	C_{23}

表 6-16 中,两个关键工作中心在 3 个月的能力计划计算公式如下:

$$C_{11} = A_{110}B_{11} + A_{111}B_{12} + A_{112}B_{13} + A_{210}B_{21} + A_{211}B_{22} + A_{212}B_{23} \quad (6.11)$$

$$C_{12} = A_{110}B_{12} + A_{111}B_{13} + A_{210}B_{22} + A_{211}B_{23} \quad (6.12)$$

$$C_{13} = A_{110}B_{13} + A_{210}B_{23} \quad (6.13)$$

$$C_{21} = A_{120}B_{11} + A_{121}B_{12} + A_{122}B_{13} + A_{220}B_{21} + A_{221}B_{22} + A_{222}B_{23} \quad (6.14)$$

$$C_{22} = A_{120}B_{12} + A_{121}B_{13} + A_{121}B_{13} + A_{220}B_{22} + A_{221}B_{23} \quad (6.15)$$

$$C_{23} = A_{120}B_{13} + A_{230}B_{23} \qquad (6.16)$$

工作中心 1 产品 P₁ 的资源负载分成三部分:产品 P₁ 的订单到期的月份中,工作中心 1 所需的时间,产品 P₁ 到期的前一个月工作中心 1 所需的时间,产品 P₁ 到期的前两个月工作中心 1 所需的时间。表 6-14 中产品 P₁ 在工作中心 1 上 1 月份的能力需求为:1 月份 P₁ 的需求量乘以工作中心 1 在产品到期日的月份所需时间,加 2 月份 P₁ 的需求量乘以工作中心 1 在产品到期前一月所需的时间。再加上 3 月份 P₁ 的需求量乘以工作中心 1 在产品到期日的前两月所需时间。同样,产品 P₂ 在工作中心 1 上 1 月份的能力需求为:1 月份 P₂ 的需求量乘以工作中心 1 在产品到期日的月份所需时间,加 2 月份 P₂ 的需求量乘以工作中心 1 在产品到期前一月所需时间,再加上 3 月份 P₂ 的需求量乘以工作中心 1 在产品到期日的前两月所需时间。表中,其他的参数计算过程也如此。

在综合因子法和资源清单法所用的例 6.5 中,假设提前期偏置时间见表 6-17,两种产品的主生产计划见表 6-5,则可以利用式(6.11)~(6.16)的计算公式,计算得到使用资源负载法的能力计划,如工作中心 1 在第 1 月的细能力需求为 30×0.05 + 30×0.0 + 30×0.0 + 20×1.3 + 20×0.0 + 20×0.0 = 27.5(h),计算结果见表 6-18。

表 6-17 考虑提前期偏置的资源负载 h

产品	关键工作中心	离到期日的时间		
		2	1	0
X	100	0.00	0.00	0.05
	200	0.60	0.20	0.00
	300	0.00	0.20	0.00
Y	100	0.00	0.00	1.30
	200	0.25	0.30	0.00

表 6-18 使用资源负载表计算得到的能力需求计划

关键工作中心	期间/周									
	1	2	3	4	5	6	7	8	9	10
100	27.50	27.50	27.50	21.50	21.50	21.50	34.10	34.10	34.10	40.75
200	35.00	39.80	40.30	40.30	38.0	39.40	39.35	42.45	44.55	44.50
300	6.00	6.00	6.00	8.00	8.00	6.40	6.40	6.40	6.40	7.00
总计	68.50	73.30	75.80	69.80	67.50	67.30	79.85	82.95	85.05	92.25

第三节 细能力计划

美国生产与库存控制协会对细能力计划的定义为："建立、评估及调整生产能力界线及水准的功能,细能力计划是详细地确定需要多少人工和机器以完成生产工作的过程。物料需求计划系统中已核发的车间制造订单与计划订单被输入到细能力计划中,而后者将这些订单转换成工作中心在一定期间的工作小时。"由定义可以看出,此细能力计划是先对各生产阶段和各个工作中心所需的资源进行计算,得到了各工作中心的负荷,再根据物料需求计划产生的加工单、工作中心数据、工艺路线和工厂日历等数据,计算各工作中心所能提供的资源,即生产能力,接着将负荷和能力进行比较,做平衡分析,最后制订出物料需求计划和形成细能力计划报表,如图6-3所示。

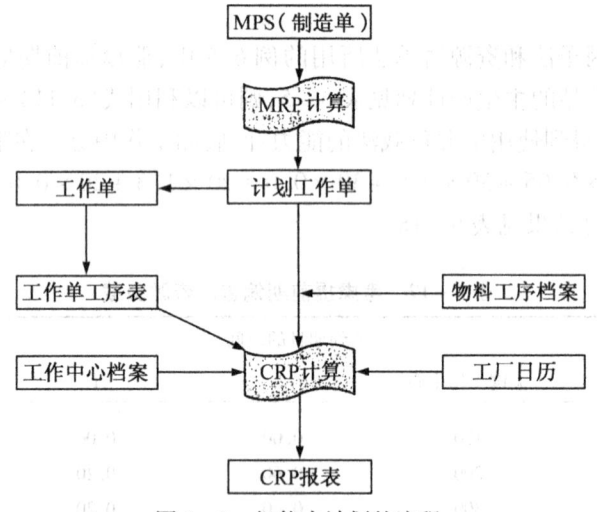

图6-3 细能力计划的流程

一、细能力计划的作用和分类

在生产计划控制系统的开环物料需求计划发展的初期,不需制订细能力计划,而在发展到闭环物料需求计划阶段,则要考虑细能力计划。细能力计划主要用来检验物料需求计划是否可行,以及平衡各工序的能力与负荷,并检查在计划期间是否有足够的能力来处理全部订单。

(一)细能力计划的作用

细能力计划和粗能力计划一样,都是对能力和负荷的平衡做分析。在制订细能力计划时,必须知道各个物料经过哪些工作中心加工,即加工路线必须已知,还必须计算各个工作中心的负荷和可用能力,因为物料需求计划是一个分时段的计划,相应的细能力计划也是一个分时段的计划,故必须知道各个时间段的负荷和可用能力。

由上一节可知,粗能力计划是对主生产计划的结果进行检验,而细能力计划则对物料需求计划进行检验。二者的对象也不一样,粗能力计划对关键工作中心进行能力负荷平衡分析,而细能力计划则是对每个工作中心进行能力分析,除此之外,还存在其他差别,见表6-19。

表6-19 细能力计划和粗能力计划的区别

对比项	粗能力计划	细能力计划
计划对象	关键工作中心	各个工作中心
所处的计划阶段	主生产计划	物料需求计划
需求对象	独立需求件	相关需求件
计划的订单类型	计划和确认订单	全部订单

细能力计划与粗能力计划程序不同。第一,细能力计划使用了物料需求计划系统给出的分时段物料计划信息。这就考虑了所有实际的订货批量和计划接收量及计划订单。第二,物料需求计划系统的特点就是完成零件和产品需要的能力,它们是以库存方式存储的。第三,车间作业控制系统考虑了车间在制品的状态。所以在计算工作中心的能力需求时,未结车间订单剩余的工作能力才会被计入。第四,细能力计划考虑了服务部门的需求和主生产计划没有计入的需求,物料需求计划规划者为应付突发事件而附加的能力,以及记录错误等。为完成这一工作,细能力计划程序不仅需要资源结构程序必备的信息(物料清单、工艺路线、时间标准和提前期),而且还要各工作中心物料需求计划的计划订单和未结车间订单(计划接收量)的现时状态。

作为一种中期能力计划程序,细能力计划利用物料需求计划的信息,只计算用于完成主生产计划的能力需求。通过在物料需求计划数据库中计算实际的未结订单和计划订单的能力需求,细能力计划考虑了已经完成的和库存的能力。

因为主生产计划数据包括这些未结的和计划订单的时间安排,因此它就能发挥在提高能力需求和时间安排精度上的潜力。精度对后继的时间周期很重要。粗能力计划会夸大所需的能力,因为有一部分是以库存形式存储起来的。细能力计划的潜在价值不是没有成本,而是需要一个更大的数据库,以承担更大的计算量。

(二)细能力计划的分类

有两种基本的能力计划方式,即有限能力计划和无限能力计划。有限能力计划认为工作中心的能力是固定的。通常安排物料的优先级进行计划,首先将能力安排给优先级较高的物料,按照这样的顺序排定,如果出现工作中心负荷不能满足要求时,则优先级相对比较低的物料将被推迟加工。这里所谓优先级是用紧迫系数来衡量的,紧迫系数用需求日期减去当日日期再除以剩余的计划提前期来表示,当日日期是不变的,需求日期越近,紧迫系数越小,表示其优先级越高,则应优先安排。

无限能力计划是指当将工作分配给一个工作中心时,只考虑它需要多少时间,而不考虑完成这项工作所需的资源是否有足够的能力,也不考虑在该工作中心中,每个资源完成这项工作时的实际顺序,通常仅仅检查关键资源,大体上看看它是否超出负荷。这里所说的无限能力计划暂时不考虑能力的约束,只是尽量去平衡和调度能力,发挥最大的能力或增加能力,目的是满足市场的需求。

二、细能力计划的计算流程和步骤

物料需求计划制订物料在各时段的需求计划,将最后形成的加工单和采购单分别下发到生产车间和采购部门,加工单下达到各个加工中心,由物料主文件中物料的加工提前期数据,可以计算得到各个工作中心在每一时段的负荷,把它和各个工作中心的已知能力进行比较,进而形成能力需求计划。

细能力计划的分析步骤如图6-4所示。

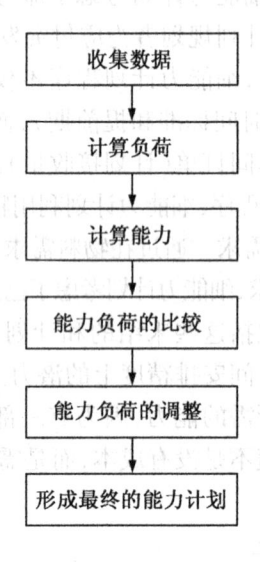

图6-4 细能力计划的计算步骤

收集的数据主要有加工单数据、工作中心数据、工艺路线数据和工厂生产日历数据。加工单是执行物料需求计划后产生的、面向工作中心的加工任务书;工作中心数据涉及每天的生产班次、每班小时数、每班人数、设备效率、设备利用率等数据,在物料需求计划系统中建立工作中心档案时这些数据作为已知数据输入到系统中;工艺路线主要有物料加工工序、工作中心和加工时间等数据。工厂日历是企业用于编制生产计划的特殊日历。数据收集完毕后,就要计算各个工作中心的负荷及能力。将能力和负荷进行比较后,并在出现偏差时对能力或负荷进行调整,或者修改能力,或者修改负荷,最后形成详细的能力需求计划,最终的能力需求计划必须满足能力需求。

三、细能力计划的具体计算

粗能力计划和细能力计划的计算过程相似,它们最主要的区别是,粗能力计划对其中关键资源进行分析,而细能力计划主要对全部工作中心进行负荷平衡分析。工作中心能力需求的计划更精确。因为计算是基于所有零件和成品的,并且贯穿于物料需求计划记录的所有周期,我们会发现细能力计划的计算量很大。一些企业在实施物料需求计划时,尽量减少收集数据的费用。细能力计划的计算比较烦琐,用一个例子做详细的分析。

例 6.6 图 6-5 为某产品 A 的物料清单,产品 A 是由 2 个组件 B 和 1 个零件 C 所构成,组件 B 又由 4 个零件 D 和 2 个零件 E 构成。产品 A 在未来 8 周的主生产计划见表 6-20。假设现在的日期是 8 月 10 日,本例中所有物料均不考虑安全库存。所有物料的批量、现有库存量、计划接受量等数据见表 6-21。

表 6-20 产品 A 的主生产计划

	\multicolumn{8}{c}{期间/周}
	1	2	3	4	5	6	7	8
计划数量	180	200	220	250	200	150	200	160

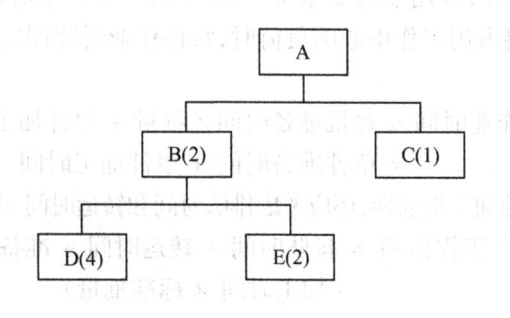

图 6-5 产品 A 的物料清单

表 6-21 产品 A 所有物料的批量等数据

物料	批量	已有库存	在途量	提前期/周	到期日
A	100	100	100	1	8月12日
B	200	450	200	1	8月19日
C	200	300	200	1	8月19日
D	600	1 600	600	1	8月19日
E	400	1 000	400	1	8月19日

为简化起见,假设已知所有物料要经过3个工作中心1,2和3,所有物料的工艺路线及相应的准备时间和操作时间见表6-22。

表 6-22 生产产品 A 所需的所有物料工艺和时间数据

物料	工作中心	批量	每批准备时间/min	每件加工时间/min
A	1	100	25	3.0
B	2	200	20	0.5
	1	200	15	0.9
C	3	200	10	1.0
	2	200	20	0.8
D	3	600	25	0.4
	1	600	20	0.3
	2	600	15	0.5
E	3	400	15	0.4
	2	400	20	0.3
	1	400	10	0.5
	3	400	25	0.6

3个工作中心的可用能力如表6-23所列。工作中心的负荷计算见表6-24。计算物料占用工作中心的负荷时,每件作业时间即完成该工序时间的计算公式为:

每件作业时间 = 每批准备时间 / 批量 + 单件加工时间
            = 单件准备时间 + 单件加工时间

如计算物料的加工提前期,还应考虑排队时间和转运时间,即加工提前期为:

物料的加工提前期 = 排队时间 + 转运时间 + 准备时间 +
                （加工时间 × 标准批量）

表6-23　3个工作中心的可用能力

关键工作中心	1
1	C_{11}
2	C_{21}

表6-24　3个工作中心的负荷

物料	作业序列	工作中心	批量	每批准备时间/min	单件准备时间/min	每件加工时间/min	每件作业时间/min	BOM中数量	总作业时间/min
A	1	1	100	25	0.250	3.0	3.250	1	3.250
B	1	2	200	20	0.100	0.5	0.600	2	1.200
	2	1	200	15	0.075	0.9	0.975	3	1.950
C	1	3	200	10	0.050	1.0	1.050	1	1.050
	2	2	200	20	0.100	0.8	0.900	1	0.900
D	1	3	600	25	0.040	0.4	0.640	8	5.120
	2	1	600	20	0.033	0.3	0.733	8	5.864
	3	2	600	15	0.025	0.5	0.525	8	4.200
E	1	3	400	15	0.038	0.4	0.438	4	1.752
	2	2	400	20	0.050	0.3	0.350	4	1.400
	3	1	400	10	0.025	0.5	0.535	4	2.140
	4	3	400	25	0.063	0.5	0.663	4	2.652

3个工作中心的总负荷如表6-25所列。

表6-25　全部工作中心总负荷

工作中心	单件产品A的负荷/min
1	13.204
2	7.7
3	10.574

将表6-25中结果和表6-20中产品A的主生产计划相乘，即可以得到未来周每个工作中心的负荷，见表6-26。

表 6-26　全部工作中心的分时段总负荷　　　　　　　　　　　　　　　　min

工作中心	1	2	3	4	5	6	7	8
1	2376.72	2 640.00	2 904.88	3 301.00	2 640.80	1 980.60	2 640.80	2 112.64
2	1386.00	1 540.00	1 694.00	1 925.00	1 540.00	1 155.00	1 540.00	1 232.00
3	1903.32	2 114.80	2 326.26	2 643.50	2 114.80	1 586.10	2 114.80	1 691.84

全部工作中心的负荷曲线如图 6-6~图 6-8 所示。

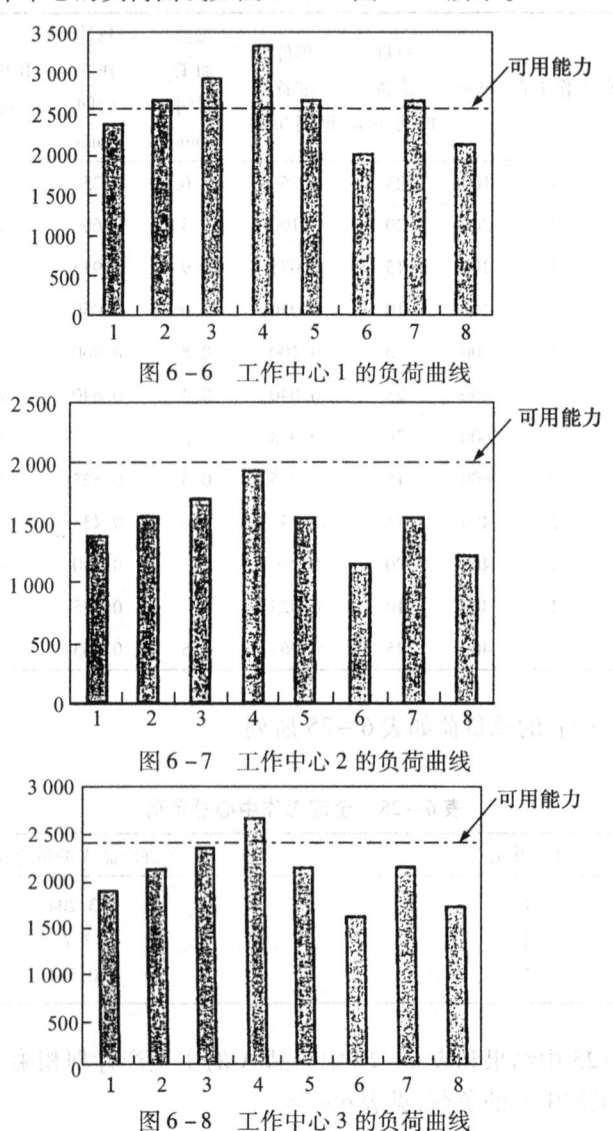

图 6-6　工作中心 1 的负荷曲线

图 6-7　工作中心 2 的负荷曲线

图 6-8　工作中心 3 的负荷曲线

表 6-27　物料 A 主生产计划

	期间/周							
	1	2	3	4	5	6	7	8
毛需求	180	200	220	250	200	150	200	160
在途量	100							
预计可用库存量	20	20	0	50	50	0	0	40
净需求	0	180	200	250	150	100	200	160
计划订单产出量		200	200	300	200	100	200	200
计划订单投入量	200	200	300	200	100	200	200	100

表 6-28　物料 B 需求计划

	期间/周							
	1	2	3	4	5	6	7	8
毛需求	400	400	600	400	200	400	400	200
在途量		200						
预计可用库存量	50	250	50	50	50	50	50	250
净需求	0	150	350	350	150	350	350	150
计划订单产出量		400	400	400	200	400	400	400
计划订单投入量	400	400	400	200	400	400	400	200

表 6-29　物料 C 需求计划

	期间/周							
	1	2	3	4	5	6	7	8
毛需求	200	200	300	200	100	200	200	100
在途量	0	200	0	0	0	0	0	0
预计可用库存量	100	100	0	0	100	100	100	0
净需求	0	0	200	200	100	100	100	0
计划订单产出量		0	200	200	200	200	200	0
计划订单投入量	0	200	200	200	200	200	0	200

粗能力计划是建立在主生产计划的基础上的，它直接根据主生产计划结果对其中关键工作中心进行负荷和能力平衡分析，由图 6-6~图 6-8 可知，当主生产计划对应的粗能力计划在某些时段不能满足负荷要求时，可以进行适当的调整，即将部分超出的负荷调整至低负荷的时段。若要编制全部工作中心的能力需求计划，即细能力计划，则应首先展开得到的物料需求计划。几种物料的需求计划见表 6-27~表 6-31，假定最后一期计划订单下达量为批量的大小。本例中，在确定计划订单投入量时，最后一期的数值均为假定的。

表 6-30 物料 D 需求计划

	期间/周							
	1	2	3	4	5	6	7	8
毛需求	1 600	1 600	2 400	1 600	800	1 600	1 600	800
在途量		600						
预计可用库存存量	0	200	200	400	200	400	0	400
净需求	0	1 000	2 200	1 400	400	1 400	1 200	800
计划订单产出量		1 200	2 400	1 800	600	1 800	1 200	1 200
计划订单投入量	1200	2 400	1 800	600	1 800	1 200	1 200	600

表 6-31 物料 E 需求计划

	期间/周							
	1	2	3	4	5	6	7	8
毛需求	1 600	1 600	2 400	1 600	800	1 600	1 600	800
在途量		600						
预计可用库存存量	0	200	200	400	200	400	0	400
净需求	0	1 000	2 200	1 400	400	1 400	1 200	800
计划订单产出量		1 200	2 400	1 800	600	1 800	1 200	1 200
计划订单投入量	1200	2 400	1 800	600	1 800	1 200	1 200	600

建立准备时间矩阵和加工时间矩阵,准备时间矩阵见表 6-32。加工时间矩阵见表 6-33。

表 6-32 产品 A 的准备时间   min

工作中心	物料	期间/周							
		1	2	3	4	5	6	7	8
1	A	50	50	75	50	25	50	50	25
	B	30	30	30	15	30	30	30	15
	D	40	80	60	20	60	40	40	20
	E	10	30	20	10	20	20	10	10
	合计	130	190	185	95	135	140	130	70
2	B	40	40	40	20	40	40	40	20
	C	0	20	20	20	20	20	0	20
	D	30	60	45	15	45	30	30	15
	E	20	60	40	20	40	40	20	20
	合计	90	180	145	75	145	130	90	75
3	C	0	10	10	10	10	10	0	10
	D	50	100	75	25	75	50	50	25
	E	40	120	80	40	80	80	40	40
	合计	100	230	165	75	185	140	90	75

表6-33 产品A的加工时间　　　　　　　　　　　　　　　　　　　　　　　　min

工作中心	物料	1	2	3	4	5	6	7	8
1	A	600	600	900	600	300	600	600	300
	B	360	360	360	180	360	360	360	180
	D	360	720	540	180	540	360	360	180
	E	200	600	400	200	400	400	200	200
	合计	1 520	2 280	2 200	1 160	1 600	1 720	1 520	860
2	B	200	200	200	100	200	200	200	100
	C	0	160	160	160	160	160	0	160
	D	600	1 200	900	300	900	600	600	300
	E	120	360	240	120	240	240	120	120
	合计	920	1 920	1 500	680	1 500	1 200	920	680
3	C	0	200	200	200	200	200	0	200
	D	480	960	720	240	720	480	480	240
	E	240	720	480	240	480	480	240	240
	合计	720	1 880	1 400	680	1 400	1 160	720	680

综合考虑了表6-32和表6-33,可以得到3个工作中心的能力需求,见表6-34。

表6-34 3个工作中心的能力需求　　　　　　　　　　　　　　　　　　　　min

	物料	1	2	3	4	5	6	7	8
1	A,B,D,E	1 650	2 470	2 385	1 255	1 735	1 860	1 650	930
2	B,C,D,E	1 010	2 100	1 645	755	1 645	1 330	1 010	755
3	C,D,E	820	2 110	1 565	755	1 585	1 300	810	755

考虑已经核发的订单,本例中即为在途量,已经核发订单的作业时间如表6-35所列。

表6-35 已核发订单的作业时间

物料	周次	工作中心	已核发量	每批准备时间/min	每件加工时间/min	总加工时间/min	总作业时间/min
A	1	1	100	25	3.0	300	325
B	1	2	200	20	0.5	100	120
	2	1	200	15	0.9	180	195
C	1	3	200	10	1.0	200	210
	2	2	200	20	0.8	160	180

续表 6-35

物料	周次	工作中心	已核发量	每批准备时间/min	每件加工时间/min	总加工时间/min	总作业时间/min
D	1	1	600	20	0.3	180	200
	2W	2	600	15	0.5	300	315
E	1	3	400	15	0.4	160	175
	2	2	400	20	0.3	120	140

计算得到核发订单所需 3 个工作中心的能力，见表 6-36。

表 6-36 已核发订单的能力需求

工作中心	物料	周次 1	周次 2
1	A,B	525	195
2	B,C,E	120	635
3	C,E	385	0

综合考虑了表 6-34 和表 6-36，可以得到 3 个工作中心最终的总能力需求见表 6-37。现可以绘制相应的能力计划图，如图 6-9 所示。

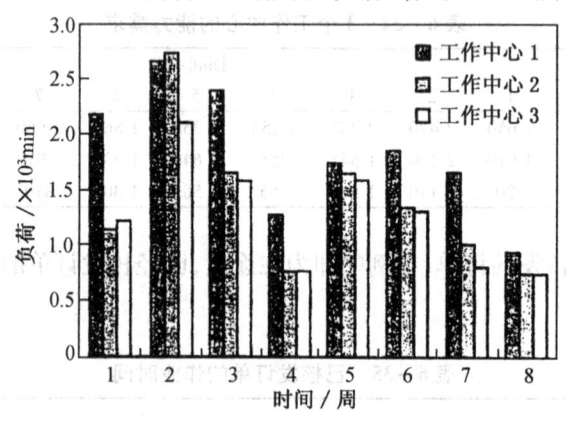

图 6-9 三个工作中心的能力计划

表 6-37 三个工作中心的总能力需求　　　　　　　　　　　　　　　　min

工作中心	1	2	3	4	5	6	7	8
1	2 175	2 665	2 385	1 255	1 735	1 860	1 650	930
2	1 130	2 735	1 645	755	1 645	1 330	1 010	755
3	1 205	2 110	1 565	755	1 585	1 300	810	755

第七章 物料需求计划

物料需求计划是一种面向相关需求物料的计划方法,在生产计划与控制体系中位于主生产计划之后,是根据产品主生产计划、产品构成和相关物料的库存记录进行展开得到的相关需求物料详细的需求计划。其管理目标是在正确的时间内,提供正确的零件,以满足主生产计划对产品计划的要求。

物料需求计划具有广泛的适用性。它不仅适用于多品种中小批量生产,而且适用于大量大批生产;不仅适用于制造企业,而且适用于某些非制造企业。不过,物料需求计划的长处在多品种中小批量生产的加工装配式企业得到了最有效的发挥。

第一节 物料需求计划概述

一、物料需求计划产生和发展

1970年,美国的Joseph A. Orlicky,George W. 和Oliver W. Wight三人在美国生产与库存控制协会(American Production and Inventory Control Society,APICS)第13次国际会议上第一次提出了物料需求计划的概念。1975年,Dr. Joseph A. Orlicky出版了物料需求计划的经典著作 *Material Requirements Planning*。

物料需求计划的发展经历了开环物料需求计划和闭环物料需求计划两个阶段,开环物料需求计划没有对能力和负荷进行平衡分析,闭环物料需求计划则增加了能力计划,并考虑了系统的反馈作用。无论是开环还是闭环,均只考虑到物料的流动。在闭环物料需求计划基础上,增加财务分析和成本控制,即将物料流动和资金流动相结合,这就进一步发展成制造资源计划。为区别起见,人们通常将物料需求计划称为MRP或小MRP,而将制造资源计划称为MRP Ⅱ或大MRP。这里所谓的物料是一个广义的概念,不仅指原材料,还包含自制品、半成品、外购件、备件等。

美国生产与库存控制协会对物料需求计划所作的定义为:物料需求计划就是根据主生产计划、物料清单、库存记录和已订未交的订单等资料,经过计算而得到各种相关需求物料的需求状况,同时补充提出各种新单的建议,以及修正各种已开出订单的一种实用技术。

物料需求计划相对于主生产计划而言,是一个更详细的物料需求计划。执行物料需求计划可以保证在正确的时间内提供正确数量的所需物料。物料需求计划的输入数据来自主生产计划结果、物料清单、库存状态、物料主文件、工厂日历等。虽然它仅适用于大量生产方式,库存水平比准时化生产要高,但一定程度上它还是具有许多优点的,尤其是和传统的订货点库存管理方法相比。

物料需求计划克服了订货点法将所有物料都看成是独立需求物料缺点。把物料按照需求特性分成独立需求物料和相关需求物料,按照主生产计划和产品的物料结构,采用倒排计划的方法,确定每个物料在每个时间分段上的需求量。以保证在正确的时间内提供数量正确的所需物料。具体讲,实施物料需求计划拟要达到如下目的:①保证库存处于一个适当的水平——保证在正确的时间内订购数量正确的所需物料。正确的时间是根据各个组件和物料的提前期(包括装配提前期和生产提前期等)来推算的。而正确的数量则由产品的物料清单展开得到。②控制物料优先级——要求按正确的完成日期订货并保证完成日期有效。③能力计划——制订一个完整的、精确的能力计划,计划的制订要有充足的时间考虑未来的需求,最终使能力满足需求。如果某个时候因物料短缺而影响整个生产计划时,应该尽快地提供物料,当主生产计划延迟及推迟物料需求时,物料供应也应该被推迟。

二、物料需求计划特点

(一)MRP在生产计划体系中的重要性

在整个生产计划体系或比较流行的企业资源规划系统中,物料需求计划是最关键的模块,对企业生产管理起着决定性作用。与物料需求计划直接相关的有主生产计划、物料清单、库存状态信息、细能力计划、车间作业计划,以及采购计划,如图7-1所示。物料需求计划的前端最重要的是主生产计划及基于独立需求的最终产品生产计划,另外还有物料清单。物料清单表示产品的结构,例如,对于一辆汽车来说,要求有5个轮子(加上1个备用的),而对于每个轮子,又包括轮轴、轮胎等零件。另外一个基本输入是库存记录信息,比如在制订汽车的生产计划时,我们要想知道给定生产数量的汽车究竟需要多少个汽车轮子,我们不仅要知道由汽车的物料清单展开后需要多少,更要知道仓库里现有多少个轮子,有多少可以分配,有多少已被订购,这样才可以计算实际需要多少。除了上述三项输入外,另外考虑有两项输入。即顾客订单和市场预测,在图7-1中以虚线表示。有的系统则将顾客订单和市场预测纳入主生产计划,即输入只有三项,后两项输入在这里以虚线表示。也有的系统可以直接由顾客订单和市场需求展开为制造单和采购单,这是特例。配件的订单则包括服务性零件的需求、工厂内自用的需求、供应外厂的零配件、专用物料需求。产品的主生产计划的可行性、物料编码的独立性、产品物料清单的正确性和库存记录数据的准确性就构成了物料需求计划的前提条件。物料需求计划就像图 7-1 物料需求计划系统的输入及输出汽车的发动机一样,是整个生产计划和控制系统中最核心的部分。

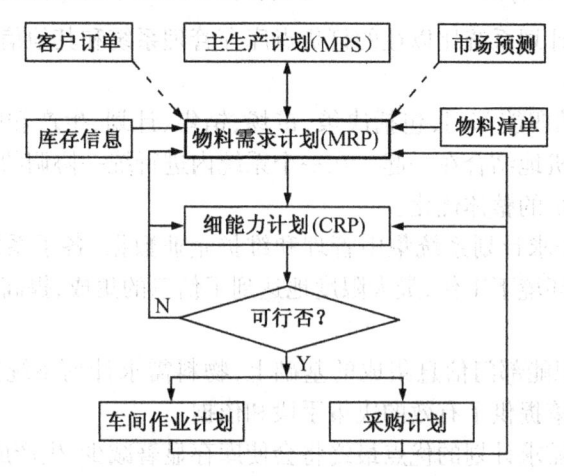

图 7-1 物料需求计划系统的输入及输出

物料需求计划的后端是具体的执行系统,体现在两个方面:车间的生产作业计划和采购部门的采购计划。生产作业计划下达到生产车间,进入车间作业控制系统,采购计划下达到采购部门,由采购部门执行。从比较细的角度看,执行物料需求计划将会产生两种基本报告,即主报告和辅助报告,主报告是用于库存和生产控制的最普遍和最主要的报告,主要包括:

(1) 将来要下达的计划订单的通知;
(2) 执行计划订单的计划下达通知;
(3) 重新改变订单的交货期的通知;
(4) 取消或暂停主生产计划中某些准备下达的订单的通知;
(5) 库存状态数据的通知。

辅助报告一般分成 3 类,包括:

(1) 用于预测在未来某一时刻的库存和需求的计划报告;
(2) 用于指出呆滞的物料及确定物料的提前期、数量和成本的计划情况和实际情况之间的差别的绩效报告;
(3) 指出严重偏差的例外报告,包括一些错误,超出某种范围、过期的订单。过多的残料或不存在的零件等。计划在下达车间或采购部门之前,还要对它进行可行性检查。同物料需求计划相对应的能力计划是细能力计划。细能力计划将计算生产线上每个工作中心的可用能力和需求能力(即负荷),然后对每个工作中心进行能力和负荷的比较,以确认每个工作中心都满足负荷的要求,如果发现出现偏离的情况,则应采取相应的措施。

(二) MRP 的特点

物料需求计划系统比以往的订货点库存管理系统和其他信息管理系统有其显著的优点:

(1)企业的职能部门,包括决策、市场、销售、计划、生产和财务等通过物料需求计划有机地结合在一起。在一个系统内进行统一协调的计划和监控从而实现企业系统的整体优化。

(2)物料需求计划系统集中管理和维护企业数据,各子系统在统一的集成平台和数据环境下工作,最大限度地达到了信息的集成,提高了信息处理的效率和可靠性。

(3)在各职能部门信息集成的基础上,物料需求计划系统为企业高层管理人员进行决策提供了有效的决策手段和依据。

上述物料需求计划的优点最终将会使库存显著减少,生产成本降低,更快地响应市场,改变计划的能力更快。这些优点使它在世界各国的制造企业中得到了大力推广,成为改革企业管理的有力工具。

在物料需求计划的实施过程中也存在以下缺点:

(1)物料需求计划的处理逻辑建立在固定提前期和无限能力假定的基础上,在系统运行之前,提前期将作为固定的数据储存在系统的数据库中,这与生产实际是不相符的。如果计划情况与实际情况不一致,由此生产计划得到的交货期必然不能反映实际情况,如果销售部门根据计划结果对客户做出承诺,则必定无法实现。当然,如果将提前期作为一个动态变化的值来考虑也是可以实现的,这就需要经常更新系统的数据,操作起来比较麻烦。

(2)没有反映出加工路线中的"瓶颈"资源。对计划物料没有划分为关键物料和非关键物料。在物料需求计划编制过程中,没有考虑不同零部件在产品中的重要程度,使得所有零部件不分主次地竞争有限资源。当能力不足时,不可避免地会出现一些关键件生产不出来,而生产了许多非关键件,无法装配成所需要的产品,也无法通过外购等方法来解决。

(3)按零件组织生产,不利于需求的反查。物料需求计划是按零件组织生产的,在编制物料需求计划时,将零部件的不同需求数量合并。当生产能力不足,在无法按预期的时间和数量生产出所需的全部零部件时,由于不能确定这些零部件在具体产品中的需求数量,则无法具体确定影响哪些客户订单,更无法针对具体情况做出相应的处理。

三、制造资源计划

图7-1中的物料需求计划将主生产计划的结果转变成最终详细的零部件作业计划,主生产计划是为作为独立需求件的最终产品制订的一个计划。物料需求计划是生产计划和控制系统中的一个主要突破点。当重新执行物料需求计划时,车间生产订单和采购订单也要随之改变,市场是动态的。所以说,物料需求计划不能看作是一个简单的集成的计划技术,而应被视为一个动态的优先计划。当车间作业计划的柔性提高时,这时要将重点转移到物料需求计划的前端,即建立并维护一个可行的主生产计划。当一个较好的主生产计划和物料需求计划集成并考虑到物料需求计划到主生产计划的反馈,还要执行粗能力计划和细的能力需求计划以进行能力和负荷的平衡分析时,此系统就是所谓的闭环物料需求计划系统。图7-1中所示的物料需求计划就是一个闭环的物料需求计划。

除了基本物料需求计划系统包含的模块外,如果进一步考虑包含基于详细生产计划和控制过程的财务计划,因它考虑了成本的概念,故结果更加可信。另外,进一步增加了仿真的功能,系统可以很容易回答"如果-怎样"之类的问题。此种计划与控制系统和物料需求计划的概念有着根本的不同。Joe Orlicky,许多权威公认的物料需求计划之父,将这种计划控制系统命名为MRP Ⅱ。这里MRP并不代表物料需求计划,而是制造资源计划,缩写和物料需求计划一样,也是MRP,为区别这两个概念,而在制造资源计划缩写MRP后加Ⅱ,即MRPⅡ这些术语为从事生产计划和控制的技术人员所接受。

在物料需求计划的基础上,MRP Ⅱ进一步拓展了财务的管理功能,真正实现了物料、信息流和资金流的统一。MRPⅡ的基本框架如图7-2所示。

第二节 物料需求计划基础数据

物料需求计划是将主生产计划中的独立需求产品转换为其构成的零件和原材料的需求,主生产计划是物料需求计划的最直接的数据,除此之外,还有物料主文件、物料清单、库存记录、物料编码、工作中心、工厂日历等数据。对于任何一个MRP系统或MRPⅡ系统乃至于ERP系统,它的实施要想取得成功,必须要有规范化和准确的数据。规范化是准确性的前提,数据必须有统一的标准,这是实现信息集成的首要条件。数据的及时性、准确性和完整性是实

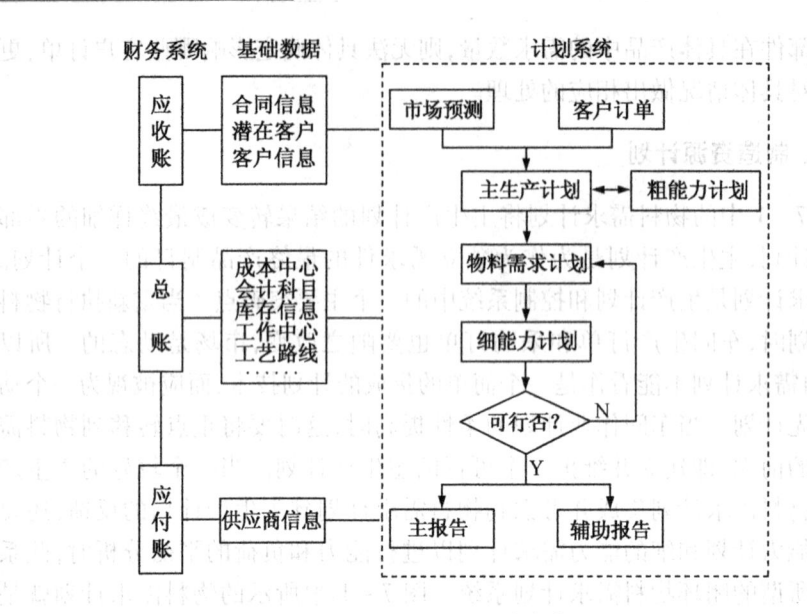

图 7-2 MRP Ⅱ 基本框架

施物料需求计划系统的基本要求。"及时"是指必须在规定的时间内进行和完成数据的采集和处理;"准确"就是必须去伪存真,符合实际;"完整"是指要满足系统对数据项规定的要求。

一、数据类型

从性质上讲,物料需求计划系统常用的数据有以下 3 种类型:

(1) 静态数据(或称固定信息)——一般指生产活动开始之前要准备的数据,如物料清单、工作中心的能力和成本参数、工艺路线、仓库和货位代码、会计科目的设定等;

(2) 动态数据(或称流动信息)——一般指生产活动中发生的数据,它不断发生、经常变动,如客户合同、库存记录、完工报告等;

(3) 中间数据(或称中间信息)——是根据用户对管理工作的需要,由计算机系统按照一定的逻辑程序,综合上述静态和动态两类数据,经过运算形成的各种报表。

另外,在物料需求计划系统里数据的表示有以下 3 种:

(1) 字母数字型——由任意字母、数字或符号(键盘上的符号)组成,如物料号的代码等;

(2) 整数型——无小数的数字,如物料的件数,通常用"I"表示;

(3) 实数型——有小数的数字,如金额数,通常用"R"表示。

二、物料编码

计算机识别和检索物料的首要途径是物料编码,它统称物料号(item num-ber)。最基本的要求是唯一性。字段多为字符型,长度为 15~20 位。物料码可以是无含义的,采用流水码,按顺序数字编号,这样代码简短,存储量少,且保证唯一性。物料码也可以是有含义的,如将总位数分成几段,依次表示成品、部件、零件、版次或其他标志。成组技术采用成组编码。对物料进行编码取决于公司的需求,一个好的编码应使人一看到就知道是什么物料。物料的编码是实施 MRP 或 ERP 的最基础的工作,对系统能否实施成功有最直接的影响。在系统实施之前,一定要对物料的编码统筹考虑,不可疏忽大意。

三、物料主文件

每一种物料有一份文档,称为物料主文件(item master),它用来说明所有物料的各种参数、属性及有关信息,这里的物料包括原材料、中间在制品、半成品和成品等。这些物料的属性能反映物料同各个管理功能之间的联系,也体现信息集成。物料主文件包含的信息主要有以下几种。

(一)最基本的信息

最基本的信息包括物料编码、物料名称、物料规格、计量单位、库存分类、设计图号等。注意以下几点:

(1)计量单位用在对外采购时,若对方的采购单位与公司内部的计量单位不一致,则必须设定转换参数。

(2)进行库存分类是为了管理的需要,如在统计查询作业中,可能要定期对各库存分类做统计,也可能在某些作业中要以此为条件。如在汽车行业,通常可以将物料分为铸造件、橡胶件、五金件等。

(二)同计划管理有关的信息

同计划管理有关的信息包括物料的来源、是否是虚拟件、是否是 MPS 物料、批量的增量倍数、批量法则、最小量、最大定购量、物料表码(bom code)、提前期、安全时间、安全库存等。注意以下几点:

(1)物料的来源通常有自制、采购、外包和调拨。

(2)虚拟件从物料的形态结构上讲有相应物料,从管理和计划角度讲则没有,因为它只是中间过程的一个物料,不入仓库,也不需要进行库存的计算。

(3)如果某物料是 MPS 物料,则是 MPS 的计划对象。

(4)批量的倍数是指有时净需求量为多个批量,用此参数决定定购的数量例如,某物料倍数为3,净需求量为27个单位,批量的大小为10个单位,则用批量乘以倍数得到定购的数量为30个单位。

(5)批量法则有按需确定批量法(lot for lot,LFL)、固定批量法(fixedorder quantity,FOQ)、期间订购法(periodic order quantity,POQ)等。

(6)安全时间是用来保证当前置时间发生变动时,仍能使订单按期完成而设立的一个时间值。这里需要说明的是,提前期不变,只是计划订单投入和计划订单接受时间同时提前。提前量即安全时间。

(三)主要同库存管理有关的信息

主要同库存管理有关的信息包括是否需要库存控制、是否是虚拟件、是否需要批量控制、物料的 ABC 分类、库存的盘点期、存放形式(容器容量、体积、重量)等。注意以下几点:

(1)如果物料需要批量控制,则要明确物料的批次和批量,以对物料进行跟踪和记录。

(2)物料的 ABC 分类通常依物料订单的年度总使用金额进行排序。

(3)虚拟件不需要库存控制,但并非所有不需要库存控制的物料都是虚拟件。

(4)要设定库存盘点的时间间隔。

(四)同成本管理有关的信息

同成本管理有关的信息必须设定非虚拟件的制造成本,包括直接材料、直接人工和制造成本。在 ERP 的会计系统中,上述成本科目又可细分为更细的会计科目,如,直接人工可分为装配人工、设备操作人工和技术性人工等。

(五)主要同质量管理有关的信息

主要同质量管理有关的信息设定产出率、检验等级、检验水准、抽样标准、可接受的质量水平等。

四、物料清单

最终产品通常是由一系列的物料所构成的,由哪些物料构成,每种物料的数量是多少,物料与物料之间的关系如何,这些都可以通过产品的结构看出来。为了便于计算机识别,则需将此用图表表示的产品的结构转换成数据格式。这种利用数据格式来描述产品结构的文件称为物料清单(BOM)。物料清单是MRPⅡ运行的主导文件,企业各业务部门都应根据统一的物料清单来工作。如对制造工程师而言,可以根据 BOM 决定哪些零件需制造,哪些零件需购买,会计部门则利用 BOM 来计算成本。BOM 体现了数据共享和信息的集成。

物料清单在狭义上被认为是一种用来确定装配每种产品所需的部件或分装件的工程文件。单级 BOM 仅包括那些立即需要的分装件，不包括部件下的部件。多级 BOM 表是一种部件列表，把最终产品全方位地分解到原材料。

物料清单文件被设计成用来输出期望表格的计算机记录，物料清单结构则与物料清单文件的排列结构或总体设计有关。物料清单结构一定要能提供所有期望的表格或记录。物料清单处理程序是一种计算机软件包，用它来组织和维护由物料清单结构所制订的物料清单文件之间的连接。大多数物料清单处理程序是用单级物料清单，用它来维护单级 BOM 文件间的连接或链接。正是这些用在 MRP 中的物料清单处理程序，能把父件的计划订单转换成它所需部件的总需求。

单级和多级 BOM 是物料清单的两种不同输出格式。不同的输出格式在不同的环境下都是有用的。例如，单级 BOM 可提供关于部件可用数量的检查、分配和选择数据，以支持订单的发出。工业工程师则经常使用全面的多级 BOM 来决定如何将产品组装在一起。财务人员使用它来进行成本累积计算。但基本原则是一个公司应该有且只有一个系列的物料清单或产品结构记录，并且它像一个实体一样得到维护。该物料清单应该被设计成可用来满足公司的要求。

（一）单层 BOM

单层 BOM 即从产品到下面的零组件只有一层的产品结构，表 7-1 所列显示了某灯具公司生产的灯 LA001 的 BOM。在单层 BOM 中能反映出如下的信息：①构成产品的所有零组件；②零组件的编号；③零组件的相关描述；④构成单位产品所需零组件的数量；⑤零组件的单位。

表 7-1　某公司灯具产品 LA001 的 BOM

零组件编号	简单描述	所需数量
Base 100	灯座	1
Shade 100	灯罩	1
Plug 100	插座	

该灯具产品的 BOM 可以用图来表示，如图 7-3 所示。

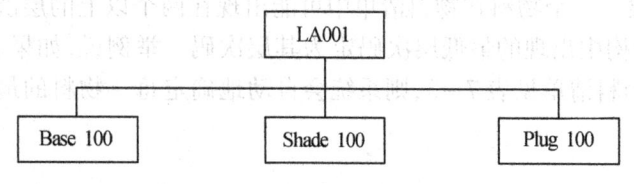

图 7-3　某灯具的单层 BOM 结构

(二) 多层 BOM

如果产品在公司里是一次性装配的,则用单层 BOM 就足够了,但是如果组件下面还有次组件或零件,则单层 BOM 就不足以来表达,此时就须用多层 BOM 来描述。如前面所述,灯具是由灯座、灯罩和插座所构成的,可是这些组件都是由其他许多零件构成的,如果制造灯具时是由最低层的这些物料组装成的,则必须用到多层 BOM。图 7-4 是构成灯具的一个完整的 BOM,这里有两层,其中最顶层的最终产品称为 0 层,往下依次称为 1,2,…层。

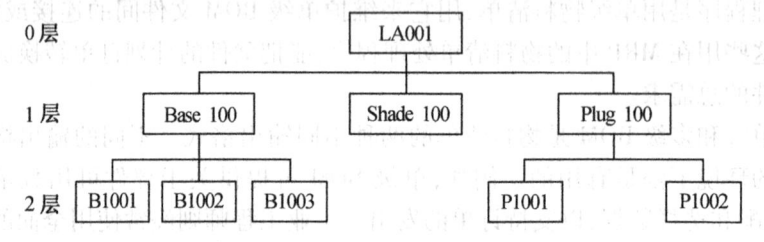

```
0层                    LA001
                    ┌────┼────┐
1层              Base 100  Shade 100  Plug 100
              ┌───┼───┐              ┌───┴───┐
2层         B1001 B1002 B1003        P1001   P1002
```

图 7-4 灯具的多层 BOM 结构

同样可以将该 BOM 结构用表格形式表示,见表 7-2。

表 7-2 某公司灯具产品 LA001 的完整物料清单

物料编码	子件号	所需数量
LA001	Base 100	1
LA001	Shade 100	1
LA001	Plug 100	1
Base 100	B1001	1
Base 100	B1002	1
Base 100	B1003	1
Plug 100	P1001	1
Plug 100	P1002	1

物料清单中物料的层次遵循低层代码的原则(low level code,简称 LLC),所谓低层代码规则,是指在产品结构中,最上层物料的层次为 0 层,其下依次为 1,2,…层。一个物料在物料清单中可能出现在两个以上的层次中,以该物料在产品结构中出现的最低层次码定为其层次码。举例说,如果有两个产品 X 和 Y,其物料清单见表 7-3,则系统会自动地确定每一物料的最低层次码,见表 7-4。

表7-3　产品 X 和 Y 的物料清单

父件	子件	所需数
X	B	2
X	C	1
B	D	1
Y	A	1
Y	C	1
A	B	1

物料需求计划的顺序由各物料最低层次码数值的大小决定,从最低层次码数值最小的物料开始执行,并依次执行最低层次码数值较大的物料,也就是说,是依据物料最低层次码递增的顺序来执行的。

表7-4　物料最低层次码

物料	最低层次码
X	0
Y	0
A	1
B	2
C	1
D	3
E	2

(三)模块化的物料清单

在上述灯具的例子中,如果灯座有 2 种形式:Base 100 和 Base 200;灯罩有 3 种形式:Shade 100,Shade 200 和 Shade 300;插座有 2 种形式:Plug 100 和 Plug 200,如图7-5所示。这样,灯具就有 2×3×2＝12 种,则全部物料清单有 12(种),这种产品由多个模块组成,每个模块又有多种选择时,如果可选件又较多,则建立的全部物料清单工作量显然太大,解决的方法是以选项或模块来建立 MPS,即建立模块化的物料清单。模块化的物料清单的 0 层为可选件,在上述例子中,如果采用模块化的物料清单,则全部物料清单将为 2＋3＋2＝7(种),如果可选件较多时,这种优势将更明显。

在模块化物料清单中,必须设定可选件的预测需求百分比,可选件的需求百分比加起来为 1;若是附件,则附件的需求百分比加起来要小于 1,因为有的客户不一定选择。灯具 LA001 的模块化的清单可以用表 7-5 列出。

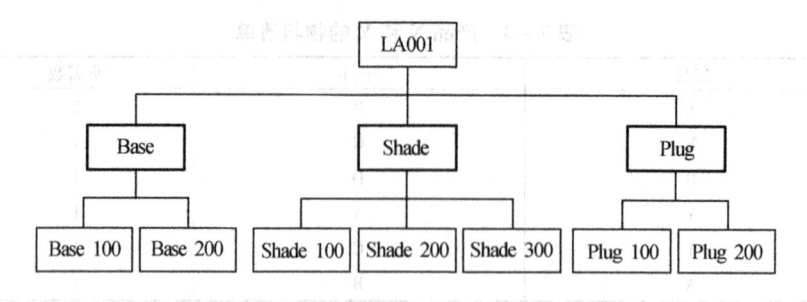

图 7-5 灯具 LA001 的模块化清单示意

表 7-5 灯具 LA001 的模块化物料清单

物料编码	子件号	所需数量
LA001	Base	1
LA001	Shade	1
LA001	Plug	1
Base	Base 100	6
Base	Base 200	0.4
Shade	Shade 100	0.1
Shade	Shade 200	0.3
Shade	Shade 300	0.6
Plug	Plug 100	0.1
Plug	Plug 200	0.9

(四) 计划用物料清单

如果按照物料的类型来分,可分为计划用物料清单、制造物料清单和成本物料清单等。为了更好地进行主生产计划活动,有时需要重建物料清单,如前面所示的模块化物料清单,建立这种清单将使数据的存储量大大减少,有利于系统的优化。除了模块化物料清单外,还有计划物料清单也是其中的一种,它只适用于计划,与用于制造产品的那些清单是不同的,刚才所述的模块化物料清单就包含了一种计划清单的形式,它可用于制作物料计划和模型,但是有些模型是不可制造的。

应用最广泛的计划用物料清单是超级清单。它描述了组成一个平均最终产品的相关的选项或模块。这种最终产品是不可能制造出来的。单是从物料清单的逻辑来看,它对计划和主生产计划是十分有用的。物料清单处理程序明了,超级清单应该作为合法的单级物料清单而建立在产品结构文件中,这就意味着超级清单将把各种可能的选项看作部件,并有它们的平均使用率。物料清单的运算逻辑可以采用十进制乘法。物料清单的逻辑在互不相容的选项中强加入了数学连接。举例来说,两个可能的发动机选项之和应等于汽车总和。

超级清单不仅是制造工具,而且也是营销工具。有了它,就不再需要预测和控制个体模型了,而可以用总平均单位数来进行预测,这时就需要重点进行百分比分析,即关注单级物料清单。同时也要注意,当有顾客订单出现时,用建立在工作日基础上的可供销售量计算逻辑来管理库存。

让我们来看一下上述小例子。灯具 LA001 的选项如下:

灯座:Base 100,Base 200;

灯罩:Shade 100,Shade 200,Shade 300;

插座:Plug 100,Plug 200。

总的可制造产品数是 12(2×3×2)。如按最终产品进行管理,则每一种都将不得不进行预测。此时可以仅仅对其中部件进行管理,只建立部件的预测模型(按一定的百分比),而不用建立全部最终产品的预测模型。

(五)制造物料清单

计划物料表用于计划阶段,制造物料表则用于执行阶段。执行阶段始于接受顾客订单。接到订单后,利用产品构造系统来决定产品规格,系统自动地做出制造物料表。后续的领料单作业及指令单作业即以该制造物料清单为依据。

(六)成本物料清单

同最基本的物料清单及缩排式物料清单类似,成本物料清单说明每个物料的材料本身、人工和其他间接费用,从成本构成说明物料的单价价值及其总值。在计划的同时体现了资金流的概念。可以用图 7-6 来说明。

增加成本——本层人工费和间接费;

累计成本——低层所有费用的累加;

增加成本——本层人工费和间接费;

累计成本——低层所有费用的累加;

材料费;

采购间接费。

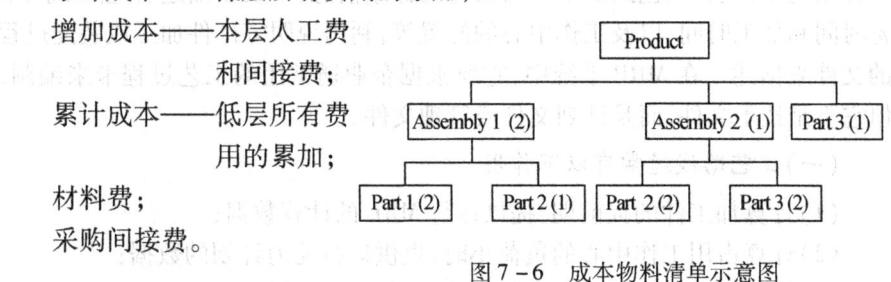

图 7-6 成本物料清单示意图

五、提前期

提前期是以交货或完工日期为基准，倒推到加工或采购的开始日期的这段时间，也是从工作开始到工作结束的时间。物料需求计划中的提前期通常是指从订单发出至订单接受的这段时间。物料需求计划是一种倒向排序的计划，主要回答何时生产或需要的问题，何时下达生产或采购计划主要取决于物料的提前期，有以下几种基本的提前期：

(1) 采购提前期，是采购订单下达到订单入库所需的时间；

(2) 生产准备提前期，从计划开始到完成生产准备所需的时间；

(3) 加工提前期，是开始加工到加工完成所需的时间；

(4) 装配提前期，是开始装配到装配结束所需的时间；

(5) 总提前期，是产品的整个生产周期，包括产品设计提前期，生产准备提前期，采购提前期，加工、装配、检测、包装、发运提前期；

(6) 累计提前期，是采购、加工、装配提前期的总和。

提前期在系统中是作为固定不变的参数进行设置的，一般在建立物料主文件时就有此字段。对于采购件设置的提前期为采购提前期；对于自制件而言，设置的提前期乃为加工提前期；对于累计提前期而言，则根据产品的物料清单进行累加而得到。

六、工艺路线

工艺路线是制造某种产品过程的细化描述，包括要执行的作业顺序、作品名称、有关的工作中心、每个工作中心所需的设备、设备或工作中心的准备时间、运行时间的标准时间、作业所需的零部件、配置的人力，以及每次操作的产出量。所谓作业，是指在一个地点完成的工作，包含工件和地点（机器、工作站或工作中心），作业编号是某个设备要处理某个项目的专用识别编号。在软件系统中，应将工艺路线中所需设备的详细信息，如设备描述、作业顺序、准备时间和加工时间，以及工作中心的配置等，利用说明零部件加工或装配过程的文件来描述。在 MRP 系统中，它要根据企业通常用的工艺过程卡来编制，但它不是技术文件，而是计划文件或管理文件。

(一) 工艺路线通常有以下作用

(1) 计算加工件的提前期，提供运行 MRP 的计算数据；

(2) 计算占用工作中心的负荷小时，提供运行能力计划的数据；

(3) 计算派工单中每道工序的开始时间和完工时间；

(4) 提供计算加工成本的标准工时数据；

(5)按工序跟踪在制品。

(二)工艺路线有下述特点

(1)在工艺路线文件中,除了说明工序顺序、工序名称、工作中心代码及名称外,MRP系统的工艺路线还把工艺过程和时间定额汇总到一起显示出来。指定工时定额同编制工艺在同一部门进行,工艺人员掌握时间定额,有助于分析工艺的经济合理性;

(2)除列出准备和加工时间外,还列出运输时间(含等待时间),并作为编制计划进度的依据;

(3)每道工序对应一个工作中心;

(4)包括了外协工序、外协单位代码和外协费用;

(5)为便于调整计划,必须说明可以替代的工艺路线;

(6)从逻辑上讲,可以把设计、运输、分包等作为一道工序来处理。

七、库存信息

在库存中的每一项物料的记录都作为一个独立的文件,并且对于一项物料的资料的详细程度几乎是无限制的。MRP程序允许产生一个反查记录文件,作为库存文件记录的一部分或单独存在。反查需求允许我们通过每一层产品结构向上追踪物料需求,确定每一个产生需求的父项。

物料需求计划的计算逻辑是,根据总需求和现有库存量的大小来确定净需求量。对于MRP系统来讲,必须在正式使用之前将现有的库存数据输入到系统中,这些资料包括现有库存量、计划接受量、已分配量等信息。其实在使用之前,只要建立起库存的初始值即可,其他阶段的净需求量则可根据具体公式依次进行计算。

另外,在库存信息中要对仓库与货位的作用有所反映,在每条物料的库存记录文件中,仓库和货位必须有相应的编码。

八、供应商及客户信息

(1)供应商信息。供应商主文件一般包括:供应商代码(说明供货类型、地区)、名称、地址、邮政编码、联系人、电话号码、银行账号、使用货币、报价、优惠条件、付款条件、交货提前期、税则、交货信用记录。在MRP Ⅱ系统中,供应商的信息直接与财务管理模块中的应付账模块相对应。

(2)客户信息。客户主文件一般包括:客户代码(说明类型、地区)、名称、地址、邮政编码、联系人、电话号码、银行账号、使用货币、报价记录、优惠条件、付款条件、交货提前期、税则、交货信用记录。而客户信息则直接与财务管理模块中的应收账模块相对应。

九、工作日历

物料需求计划系统采用划分期间的计划方式,它将连续的时间划分成不连续的区段单位,称为时段,较通用的以周或日为单位,有工厂周历和工厂日历之说。一般 ERP 系统根据工厂日历排定计划,工厂日历也称生产日历,说明企业各部门、车间或工作中心在 1 年时间内可以工作或生产的日期。MPS 和 MRP 展开计划时,要根据工厂日历来安排生产,在非工作日不能安排任务。系统在生成计划时,遇到非工作日会自动跳过。软件应能允许用户自行设置多种工作日历,赋以各自的代码,用于公司、各工厂、不同车间、不同工作中心,甚至发运成品所涉及的运输航班。

第三节 物料需求计划实施

一、物料需求计划实施的基本流程

物料需求计划是一个庞大的系统工程,涉及面广,投入大,实施周期长,存在一定的风险。所以企业应建立一套科学的实施办法和程序来保证项目的成功。总结国内外众多企业物料需求计划的实施经验和教训,一般要经过以下步骤:

(1) 总体规划,分段实施。物料需求计划项目所包含的内容很广,如财务、分销、生产等,每一部分中又包含很多模块。所以在建立一个物料需求计划系统的时候,一般要有总体规划,按管理上的急需程度、实施中的难易程度等确定优先次序;根据不同的效益驱动、重点突破的思想指导下,分阶段、分步骤实施。总之,科学的实施方法可以起到事半功倍的作用,确保物料需求计划项目的顺利推行。

(2) 专项机构。为了顺利地实施物料需求计划系统,在企业内部应成立完善的三级组织机构,即领导小组、项目小组和职能小组。物料需求计划系统不仅是一个软件系统,它更多的是先进管理思想的体现,关系到企业内部管理模式的调整、业务流程的变化及相关人员的变动,所以企业的最高决策人要亲自参加到领导小组中,负责制订计划的优先级;资源的合理配置;重大问题的决策及政策的制订等,项目小组负责协调公司领导层和部门之间的关系,其负责人员一般应由公司高层领导担任,要有足够的权威和协调能力,同时要有丰富的项目管理和实践经验。职能小组是实施物料需求计划系统的核心,负责保证物料需求计划系统在本部门的顺利实施,由各部门的关键人物组成。

(3)教育与培训。物料需求计划作为管理技术和信息技术的有机结合,其在管理上所反映出的思想和理论比实际运作中的要先进,这就要求企业各级管理层不断学习先进的管理理论,如精益生产、准时化生产、全面质量管理等。对物料需求计划项目涉及的人员,分别按不同层次、不同程度掌握软件具体功能进行培训。

(4)原型测试。通过培训后,了解了物料需求计划能干些什么,再结合自己的需求,即想要解决哪些问题,进行适应性实验,以此来验证系统对目标问题解决的程度,再决定有哪些为用户服务的工作,有多少二次开发的工作量。原型测试的数据可以是模拟的,不必采用企业实际的业务数据。

(5)数据准备。物料需求计划系统实现了企业数据的全局共享,它只有运行在准确、完整的数据之上,才能发挥实际作用。所以在实施物料需求计划项目时,要花费大量时间去准备基础数据,如基本产品数据信息、客户信息、供应商信息等。

(6)模拟运行。在完成了用户化和二次开发后,就可以用企业实际的业务 数据进行模拟运行。这时可以选择一部分比较成熟的业务进行试运行,实现以点带面,由粗到细,保证新系统完成平稳过渡。

(7)切换。经过一段时间的试运行后,如果没有发生什么异常现象,就可以把原来的业务系统抛弃掉。只有这样,整个物料需求计划系统才能尽快地走出磨合期,完整并独立地运行下去。

二、编制物料需求计划前提条件

(1)MRP系统的第一个前提就是要有一个主生产计划。也就是说,要有一个关于生产什么产品和什么时候产出的权威性计划。该计划只考虑最终项目,这些最终项目可能是产品,也可能是处于产品结构中最高层的装配件,这些装配件可根据总装计划装配成不同的产品。主生产计划考虑的时间范围,即计划展望期,与所考虑的产品的零部件生产提前期和采购提前期累计起来的总生产周期有关,计划展望期的长度应等于或超过这些提前期的累计和,通常为3~8个月。主生产计划的形式通常是一个按时区列出各最终项目产出数量的矩阵。表7-6表示了某公司以周为时区的主生产计划。

(2)MRP系统的第二个前提是要求赋予每项物料一个独立的物料代码,这些物料包括原材料、零部件和最终产品。这些物料代码不能有双义性,即两种不同的材料不得有相同的代码。主生产计划以及下面将要谈到的物料清单和库存记录需要通过物料代码来描述。

表7-6 主生产计划

产品代码	时间/周

产品代码	1	2	3	4	5	6	7	8	9	10	11	12	13
B77	48	58	58	58	58	58	58	58	58	58	58	58	58
G77	40	50	50	50	50	50	50	50	50	50	50	50	50
B79	52	54	54	54	54	54	54	54	54	54	54	54	54
T14	82	84	84	84	84	84	84	84	84	84	84	84	84
MP65	35	40	40	40	40	40	40	40	40	40	40	40	40
周小计	257	286	286	286	286	286	286	286	286	286	286	286	286

（3）MRP系统第三个前提是在计划编制期间必须有一个通过物料代码表示物料清单（bill of material，BOM）。

BOM是一种产品结构文件，它不仅罗列出某一产品的所有构成项目，同时也要指出这些项目之间的结构关系，即从原材料到零件、组件，直到最终产品的层次隶属关系。因为BOM是定义产品结构的技术文件，所以它又称为产品结构表或产品结构树。

BOM是由双亲件及子件所组成的关系树。BOM可以自顶向下分解的形式或自底向上跟踪的形式提供信息。分解是从上层物料开始将其展开成下层。零跟踪是从零件开始得到上层物料。将最终产品的需求或主生产计划中的项目分解成零件需求是MRP建立所有低层零件计划的关键。如果低层零件计划存在问题，通过跟踪就能确定生成这一零件需求的上层物料。

BOM信息被用于MRP计算、成本计算、库存管理。BOM有各种形式，这形式取决于它的用途，BOM的具体用途有：

①是计算机识别物料的依据；
②是编制计划的依据；
③是配套和领料的依据；
④根据它进行加工过程的跟踪；
⑤是采购和外协的依据；
⑥根据它进行成本的计算；
⑦可以作为报价参考；
⑧进行物料追溯；
⑨使设计系列化、标准化、通用化。

产品结构的数据存入计算机后，就可以进行查询，并能根据各用户的需要以不同格式显示出来。MRP系统的目标就是要使输入的数据可以生成各种不同格式的BOM。

三、物料需求计划的输入

MRP 的输入主要有三个部分:产品出产计划、产品结构文件和库存状态文件。

(一) 产品出产计划

产品出产计划是 MRP 的主要输入,它是 MRP 运行的驱动力量。产品出产计划中所列的是最终产品项。它可以是一台完整的产品,也可以是一个完整的部件,甚至是零件。总之,是企业向外界提供的东西。

产品出产计划中规定的出产数量可以是总需要量,也可以是净需要量。如果是总需要量,则需扣除现有库存量,才能得到需要生产的数量;如果是净需要量,则说明已扣除现有库存量,可按此计算对下层元件的总需要量。一般来说,在产品出产计划中列出的为净需要量,即需生产的数量。于是,由顾客订货或预测得出的总需要量不能直接列入产品的出产计划,而要扣除现有库存量,算出净需要量。

表 7-7 为某产品出产计划的一部分。它表示产品 A 的计划出产量为:第 5 周 10 台,第 8 周 15 台;产品 F 的计划产量为:第 4 周 13 台,第 7 周 12 台;配件 C 的计划产量为:1~9 周每周出产 10 件。

表 7-7　产品出产计划

周　次	1	2	3	4	5	6	7	8	9
产品 A/台					10			15	
产品 B/台				13			12		
配件 C/件	10	10	10	10	10	10	10	10	10

产品出产计划的计划期,即计划覆盖的时间范围,一定要比最长的产品生产周期长。否则,得到的零部件投入出产计划不可行。产品出产计划的滚动期应该同 MRP 的运行周期一致。若 MRP 每周运行一次,则产品出产计划应每周更新一次。

另外,可以把产品出产计划从时间上分成两部分,近期为确定性计划,远期为尝试性计划。这是由于近期需要的产品项目都有确定的顾客订货,而远期需要的产品,只有部分是顾客订货,而另一部分是预测的。确定性计划以周为计划的时间单位,尝试性计划可以以月为计划的时间单位。没有尝试性计划往往会失去顾客,因为很多顾客订货较迟,而交货又要求比较急。随着时间的推移,预测的订货将逐步落实到具体顾客身上。

(二) 产品结构文件

产品结构文件又称为物料清单文件(bill of materials,BOM),它不只是所有元件的清单,还反映了产品项目的结构层次以及制成最终产品的各个阶段的先后顺序。

在产品结构文件中,各个元件处于不同的层次。每一层次表示制造最终产品的一个阶段。通常,最高层为零层,代表最终产品项;第一层代表组成最终产品项的元件;第二层为组成第一层元件的元件……以此类推。最低层为零件和原材料。各种产品由于结构复杂程度不同,产品结构层次数也不同。

为了形象地说明产品结构文件,以图7-7所示的三抽屉文件柜为例,并

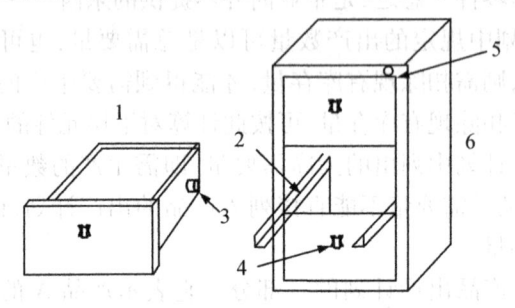

图7-7 三抽屉文件柜组成
1. 抽屉;2. 滑条;3. 滚子;4. 拉手;5. 锁;6. 箱体

结合图7-8所示的产品结构树来说明。三抽屉文件柜由1个箱体、1个锁和3个抽屉组成,箱体又由1个箱外壳和6根滑条(每个抽屉需两根滑条)装配而成;每个抽屉又由1个抽屉体、1个手柄和两个滚子组成;锁为外购件。为了简单起见,我们将各种具体产品及其构成部分统称为产品和元件,用英文字母代表它们,并将产品及其元件之间的关系用一种树形图表示出来,如图7-8所示。这种树形图通常被称为"产品结构树"。图7-8中1个单位N产品(文件柜)由1个B部件(箱体)、3个C组件(抽屉)和1个D零件(锁)构成;1个B部件又由1个E(箱外壳)和6个F(滑条)构成;1个C组件由1个G零件(抽屉体)、1个H零件(手柄)和2个M零件(滚子)构成;每个E零件要消耗20kg钢材J,每个G零件要消耗5kg钢材K。图7-8中方框里字母后括号中的数字表示单位上层元件包含的该元件的数量,如B(1)表示1个N产品中包含1个B,J(20kg)表示1个E零件要消耗20kg材料J。

图7-8中L表示加工、装配或采购所花的时间,称为提前期(lead time)。它相当于通常所说的加工周期、装配周期或订货周期。如L_A=1周,说明产品A从开始装配到完成装配需要1周时间;L_G=2周,说明零件G从开始加工到完成加工需要两周时间;L_K=3周,说明采购钢材K从订货到到货需3周时间。

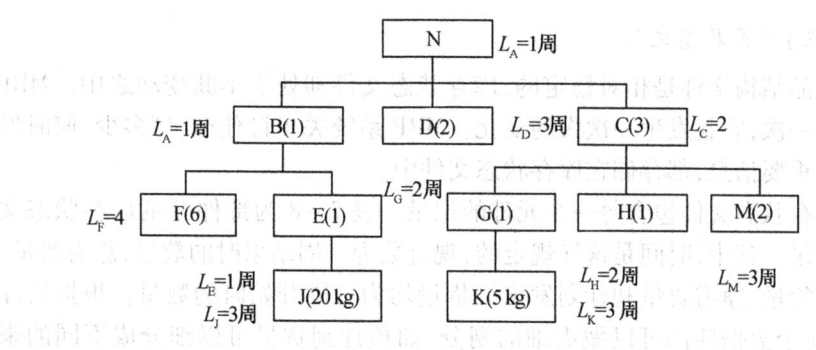

图 7-8 三抽屉文件柜结构树

为使树形图具有一般性，另绘一幅产品 A 的结构树，如图 7-9 所示。

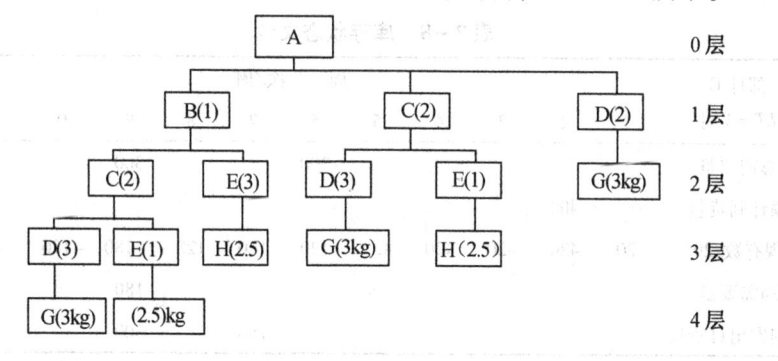

图 7-9 A 产品结构树

由图 7-9 可以发现，相同的元件出现在不同的层次上。如元件 E，既出现在第 2 层，又出现在第 3 层，这固然可以清楚地表示各个不同的生产阶段，但也给计算机处理带来了麻烦。为了便于计算机处理，凡是遇到同一元件出现在不同层次上的情况，取其最低层次号，作为该元件的低层码。图 7-9 所示的产品结构树可以变成如图 7-10 所示的产品结构树。按照改进的产品结构树，可以从上到下逐层分解，每一元件只需检索一次，节省了计算机的运行时间。

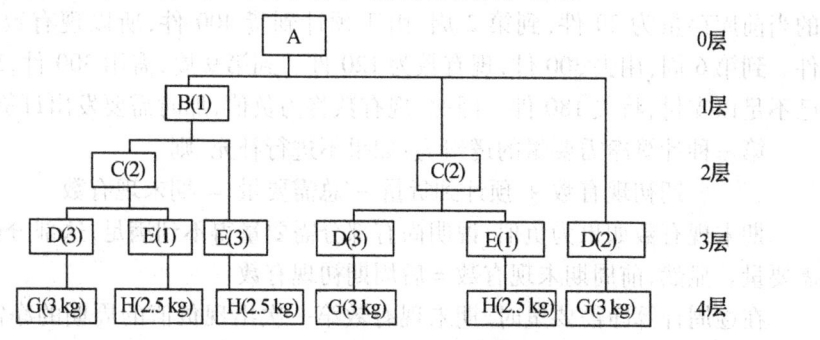

图 7-10 调整后的 A 产品结构树

(三) 库存状态文件

产品结构文件是相对稳定的,库存状态文件却处于不断变动之中。MRP 每运行一次,它就发生一次大的变化。MRP 系统关于订什么、订多少、何时发出货等重要信息,都存储在库存状态文件中。

库存状态文件包含每一个元件的记录。表 7-8 为部件 C 的库存状态文件的记录。其中,时间是这样规定的:现有数为一周结束时的数量,总需要量、预计到货量、净需要量和计划发出订货量均为一周开始时的数量。根据实际需要,每个数据项都可以做更细的划分,如预计到货量可以细分成不同的来源,现有数可以按不同的库房列出。

表 7-8 库存状态文件

部件 C LT = 2 周	1	2	3	4	5	6	7	8	9	10	11
总需要量						300			300		300
预计到货量		400									
现有数/20	20	420	420	420	420	120	120	120	-180	-180	-480
净需要量									180		300
计划发出订货量							180		300		

总需要量是由上层元件的计划发出订货量决定的。在本例中,A 产品在第 6 周、第 9 周和第 11 周的开始装配数量各为 150 台,一台 A 包含 2 个 C,则对 C 的总需要量各为 300 件。

预计到货量为已发出的订货或开始生产的元件的预计到货或预计完成的数量。本例中,将在第 2 周得到 400 件元件 C。

现有数为相应时间的当前库存量。对于本例,在定计划的时候,元件 C 的当前库存量为 20 件,到第 2 周,由于预计到货 400 件,所以现有数为 420 件。到第 6 周,用去 300 件,现有数为 120 件。到第 9 周,需用 300 件,现有数已不足以支付,将欠 180 件。因此,现有数将为负值,那时需要发出订货。

第一种计算净需要量的逻辑为为:如果不进行补充,则

$$期初现有数 + 预计到货量 - 总需要量 = 期末现有数 \quad (7.1)$$

期末现有数如果为负值,说明尚有部分需要量得不到满足,这部分就是净需要量。显然,前周期末现有数 = 后周期初现有数。

在逐周计算净需要量时,期末现有数第一次出现负值的周期的净需要量就等于该周期末现有数的绝对值,随后各周的净需要量为前后周现有数的差。

各周期末负值现有数的绝对值,表示累计的净需要量。

计算过程见表7-9。

表7-9 净需要量的计算(第一种方式)

周次/周	期初现有数	预计到货量	总需要量	期末现有数
1	20	0	0	20
2	20	400	0	420
3	420	0	0	420
4	420	0	0	420
5	420	0	0	420
6	420	0	300	120
7	120	0	0	120
8	120	0	0	120
9	120	0	300	-180
10	-180	0	0	-180
11	-180	0	300	-180

第二种计算净需要量的逻辑为

$$总需要量 - 预计到货量 - 期初现有数 = 净需要量 \qquad (7.2)$$

现有数应为计划期开始时的现有库存数。当计算结果为负值时,净需要量为零。

上例的计算过程如表7-10所示其中部件C的库存状态文件的记录,如表7-11所示。

表7-10 净需要量的计算(第二种方式)

周次	总需要量	预计到货量	期初现有数	结果	净需要量
1	0	0	20	-20	0
2	0	400	20	-420	0
3	0	0	420	-420	0
4	0	0	420	-420	0
5	0	0	420	-420	0
6	300	0	420	-120	0
7	0	0	120	-120	0
8	0	0	120	-120	0
9	300	0	120	180	180
10	0	0	0	0	0
11	300	0	0	300	300

计算结果,第9周对C的净需要量为180件,第11周净需要量为300件。计划发出订货要考虑提前期。第9周需180件,提前期为2周,则第7周必须

开始制造 180 件 C。

两种计算方法的结果是一致的。第二种方法比较直观,第一种方法数据存储效率较高,仅"期末现有数"一行,不仅反映了现有数的状态,而且反映了净需求。

如果考虑安全库存量和经济批量,相应的计算会稍复杂一些。

表7-11 库存状态文件(第二种方式)

部件 C $LT=2$ 周	1	2	3	4	5	周 次 6	7	8	9	10	11
总需要量						300			300		300
预计到货量		400									
现有数/20											
净需要量	0	0	0	0	0	0	0	0	180	300	
计划发出订货量							180		300		

四、物料需求计划的输出

MRP系统可以提供多种不同内容与形式的输出,其中主要的是各种生产和库存控制用的计划和报告。现将主要输出列举如下:

(1)零部件投入出产计划。零部件投入出产计划规定了每个零件和部件的投入数量和投入时间、出产数量和出产时间。

(2)原材料需求计划。规定了每个零件所需的原材料的种类、需要数量及需要时间,并按原材料品种、型号、规格汇总,以便供应部门组织供料。

(3)互转件计划。规定了互转零件的种类、数量、转出车间和转出时间,转入车间和转入时间。

(4)库存状态记录。提供各种零部件、外购件及原材料的库存状态数据随时供查询。

(5)工艺装备机器设备需求计划。提供每种零件不同工序所需的工艺装备和机器设备的编号、种类、数量及需要时间。

(6)计划将要发出的订货。

(7)已发出订货的调整,包括改变交货期,取消和暂停某些订货等。

(8)零部件完工情况统计、外购件及原材料到货情况统计。

(9)对生产及库存费用进行预算的报告。

(10)交货期模拟报告。

(11)优先权计划。

五、物料需求计划实施过程

库存状态数据可以分成两类,一种为库存数据,另一种为需求数据。预计到货量和现有数为库存数据,这些数据要经过检查才能进入系统;总需要量、净需要量和计划发出订货量为需求数据,是由系统计算得出的,只有通过计算才能验证。

进行 MRP 处理的关键是找出上层元件(父项)和下层元件(子项)之间的联系。这种联系就是:按父项的计划发出订货量来计算子项的总需要量,并保持时间上一致。

要提高 MRP 的处理效率,可采用自上向下、逐层处理的方法。按照这种方法,先处理所有产品的 0 层,然后处理第 1 层……一直到最低层,而不是逐台产品自上向下地处理。这样做的好处是每一项目只需检索处理一次,效率较高。为此,需要对每个元素编一个低层码。这有助于逐层处理。

为了具体说明 MRP 的处理过程,以图 7-10 所示的产品为例,逐层计算元件 C 的低层码为 2,计算过程见表 7-12。

表 7-12　MRP 的处理过程

产品项目	提前期	项目	周次										
			1	2	3	4	5	6	7	8	9	10	11
A (0层)	2周	总需要量											
		预计到货量								10			15
		现有数　0	0	0	0	0	0	0	0	−10	−10	−10	−25
		净需要量								10			15
		计划发出订货量						10		15			
B (1层)	1周	总需要量											
		预计到货量	10										
		现有数　2	12	12	12	12	12	2	2	2	−13		
		净需要量									13		
		计划发出订货量							13				
C (2层)	2周	总需要量						20		26	30		
		预计到货量				10							
		现有数　5	5	15	15	15	15	−5	−5	−31	−61		
		净需要量						5		26	30		
		计划发出订货量				5		26	30				

计算过程是自上向下、逐层处理的过程。从 0 层开始,A 产品在第 6 周的计划发出订货量为 10 台,第 9 周为 15 台。0 层处理完毕,再处理第 1 层。第 1 层只有部件 B。由产品结构树形图(见图 7-10)可知,1 台 A 产品包含 1 个

B 部件。于是,对 B 部件的总需要量为第 6 周 10 件,第 9 周 15 件。只有按对 B 部件的总需要量供货,才能保证 A 产品按时装配。经过 B 部件内部平衡计算,得出第 8 周需要发出 13 件 B 部件的订货。第 1 层处理完毕,再处理第 2 层。第 2 层只有组件 C。由产品结构树形图可知,1 台 A 产品包含两个 C 组件,1 个 B 部件也包含两个 C 组件。按 A 产品第 6 周计划发出 10 台订货和第 9 周发出 15 台订货的需求,可计算出 C 组件第 6 周的总需要量为 20 件,第 9 周的总需要量为 30 件;按 B 部件第 8 周计划发出 13 件订货的需求,可计算出 c 组件第 8 周的总需要量为 26 件。按这样的方法继续进行,读者可以处理第 3 层的 D 元件和 E 元件。

在多个产品的情况下,有的元件为几个产品或几个上层元件所共有,有的元件直接提供给顾客(如维修需要的备件)。这样,同一个元件就有多个需求源。在计算该元件的总需要量时就必须考虑多个需求源,如图 7-11 所示。

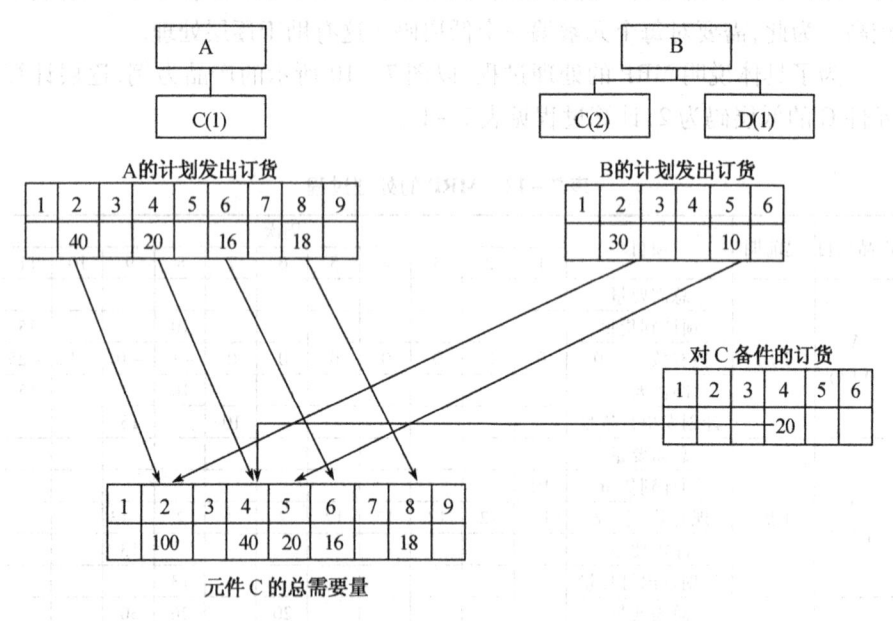

图 7-11 多个需求源下元件 C 总需要量的计算

第八章 生产作业控制

在整个生产计划和控制系统中,生产作业控制是将物料需求计划的结果转变成可执行的作业活动,包括订单的核准、订单的排序、订单的调度、等候线的管理和车间的控制等。在执行订单的过程中,还必须对执行订单中的状态进行跟踪,包括订单的各种例外报告,以保证订单按期按量完成。

第一节 生产作业控制概述

一、生产作业控制的内容和功能

生产作业控制的本质是将实际生产完成情况与计划标准进行比较,根据偏差状况对生产作业进行不同程度的实时修改与调整,保证生产计划的完成。这个过程可用图 8-1 来表示。

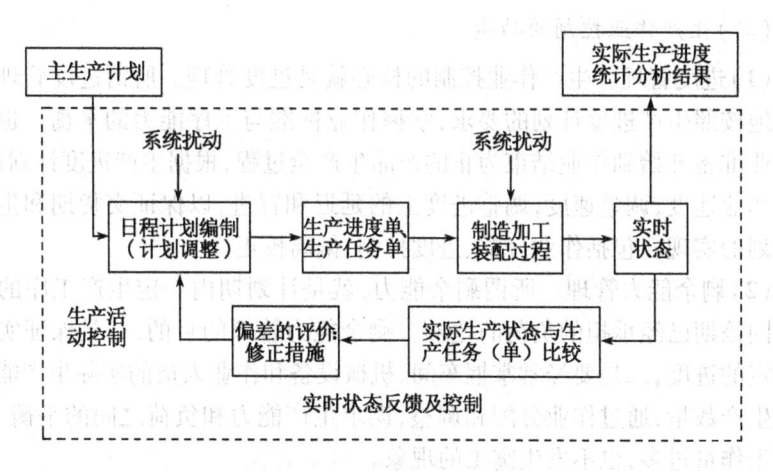

图 8-1 生产作业控制的一般过程

生产活动是根据生产计划大纲和生产作业计划安排进行的,但是由于生产过程的随机性、信息的不完备性、生产计划工作本身的半结构化或非结构化性质以及计划方法的不完备性等,使得实际生产实施过程不能完全按计划进行。其具体原因可归纳为以下几个方面:①缺乏完善的生产预测方法来适应未来市场的需求,因此企业的生产计划制定的基础本身并不可靠;②生产计划和作业计划所使用的工时数据,如调整时间和加工时间等,都是标准数据,在实际执行中总是存在差别;③在生产的实施阶段常会出现预料不到的情况,如生产设备的损坏、工人缺勤、原材料供应不及时等;④加工过程中出现次品、废品。

生产计划和控制是整个生产活动的中心。计划的功能在于预先安排各项活动的内容。而生产控制是根据各项活动过程的反馈信息,通过对生产系统状态的评价,确定调节各项活动的内容,确保计划目标的实现。

(一)生产作业控制的主要内容

生产作业控制(production activity control, PAC)是 MRP Ⅱ 中执行层次的生产管理,它是在企业生产目标的指导下,根据主生产计划编制的产品生产计划、物料需求计划和能力需求计划产生的零部件生产计划,对车间生产的有关事务进行运作管理和分析控制。

(1)确定工艺流程,这是生产作业控制的起点和基础;

(2)安排生产进度计划,这是生产作业控制的前提;

(3)下达生产指令,这是生产作业控制的重要手段;

(4)生产进度控制,这是生产作业控制成败的关键。

(二)生产作业控制的功能

(1)进度管理。生产作业控制的核心就是进度管理。所谓进度管理就是严格地按照生产进度计划的要求,掌握作业标准与工序能力的平衡。也就是从作业准备开始到作业结束为止的产品生产全过程,根据生产进度计划规定,掌握作业速度,调整速度,调整进度上的延迟和冒进,以保证交货期和生产进度计划的实现。包括作业分配、进度控制、偏离校正。

(2)剩余能力管理。所谓剩余能力,就是计划期内一定生产工序的生产能力同该期已经承担的负荷的差额。剩余能力管理的目的,一是保证实现计划规定的进度;二是要经常掌握车间、机械设备和作业人员的实际生产能力和实际生产数量,通过作业分配和调整,谋求生产能力和负荷之间的平衡,做到既不工作量过多,也不发生窝工的现象。

(3)实物管理。就是对物质材料、在制品和成品,明确其任一时间点的所在位置和数量的管理。在实物管理中,搞好在制品管理与搬运管理,又是实现生产有效控制的首要环节。

(4)信息管理企业是由管理部门利用"人流"、"物流"、"资金流"和"信息流"来组织生产的。所谓信息管理就是根据生产的实际需要,按照逻辑的形式对生产过程中的各种信息进行分类、收集和处理,制定传输的路线和有关责任制度,以保证信息畅通、反馈准确、处理及时、控制有效。

二、生产作业控制的基本架构和目标

(一)基本架构

车间作业控制活动是物料需求计划的执行层次,包括订单的排序,等候线的管理、输入/输出的控制、订单的调度、生产活动的控制及反馈等。其结果要反馈至物料需求计划及细能力计划层次,以保证物料需求计划和细能力计划的可行。

车间作业控制的基本架构如图8-2所示。

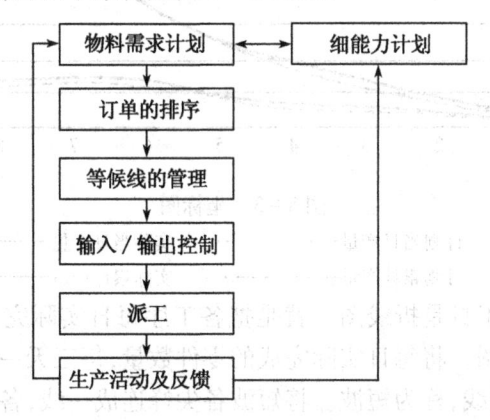

图8-2 车间作业计划与控制的架构

(二)目标

生产控制是以生产计划和作业计划为依据,检查、落实计划执行的情况,发现偏差即采取纠正措施,保证实现各项计划目标。通过进行车间作业控制,可以使企业实现如下目标:

(1)满足交货期要求;
(2)使在制品库存最小;
(3)使平均流程时间最短;
(4)提供准确的作业状态信息;
(5)提高机器/人工的利用率;
(6)减少调整准备时间;
(7)使生产和人工成本最低。

三、生产作业控制的方法

(一) 生产进度控制

生产进度控制的主要任务,是按照预先制定的作业计划,检查各种零部件的投入和出产时间、数量以及配套性,保证产品准时装配出厂。通常利用坐标图(见图8-3)、条形图(见图8-4)和倾向分析等工具进行管理和控制。

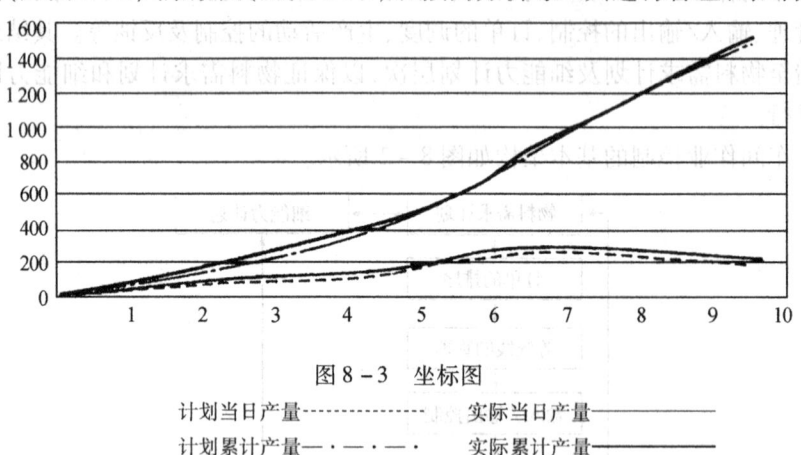

图 8-3 坐标图

计划当日产量 ················ 实际当日产量 ——————
计划累计产量 —·—·— 实际累计产量 ——————

倾向分析的工具是折线图。就是把各工序每日实际完成的数量,按时间序列绘制成坐标图。将每日实际完成的零件数量,每三天一平均,得到若干平均值,连成一条曲线,称为短波。将短波各尖峰连成一线,各谷底另连成一线。在两条外覆线的中间绘一曲线,称为中波。这就是倾向线。

实施生产进度控制应做好以下几个方面。

1. 投入进度控制

投入进度控制是指对产品开始投入的日期、数量、品种进行控制,以便符合计划要求。它还包括检查各个生产环节、各种原材料、毛坯、零部件是否按标准提前投入,设备、人力、技术措施等项目的投入,生产是否符合计划日期。

由于企业的生产类型不同,投入进度控制的方法大致可分为以下几种:

(1) 大量大批生产投入进度控制。可根据投产指令、投料单、投料进度表、投产日报等进行控制。

(2) 成批和单件投入进度控制。成批和单件生产的投入进度控制比大量大批生产投入进度控制复杂。一方面要控制投入的品种、批量和成套性;另一方面要控制投入提前期,可利用投产计划表、配套计划表、加工线路单等工具。

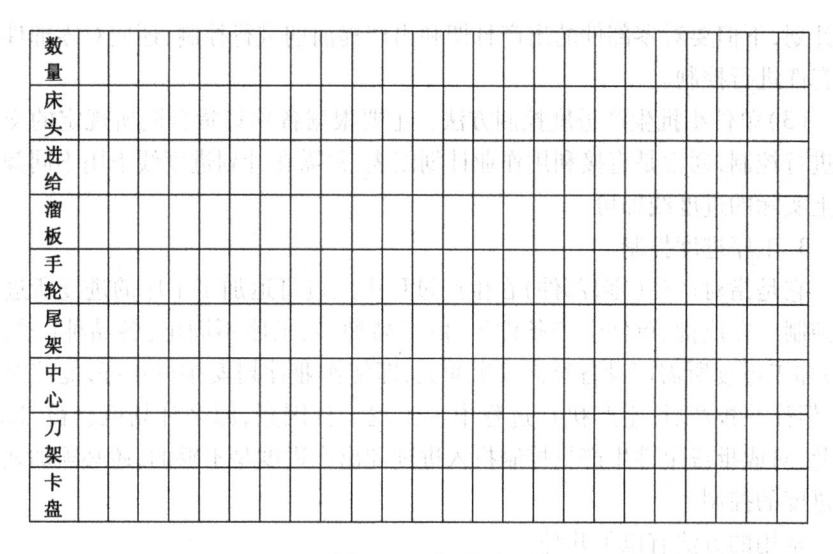

数量														
床头														
进给														
溜板														
手轮														
尾架														
中心														
刀架														
卡盘														

图8-4 条形图

2. 出产进度控制

出产进度控制是指对产品(或零部件)的出产日期、出产提前期、出产量、出产均衡性和成套性的控制。出产进度控制，是保证按时、按量完成计划，保证生产过程各个环节之间的紧密衔接、各零部件出产成套和均衡生产的有效手段。出产进度的控制，通常是把计划进度同实际出产进度同列在一张表上进行比较来控制。而不同的生产类型有各不相同的控制方法。

(1)大量生产出产进度控制方法。主要用生产日报(班组的生产记录班组和车间的生产统计日报等)同出产日历进度计划表进行比较，来控制每日出产进度、累计出产进度和一定时间内生产均衡程度。在大量生产条件下，投入和出产的控制往往是分不开的，计划与实际、投入与出产均反映在同一张投入、出产日历进度表上，它既是计划表，又是企业核算表和投入、出产进度控制表。对生产均衡程度的控制，主要利用年、月均衡率和旬均衡率。

(2)成批生产出产进度控制方法。主要是根据零件轮番标准生产计划、出产提前期、零部件日历进度表、零部件成套进度表和成批出产日历装配进度表等来进行控制。

对零部件成批出产日期和出产前期的控制，可直接利用月度生产作业计划进度表，只要在月度作业计划的"实际"栏中逐日填写完成的数量，就可以清楚地看出实际产量与计划产量及计划进度的比较情况，如果计划进度采用甘特条形图形式，即可直接在计划任务线下画出实际完成线。

在成批生产条件下，对零部件出产成套性的控制，可直接利用月度生产作业计划,不但要对零部件的出产日期和出产提前期进行控制,还应对零部件的成套性进行控制。

(3)单件小批生产进度控制方法。主要根据各项订货合同所规定的交货期进行控制,通常是直接利用作业计划图表,只需在计划进度线下用不同颜色画上实际的进度线即可。

3. 工序进度控制

它是指对产品(零、部件)在生产过程中经过每道加工工序的进度所进行的控制。在成批、单件生产条件下,由于品种多、工序不固定,各品种(零、部件)加工进度所需用设备经常发生冲突,即使作业计划安排得很好,能按时投产,但往往投产后,生产执行过程中一出现干扰因素,原来计划就会被打乱。因此,对成批或单件生产只控制投入进度和出产进度是不够的,还必须加强工序进度的控制。

常用的方法有以下几种:

(1)按加工路线单经过的工序顺序进行控制。由车间、班组将加工路线单进行登记后,按加工路线单的工序进度及时派工,遇到某工序加工迟缓时,要立即查明原因,采取措施解决问题,以保证按时按工序顺序加工。

(2)按单工序工票进行控制。按零、部件加工顺序的每一工序开一工序票交给操作者进行加工,完成后将工序票交回,再派工时又开一工序票通知加工。用此办法进行控制。

(3)跨车间工序进度控制。对于零、部件有跨车间加工时,须加强跨车间工序的进度控制。控制的主要方法是明确协作车间分工及交付时间,由零、部件加工主要车间负责到底。主要车间要建立健全零件台账,及时登记进账,按加工顺序派工生产;协作车间要认真填写"协作单",并将协作单号及加工工序、送出时间一一标注在加工路线单上,待外协加工完毕,"协作单"连同零件送回时,主要车间要在"协作单"上签收,双方各留一联作为记账的原始凭证。

(二)生产均衡性控制

按照生产的均衡性,不仅要求企业按时完成任务,而且要求企业每个生产环节和每种产品都能按日、按旬、按月完成生产任务,即实现均衡生产。

(三)生产成套性控制

对于加工装配式企业来说,生产进度控制的另一个重要任务,就是保证零件出厂的成套性。加工一装配式企业生产的产品是由许多零部件组装而成的,只有保证成套出产各种零部件,才能按计划使整机产品装配出厂。这种控制模式包括成套性投料控制和成套性出产控制。

四、影响因素

生产计划制订后,将生产订单以加工单形式下达到车间,加工单最后发到工作中心。对于物料或零组件来讲,有的经过单个工作中心,有的经过两个工作中心,有的甚至可能经过3个或3个以上的工作中心,经过的工作中心复杂程度不一,直接决定了作业计划和控制的难易程度的不同。这种影响因素还有很多,在作业计划和控制过程中,通常要综合考虑下列因素的影响:①作业到达的方式;②车间内机器的数量;③车间拥有的人力资源;④作业移动方式;⑤作业的工艺路线;⑥作业在各个工作中心上的加工时间和准备时间;⑦作业的交货期;⑧批量的大小;⑨不同的调度准则及评价目标。

五、生产作业计划与控制内容

车间作业计划和控制主要来自于车间计划文件和控制文件。计划文件主要包括:①项目主文件,用来记录全部有关零件的信息;②工艺路线文件,用来记录生产零件的加工顺序;③工作中心文件,用来记录工作中心的数据。其中控制文件主要有:①车间任务主文件,为每个生产中的任务提供一条记录;②车间任务详细文件——记载完成每个车间任务所需的工序;③从工作人员得到的信息。除了了解车间作业计划和控制的内容外,还要对相关的因素有一个了解,下面对一些常用术语做简单的介绍。

(一)加工单

加工单,有时候也称车间订单。它是一种面向加工作业说明物料需求计划的文件,可以跨车间甚至厂际协作使用。加工单的格式同工艺路线报表相似,加工单要反映出:需要经过哪些加工工序(工艺路线),需要什么工具、材料、能力和提前期如何。加工单的形成,首先必须确定工具、材料、能力和提前期的可用性,其次要解决工具、材料、能力和提前期可能出现的短缺问题。加工单形成后要下达,同时发放工具、材料和任务的有关文件给车间。

(二)派工单

派工单,有时也称调度单,是一种面向工作中心说明加工优先级的文件。它说明工作在一周或一个时期内要完成的生产任务。说明哪些工作已经完成或正在排队,应当什么时间开始加工,什么时间完成,加工单的需用日期是哪一天,计划加工时数是多少,完成后又应传给哪道工序。又要说明哪些作业即将到达,什么时间到,从哪里来。有了派工单,车间调度员、工作中心操作员可以对目前和即将到达的任务一目了然。

(三)工作中心的特征和重要性

工作中心是生产车间中的一个单元,在这个单元中,组织生产资源来完成工作。工作中心可以是一台机器、一组机器或完成某一类型工作的一个区域,这些工作中心可以按工艺专业化的一般作业车间组织,或者按产品流程、装配线、成组技术单元结构进行组织。在工艺专业化情况下,作业须按规定路线、在按功能组织的各个工作中心之间移动。作业排序涉及如何决定作业加工顺序,以及分配相应的机器来加工这些作业。一个作业排序系统区别于另一个作业排序系统的特征是:在进行作业排序时是如何考虑生产能力的。

(四)有限负荷方法和无限负荷方法

无限负荷方法指的是当将工作分配给一个工作中心时,只考虑它需要多少时间,而不直接考虑完成这项工作所需的资源是否有足够的能力,也不考虑在该工作中,每个资源完成这项工作时的实际顺序。通常仅检查一下关键资源,大体上看看其是否超负荷,它可以根据各种作业顺序下的调整和加工时间标准所计算出的一段时间内所需的工作量来判定。

有限负荷方法是用每一订单所需的调整时间和运行时间对每一种资源详细地制订计划。提前期是将期望作业时间(调整和运行时间)加上运输材料和等待订单执行而引起的期望排队延期时间,进行估算而得到的。从理论上讲,当运用有限负荷时,所有的计划都是可行的。

(五)前向排序和后向排序

区分作业排序的另一个特征是,基于前向排序还是后向排序。在前向排序和后向排序中,最常用的是前向排序。前向排序指的是系统接受一个订单后,对订单所需作业按从前向后的顺序进行排序,前向排序系统能力告诉我们订单能完成的最早日期。后向排序,是从未来的某个日期(可能是一个约定的交货日期)开始,按从后向前的顺序对所需作业进行排序。后向排序告诉我们,为了按规定日期完成一个作业所必须开工的最晚时间。

六、不同生产类型生产控制的特点

第一章已经对不同生产类型的特征进行了介绍,这里从物料流、库存、设备和工人几个方面进行比较(见表8-1),以利于了解不同生产类型生产控制的特点。

(一)单件小批生产

单件小批生产是为顾客生产特定产品或提供特定服务的。因此,产品品种千差万别,零件种类繁多。每一种零件都有其特定的加工路线,整个物流没有什么主流。各种零件都在不同的机器前面排队等待加工。各个工作地之间的联系不是固定的,有时为了加工某个特定的零件,两个工作地才发生联系,

表8-1 不同生产类型的典型特点

特点	单件小批生产	大量大批生产
零件的流动	没有主要的流动路线	单一的流动路线
瓶颈	经常变动	稳定
设备	通用设备,有柔性	高效专用设备
高速准备费用	低	高
工人操作	多	少
工人工作的范围	宽	窄
工作节奏的控制	由工人自己和工长	由机器和工艺过程
在制品库存	高	低
产品库存存	很少	较高
供应商	经常变化	稳定
编制作业计划	不确定性高,变化大	不确定性低,变化少

该零件加工完成之后,也许再也不会发生什么联系了。这种复杂的情况使得没有任何一个人能够把握如此众多的零件及其加工情况。为此,需要专门的部门来进行控制。

工件的生产提前期可以分成以下5个部分,如图8-5所示。

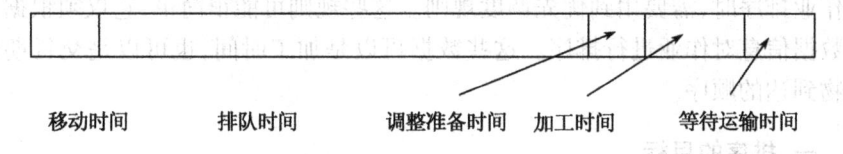

移动时间　排队时间　调整准备时间　加工时间　等待运输时间

图8-5 零件加工提前期的构成

(1)移动时间。为从上道工序加工完成后转送到本工序途中所需时间。这个时间取决于运输工具和运输距离,是相对稳定的。

(2)排队时间。由于本工序有很多工件等待加工,新到的工件都需排队,等待一段时间才能加工。排队时间的变化最大,单个工件的排队时间是优先权 的函数,所有工件的平均排队时间与计划调度的水平有关。

(3)调整准备时间。为加工本工件需做的调整准备所花的时间。它与技术和现场组织管理水平都有关。

(4)加工时间。是按设计和工艺加工,改变物料形态所花的时间。加工时间取决于所采用的加工技术和工人的熟练程度,它与计划调度方法无关。

(5)等待运输时间。加工完毕,等待转下一道工序所花的时间。它与计划调度工作有关。

对于单件小批生产,排队时间是主要的,它占工件加工提前期的80%~95%。排队时间越长,在制品库存就越高。如果能够控制排队时间,也就控制了工件在车间的停留时间。要控制排队时间,实际是控制排队队长的问题。因此。如何控制排队的队长,是生产控制要解决的主要问题。

(二)大量大批生产

大量大批生产的产品是标准化的,通常采用流水线或自动线的组织方式生产。在流水线或自动线上,每个工件的加工顺序都是确定的,工件在加工过程中没有排队现象,没看派工问题,也无优先权问题。因此,控制问题比较简单。主要通过改变工作班次,调整工作时间和工人数来控制产量。但是,在组织混流生产时,由于产品型号、规格、花色的变化,也要加强计划性,使生产均衡。

第二节 生产作业排序

当执行物料需求计划生成的生产订单下达至生产车间后,须将众多不同的工作,按一定顺序安排到机器设备上,以使生产效率最高。在某机器上或某工作中心决定哪个作业首先开始工作的过程,称为排序或优先调度排序,在进行作业排序时,需要用到优先调度规则。这些规则可能很简单,它仅须根据一种数据信息对作业进行排序。这些数据可以是加工时间,也可以是交货期内货物到达的顺序。

一、排序的目标

作业排序的目标是使完成所有工作的总时间最少,也可以是每项作业的流程平均延迟时间最少,或平均流程时间最少。除了总时间最少的目标外,还可以用其他的目标来进行排序。车间作业排序通常要达到以下目标:

(1)满足顾客或下一道作业的交货期;

(2)极小化流程时间(作业在工序中所耗费的时间)

(3)极小化准备时间或成本;

(4)极小化在制品库存;

(5)极大化设备或劳动力的利用。

最后一个目标是有争议的,因为保持所有设备/或员工一直处于繁忙的状态,可能不是在工序中管理生产中最有效的方法。

二、排序问题的分类和表示法

排序问题有不同的分类方法。最常用的分类方法是按机器、工件和目标函数的特征分类。

(1)按机器的种类和数量不同,可以分成单台机器的排序问题和多台机器的排序问题。对于多台机器的排序问题,按工件加工路线的特征,可以分成单件作业(job-shop)排序问题和流水作业(flow-shop)排序问题。工件的加工路线不同,是单件作业排序问题的基本特征;而所有工件的加工路线完全相同,则是流水作业排序问题的基本特征。

(2)按工件到达车间的情况不同,可以分成静态的排序问题和动态的排序问题。当进行排序时,所有工件都已到达,可以一次对它们进行排序,这是静态的排序问题;若工件是陆续到达,要随时安排它们的加工顺序,这动态的排序问题。

(3)按目标函数的性质不同,也可划分不同的排序问题。例如,同是单台机器的排序,目标是使平均流程时间最短和目标是使误期完工工件数最少,实质上是两种不同的排序问题。按目标函数的情况,还可以划分为单目标排序问题与多目标排序问题。以往研究的排序问题,大都属于单目标排序问题,而对多目标排序问题则很少研究。

另外,按参数的性质,可以划分为确定型排序问题与随机型排序问题。所谓确定型排序问题,指加工时间和其他有关参数是已知确定的量;而随机型排序问题的加工时间和有关参数为随机变量。这两种排序问题的解法本质上不同。

由机器、工件和目标函数的不同特征以及其他因素上的差别,构成了多种多样的排序问题。本节只讨论几种有代表性的排序问题。对于本小节要讨论的排序问题,将用康威(Conway)等人提出的方法来表示。这个方法只用4个参数就可以表示大多数不同的排序问题。4参数表示法为:

$$n/m/A/B$$

其中,n——工件数;

m——机器数;

A为车间类型

在A的位置若标以"F",则代表流水作业排序问题。若标以"P"则表示流水作业排序问题。若标以"G",则表示一般单件作业排序问题。当$m=1$,则A处为空白。因为对于单台机器的排序问题来说,无所谓加工路线问题,当然也就谈不上是流水作业还是单件作业的问题了。

B 为目标函数,通常是使其值最小。

有了这 4 个符号,就可以简明地表示不同的排序问题。例如,$n/3/P/C_{max}$ 表示 n 个工件经 3 台机器加工的流水作业排列排序问题,目标函数是使最长完工时间 C_{max} 最短。

三、n 个作业单台工作中心的排序

当 n 个作业全部经由一台机器处理时,属于 n 个作业单台工作中心的排序问题,即 $n/1$ 问题,这里的作业可以理解为到达工作中心的工件。

(一) n 个作业单台工作中心的排序目标如下

(1) 平均流程时间最短。平均流程时间即 n 个作业经由一台机器的平均流程时间。若已排定顺序,则任何一个作业,假设排在第 k 位,其流程时间 $F_k = \sum_{i=1}^{k} p_i$,其中 p_i 表示作业 i 的加工时间;总的流程时间为 $\sum_{k=1}^{n} F_k$,全部作业平均流程时间为

$$\overline{F} = \frac{\sum_{k=1}^{n} F_k}{n} = \frac{\sum_{k=1}^{n}\sum_{i=1}^{n} p_i}{n} = \frac{\sum_{i=1}^{n}(n-i+1)p_i}{n} \tag{8.1}$$

相应的目标函数为,即式(8.1)中的分子最小,故式(8.2)可以写为

$$\min[np_1 + (n-1)p_2 + (n-2)p_3 + \cdots + 2p_{n-1} + p_n] \tag{8.2}$$

(2) 最大延迟时间、总延迟时间(或平均延迟时间)最小。单个工作中心的延期时间为 T_i,如果以最大延迟时间为最小,则其目标函数为

$$\min T_{max} = \max\{T_i\} \quad (i = 1, 2, \cdots, n)$$

若以总延迟时间为最小,则目标函数为

$$\min \sum_{i=1}^{n} T_i$$

(二) 排序规则

优先规则通常以定量的数值来描述,常用的排序规则有以下几种。

1. 先到先服务(first come first served,FCFS)

根据按订单到达工作中心的先后顺序来执行加工作业,先来的先进行加工在服务业,与此类似的还有后到先服务(last come first served,LCFS)规则。

2. 最短作业时间(shortest operation time,SOT)

所需加工时间最短的作业首先进行,然后是加工时间第二最短,以此类推,即按照作业时间的反向顺序来安排订单。有的也将 SOT 规则称为最短加工时间(shortest processing time,SPT)规则。

3. 剩余松弛时间(slack time remained,STR)

剩余松弛时间是将在交货期前所剩余的时间减去剩余的总加工时间所得的差值,剩余松弛时间值越小,越有可能拖期,故 STR 最短的任务应最先进行加工。

4. 每个作业的剩余松弛时间(STR/OP)

STR 是剩余松弛时间,OP 表示作业的数量,则 STR/OP 表示平均每个作业的剩余时间,这种规则不常用,因为该规则计算的每个作业剩余松弛时间只是一个平均的松弛时间,而每个作业的剩余松弛时间应该是不同的。

5. 最早到期日(earliest due date,EDD)

根据订单交期的先后顺序来安排订单,即交货期最早则应最早加工,将交货期最早的作业放在第一个进行。这种方法在作业时间相同时往往效果非常好。

6. 紧迫系数(critical ratio,CR)

紧迫系数是用交货期减去当前日期的差值除以剩余的工作日数,即

$$CR = \frac{到期日 - 现在日期}{正常制造所剩余的提前期} \quad (8.3)$$

CR 的值有如下几种情况:

(1) CR = 负值,说明已经脱期;

(2) CR = 1,说明剩余时间刚好够用;

(3) CR > 1,说明剩余时间有富裕;

(4) CR < 1,说明剩余时间不够。

需要说明的是,当一个作业完成后,其余作业的 CR 值会有变化,应随时调整紧迫系数越小,其优先级越高,故紧迫系数最小的任务先进行加工。

7. 最少作业数(fewest operations, FO)

根据剩余作业数来优先安排订单,该规则的逻辑是:较少的作业意味着有较少的等待时间,该规则的平均在制品少,制造提前期和平均延迟时间均较少。

8. 后到先服务

该规则经常作为缺省规则使用。因为后来的工单放在先来的上面,操作人员通常是先加工上面的工单。

上述排序的规则适用于若干作业在一个工作中心上的排序,这类问题被称为"n 个作业——单台工作中心的问题"或"$n/1$ 问题",理论上,排序问题的难度随着工作中心数量的增加而增大,而不是随着作业数量的增加而增大,对 n 的约束是,它必须是确定的有限的数。下面以例 8-1 说明上述的排序规则。

例 8.1 现有 5 个订单需要在一台机器上加工，5 个订单到达的顺序为 A，B，C，D，E，相关的数据见表 8-2。

表 8-2 5 个订单的原始数据

订单	交货期/d	加工时间/d	剩余的制造提前期/d	作业数
A	7	1	5	5
B	5	2.5	6	3
C	6	4.5	6	4
D	8	5	7	2
E	9	2	11	1

分析：分别采用先到先服务规则、最短作业时间规则、最早到期日规则、剩余松弛时间规则、每个作业的剩余松弛时间规则、紧迫系数规则、最少作业数规则进行排序，并对排序的结果进行比较分析。

（1）先到先服务。订单按照到达的先后顺序决定顺序，到达的顺序为 A，B，C，D，E，则总的流程时间为 $1+3.5+8+13+15=40.5(d)$，平均流程时间 $=40.5/5=8.1(d)$，计算结果见表 8-3。

表 8-3 先到先服务的计算结果

订单	交货期/d	加工时间/d	作业数	流程时间/d	延迟时间/d
A	7	1	5	0+1=1	-6
B	5	2.5	3	1+2.5=3.5	-1.5
C	6	4.5	4	3.5+4.5=8	2
D	8	5	2	8+5=13	4
E	9	2	1	13+2=15	6

将每个订单的交货日期与其流程时间相比较，发现只有 A 和 B 订单能按时交货。订单 C，D 和 E 将会延期交货，表中延迟时间为负的表示不会延迟，3 个订单的延期时间分别为 2d，4d 和 6d。总的延迟时间为 $2+4+6=12(d)$，每个订单平均延迟时间为 $12/5=2.4(d)$。

（2）最短作业时间。订单加工顺序为：A，E，B，C，D。总的流程时间为：$1+3+5.5+10+15=34.5(d)$。平均流程时间为 $34.5/5=6.9(d)$。A 和 E 将准时完成，订单 B，C 和 D 将延迟，延迟时间分别是 0.5d，4d 和 7d。总的延迟时间为 $0+0+0.5+4+7=11.5(d)$，每个订单平均延迟时间为 $11.5/5=2.3(d)$。计算结果见表 8-4。

(3)最早到期日。订单加工顺序为:B,C,A,D,E。只有订单B按期完成。总的流程时间为2.5+7+8+13+15=45.5(d),平均每个订单流程时间为45.5/5=9.1(d)。订单B按期完成,订单C,A,D和E将延迟,延迟时间分别为1d,1d,5d和6d。总的延迟时间为0+1+1+5+6=13(d),平均延迟时间为13/5=2.6(d)。计算结果见表8-5。

表8-4 最短作业时间的计算结果

订单	交货期/d	加工时间/d	作业数	流程时间/d	延迟时间/d
A	7	1	5	0+1=1	-6
B	5	2.5	3	3+2.5=5.5	0.5
C	6	4.5	4	5.5+4.5=10	4
D	8	5	2	10+5=15	7
E	9	2	1	1+2=3	-6

表8-5 最早到期目的计算结果

订单	交货期/d	加工时间/d	作业数	流程时间/d	延迟时间/d
B	5	2.5	3	0+2.5=2.5	-2.5
C	6	4.5	4	2.5+4.5=7	1
A	7	1	5	7+1=8	1
D	8	5	2	8+5=13	5
E	9	2	1	13+2=15	6

(4)剩余松弛时间。订单加工顺序为:C,B,D,A,E。只有订单C按期完成,总的流程时间为:4.5+7+12+13+15=51.5(d),平均每个订单流程时间为:51.5/5=10.3(d)。订单B,D,A和E将延迟,延迟时间分别为2,4,和6d。总的延迟时间为0+2+4+6+6=18(d),平均延迟时间为18/5=3.6(d)。计算结果见表8-6。

表8-6 剩余松弛时间的计算结果

订单顺序	交货期/d	加工时间/d	松弛时间/d	流程时间/d	延迟时间/d
C	6	4.5	1.5	4.5+0=4.5	-1.5
B	5	2.5	2.5	4.5+2.5=7	2
D	8	5	3	7+5=12	4
A	7	1	6	12+1=13	6
E	9	2	7	13+2=15	6

(5) 每个作业的剩余松弛时间。订单加工顺序为：C,D,A,B,E。只有订单 C 按期完成，总的流程时间为：4.5 + 7 + 8 + 13 + 15 = 47.5(d)，平均每个订单流程时间为：47.5/5 = 9.5(d)。订单 B,A,D 和 E 将延迟，延迟时间分别为 2,1,5 和 6d。总的延迟时间为 0 + 2 + 1 + 5 + 6 = 14(d)，平均延迟时间为 14/5 = 2.8(d)。计算结果如表 8 – 7 所列。

表 8 – 7 每个作业剩余松弛时间的计算结果

订单顺序	加工时间/d	交货期/d	作业数	松弛时间/d	每个作业剩余松弛时间/d	流程时间/d	延迟时间/d
C	4.5	6	4	1.5	0.375	4.5 + 0 = 4.5	-1.5
B	2.5	5	3	2.5	0.83	4.5 + 2.5 = 7	2
A	1	7	5	6	1.2	7 + 1 = 8	1
D	5	8	2	3	1.5	8 + 5 = 13	5
E	2	9	1	7	7	13 + 2 = 15	6

(6) 紧迫系数。订单顺序为 E,B,C,D,A。总的流程时间为 2 + 4.5 + 9 + 14 + 15 = 44.5(d)，平均每个订单的流程时间为 44.5/5 = 8.9(d)。订单 E 和 B 能按期完成，订单 C,D 和 A 的延期时间分别为 3d,6d 和 8d，总的延迟时间为 0 + 0 + 3 + 6 + 8 = 17(d)，平均延迟时间为 17/5 = 3.4(d)。计算结果见表 8 – 8。

表 8 – 8 紧迫系数计算结果

订单顺序	交货期/d	加工时间/d	剩余的制造提前期/d	紧迫系数	流程时间/d	延迟时间/d
E	9	2	11	0.82	0 + 2 = 2	-7
B	5	2.5	6	0.83	2 + 2.5 = 4.5	-0.5
C	6	4.5	6	1.00	4.5 + 4.5 = 9	3
D	8	5	7	1.14	9 + 5 = 14	6
A	7	1	5	1.40	14 + 1 = 15	8

(7) 最少作业数。订单加工顺序为：E,D,B,C,A。只有订单 E 和 D 能按期完成，总的流程时间为：2 + 7 + 9.5 + 14 + 15 = 47.5(d)，平均每个订单流程时间为：47.5/5 = 9.5(d)。订单 B,C,A 将延迟，延迟时间分别为 4.5d,8.8d，总的延迟时间为 0 + 0 + 4.5 + 8 + 8 = 20.5(d)，平均延迟时间为 20.5/5 = 4.1

(d) 计算结果见表 8-9。

表 8-9 最少作业数计算结果

订单顺序	交货期 /d	加工时间 /d	剩余的制造提前期/d	紧迫系数	流程时间 /d	延迟时间 /d
E	2	9	1	0+2=2	-7	E
D	5	8	2	2+5=7	-1	D
B	2.5	5	3	7+2.5=9.5	4.5	B
C	4.5	6	4	9.5+4.5=14	8	C
A	1	7	5	14+1=15	8	A

上述七大规则的排序结果总结如表 8-10 所列。

表 8-10 几种排序结果的对比

排序规则	订单顺序	平均流程时间/d	平均延迟时间/d
LCLS	A,B,C,D,E	8.1	2.4
SOT	A,E,B,C,D	6.9	2.3
EDD	B,C,A,D,E	9.1	2.6
STR	C,B,D,A,E	10.3	3.6
STR/OP	C,D,A,B,E	9.5	2.8
CR	E,B,C,D,A	8.9	3.4
FO	E,D,B,C,A	9.5	4.1

由表 8-10 可知,采用最短作业时间规则进行排序所获得的结果最好。对于"n/1"排序问题,无论是采用本范例中的评价指标还是采用如等待时间最小等其他指标,最短作业时间都能获得最佳的方案,所以,该规则被称为"在整个排序学科中最重要的概念"。

当然,最终采取什么样的排序方式,将取决于决策部门的目标是什么,通常的目标有:满足顾客或下一道工序作业的交货期;平均延迟的订单数最少;极小化流程时间(作业在工序中所耗费的时间);极小化在制品库存;延迟时间极小化;极小化设备和工人的闲置时间。这些目标也不是绝对的,因为有的订单可能强调交货期,而有的订单可能对交货期的要求不高,有的则可能强调设订的利用率等。完成这些排序的目标,还必须取决于设备及人员的柔性.而获得这种柔性则与作业方法的改善,设施规划,缩短作业交换期,员工的多能工的训练,制造单元技术,群组技术等相关。

四、最长流程时间 F_{max} 的计算

本节所讨论的 $n/m/p/F_{max}$ 问题,目标函数是使最长流程时间最短。最长

流程时间又称作加工周期,它是从第一个工件在第一台机器开始加工时算起,到最后一个工件在最后一台机器上完成加工时为止所经过的时间。由于假设所有工件的到达时间都为零($r_i = 0, i = 1, 2, \cdots, n$),所以 F_{max} 等于排在末位加工的工件在车间的停留时间,也等于一批工件的最长完工时间 C_{max}。

设 n 个工件的加工顺序为 $S = (S_1, S_2, \cdots, S_n)$,其中 S_i 为排第 i 位加工的工件的代号。以 C_{ksi} 表示工件 S_i 在机器 M_k 上的完工时间,P_{sik} 表工件 S_i 在 M_k 上的加工时间,$k = 1, 2, \cdots, m; i = 1, 2, \cdots, n$,则 C_{ksi} 可按以下公式计算:

$$C_{1si} = C_{1si-1} + p_{si1} \tag{8.4}$$

$k = 2, 3, \cdots, m; i = 1, 2, \cdots, n$。

当 $r_i = 0, i = 1, 2, \cdots, n$ 时,

$$F_{max} = C_{msn} \tag{8.5}$$

式(8.4)是一个递推公式。当由式(8-4)得出 C_{msn} 时,F_{max} 就求得了。

在熟悉以上计算公式之后,可直接在加工时间矩阵上从左向右计算完工时间。下面以一例说明之。

例 8.2 有一个 $6/4/p/F_{max}$ 问题,其加工时间如表 8-11 所示。当按顺序 $S = (6, 1, 5, 2, 4, 3)$ 加工时,求 F_{max}。

表 8-11 加工时间矩阵

i	1	2	3	4	5	6
P_{i1}	4	2	3	1	4	2
P_{i2}	4	5	6	7	4	5
P_{i3}	5	8	7	5	5	5
P_{i4}	4	2	4	3	3	1

解:按顺序 $S = (6, 1, 5, 2, 4, 3)$ 列出加工时间矩阵,见表 8-12。按式(8-4)进行递推,将每个工件的完工时间标在其加工时间的右上角。对于第一行第一列,只需把加工时间的数值作为完工时间标在加工时间的右上角。对于第一行的其他元素,只需从左到右依次将前一列右上角的数字加上计算列的加工时间,将结果填在计算列加工时间的右上角。对于从第二行到第 m 行,第一列的算法相同。只要把上一行右上角的数字和本行的加工时间相加,将结果填在本行加工时间的右上角;从第 2 列到第 n 列,则要从本行前一列右上角和本列上一行的右上角数字中取大者,再和本列加工时间相加,将结果填在本列加工时间的右上角。这样计算下去,最后一行的最后一列右上角数字,即为 C_{msn},也是 F_{max}。计算结果见表 8-12。本例 $F_{max} = 46$。

表 8-12 顺序 S 下的加工时间矩阵

i	6	1	5	2	4	3
P_{i1}	2^2	4^6	4^{10}	2^{12}	1^{13}	3^{16}
P_{i2}	5^7	4^{11}	4^{15}	5^{20}	7^{27}	6^{33}
P_{i3}	5^{12}	5^{17}	5^{22}	8^{30}	5^{35}	7^{42}
P_{i4}	1^{13}	4^{21}	3^{25}	2^{32}	3^{38}	4^46

五、$n/2/F/F_{max}$ 问题的最优算法

对于 $n/2/F/F_{max}$ 问题，S·M·约翰森（S. M. Johnson）于 1954 年提出了一个有效算法，那就是著名的 Johnson 算法。为了叙述方便，以 a_i 表示 J_i 在 M_1 上的加工时间，以 b_i 表示 J_i 在 M_2 上的加工时间。每个工件都按 $M_1 \rightarrow M_2$ 的路线加工。Johnson 算法建立在 Johnson 法则的基础之上。Johnson 法则为：如果

$$\min(a_i, b_j) < \min(a_i, a_j) \tag{8.6}$$

则 J_i 应该排在 J_j 之前。如果中间为等号，则工件 i 既可排在工件 j 之前，也可以排在它之后。

按式（8.4）可以确定每两个工件的相对位置，从而可以得到 n 个工件的完整顺序。但是，这样做比较麻烦。事实上，按 Johnson 法则可以得出比较简单的求解步骤，我们称这些步骤为 Johnson 算法。

Johnson 算法：
（1）从加工时间矩阵中找出最短的加工时间。
（2）若最短的加工时间出现在 M_1 上，则对应的工件尽可能往前排；若最短加工时间出现在 M_2 上，则对应工件尽可能往后排。然后，从加工时间矩阵中划去已排序工件的加工时间。若最短加工时间有多个，则任挑一个。
（3）若所有工件都已排序，停止。否则，转步骤（1）。

例 8.3 求表 8-13 所示的 $6/2/F/F_{max}$ 问题的最优解

表 8-13 加工时间矩阵

i	1	2	3	4	5
a_i	5	1	8	5	3
b_i	7	2	2	4	7

解:应用 Jolmson 算法。从加工时向矩阵中找出最短加工时 19 为 1 个时间单位,它出现在 M_1 上。所以,相应的工件(工件 2)应尽可能往前排。即将工件 2 排在第 1 位。划去工件 2 的加工时间。余下加工时间中最小者为 2 它出现在 M_2 上,相应的工件(工件 3)应尽可能往后排,于是排到最后一位。划去工件 3 的加工时间,继续按 Johnson 算法安排余下工件的加工顺序。求解过程可简单表示如下:

将工件 2 排第 1 位　2
将工件 3 排第 6 位　2　　　　　　　　3
将工件 5 排第 2 位　2　5　　　　　　3
将工件 6 排第 3 位　2　5　6　　　　3
将工件 4 排第 5 位　2　5　6　　4　3
将工件 1 排第 4 位　2　5　5　1　4　3

最优加工顺序为 S =(2,5,6,1,4,3)。求得最优顺序下的,$F_{max} = 28$。

我们可以把 Johnson 算法做些改变,改变后的算法按以下步骤进行:

(1) 将所有 $a_i \leq b_i$ 的工件按 a_i 值不减的顺序排成一个序列 A。
(2) 将所有 $a_i > b_i$ 的工件按 b_i 值不增的顺序排成一个序列 B。
(3) 将 A 放到 B 之前,就构成了最优加工顺序。

按改进后的算法对例 8.3 求解,见表 8 - 14。序列 A 为(2,5,6,1),序列 B 为(4,3)构成最优顺序为(2,5,6,1,4,3),与 Johnson 算法结果一致。

表 8 - 14　改进算法

i	1	2	3	4	5	6
a_i	⑤	①	8	5	③	④
b_i	7	2	②	④	7	4
i	2	5	6	1	4	3
a_i	①	③	④	⑤	5	8
b_i	2	7	4	7	④	②

当我们从应用 Johnson 法则求得的最优顺序中任意去掉一些工件时,余下的工件仍构成最优顺序。但是,工件的加工顺序不能颠倒,否则不一定是最优顺序。同时,我们还要指出,Johnson 法则只是一个充分条件,不是必要条件。不符合这个法则的加工顺序,也可能是最优顺序。如对例 8.3 顺序(2,5,6,4,1,3)不符合 Johnson 法则,但它也是一个最优顺序。

六、一般 n/m/P/Fmax 问题的启发式算法

对于 3 台机器的流水车间排序问题,只有几种特殊类型的问题找到了有效算法。对于一般的流水车间排列排序问题,可以用分支定界法。用分支定界法可以保证得到一般 $n/m/P/F_{max}$ 问题的最优解。但对于实际生产中规模较大的问题,计算量相当大,以致连电子计算机也无法求解。同时,还需考虑经济性。如果为了求最优解付出的代价超过了这个最优解所带来的好处,也是不值得的。为了解决生产实际中的排序问题,人们提出了各种启发式算法。启发式算法以小的计算量得到足够好的结果,因而十分实用。下面介绍求一般 $n/m/P/F_{max}$ 问题近优解(near optimal solution)的启发式算法。

(一)Palmer 法

1965 年,D·S·帕尔玛(D. S. Palmer)提出按斜度指标排列工件的启发式算法,称之为 Palmer 法。工件的斜度指标可按下式计算:

$$\lambda_i = \sum_{k=1}^{m} [k - (m+1)/2] p_{ik} \quad k = 1, 2, \cdots, n \tag{8.7}$$

式中:λ、m—— 机器数;

p_{ik}—— 工件 i 在 M_k 上的加工时间。

按照各工件不增的顺序排列工件,可得出令人满意的顺序。

例 8.4 有一个 $4/3/F/F_{max}$ 问题,其加工时间见表 8-5,用 Palmer 法求解。

表 8-15 加工时间矩阵

i	1	2	3	4
P_{i1}	1	2	6	3
P_{i2}	8	4	2	9
P_{i3}	4	5	8	2

解:计算 λ_i

对于本例式(8.7)变成:

$$\lambda_i = \sum_{k=1}^{m} [k - (3+1)/2] p_{ik} \tag{8.8}$$

$$\lambda_i = -P_{i1} + P_{i3}$$
$$\lambda_1 = -P_{11} + P_{13} = -1 + 4 = 3$$
$$\lambda_2 = -P_{21} + P_{23} = -2 + 5 = 3$$
$$\lambda_3 = -P_{31} + P_{33} = -6 + 8 = 2$$

$$\lambda_4 = -P_{41} + P_{43} = -3 + 2 = 1$$

于是按不增的顺序排列工件,得到加工顺序(1,2,3,4)和(2,1,3,4),恰好这两个顺序都是最优顺序。如不是这样,则从中挑选较优者。在最优顺序下 $F_{max} = 28$。

(二) 关键工件法

关键工件法是本书作者1983年提出的一个启发式算法。其步骤如下:

(1) 计算每个工件的总加工时间 $P_i = \sum P_{ij}$,找出加工时间最长的工件 C,将其作为关键工件。

(2) 对于余下的工件,若 $P_{il} \leq P_{im}$,则按 P_{il} 不减的顺序排成一个序列 S_a;若 $P_{il} > P_{im}$,则按 P_{im} 不增的顺序排列成一个序列 S_b。

(3) 顺序 (S_a, C, S_b) 即为所求顺序。

下面用关键工件法求例8-4的近优解。求 P_i,$i = 1,2,3,4$,见表8-16。总加工时间最长的为3号工件,$P_{il} \leq P_{i3}$ 的工件为1和2,按 P_{il} 不减的顺序排成 $S_a = (1,2)$,$P_{il} > P_{i3}$ 的工件为4号工件,$S_b = (4)$。这样得到的加工顺序为 $(1,2,3,4)$,对本例为最优顺序。

表8-16 用关键工件法求解

i	1	2	3	4
P_{i1}	1	2	6	3
P_{i2}	8	4	2	9
P_{i3}	4	5	8	2
P_i	13	11	16	14

七、相同零件、不同移动方式下加工周期的计算

排序问题针对的是不同零件,如果 n 个零件相同,则没有排序问题。但零件在加工过程中采取的移动方式不同,会导致一批零件的加工周期不同。因此,有必要计算零件在不同移动方式下的加工周期。

零件在加工过程中可以采用三种典型的移动方式,即顺序移动、平行移动和平行顺序移动。

(一) 顺序移动方式

一批零件在上道工序全部加工完毕后才整批地转移到下道工序继续加工,这就是顺序移动方式。采用顺序移动方式,一批零件的加工周期 $T_顺$ 为

$$T_顺 = n \sum_{i=1}^{n} t_i \tag{8.9}$$

式中,n 为零件加工批量;t_i 为第 i 工序的单件工序时间;m 为零件加工的工序数。

例8.5 如图 8-6 所示,已知 $n=4$,$t_i=10\text{min}$,$t_2=5\text{min}$,$t_3=15\text{min}$,$t_4=10\text{min}$,则 $t_{顺}=4\times(10+5+15+10)=160\text{min}$。

(二)平行移动方式

每个零件在前道工序加工完毕后,立即转移到后道工序去继续加工,形成前后工序交叉作业。这就是平行移动方式。采用平行移动方式一批零件的加工周期 $T_{平}$ 为

$$T_{平}=\sum_{i=1}^{m}t_i+(n-1)t_L \tag{8.10}$$

式中:t_L——最长的单件工序时间,其余符号同前。

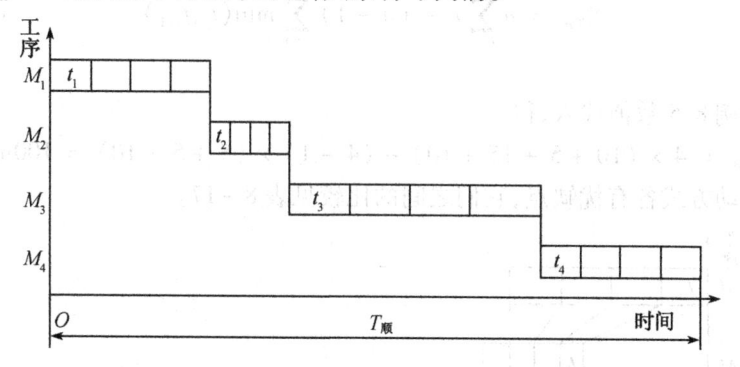

图 8-6 顺序移动方式

将例 8.5 中单件工序时间代入,可求得 $T_{平}$,如图 8-6 所示。

$$T_{平}=(10+5+15+10)+(4-1)\times15=85\text{min}$$

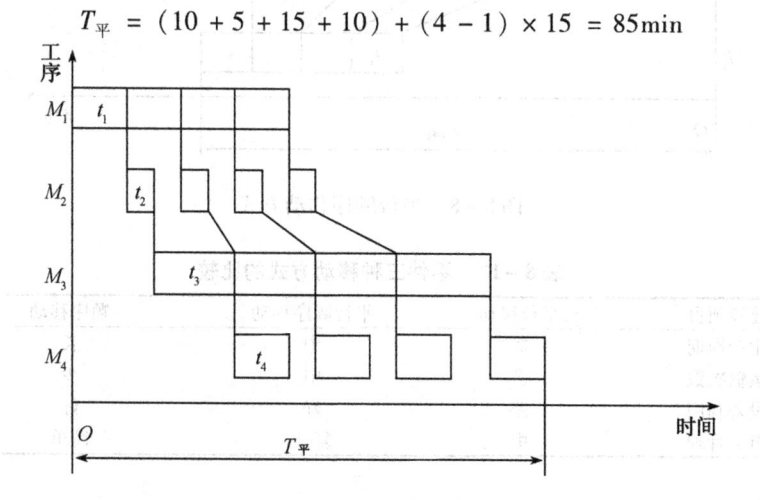

图 8-7 平行移动方式

(三)平行顺序移动方式

顺序移动方式零件运输次数少,设备利用充分,管理简单,但加工周期长;平行移动方式加工周期短,但运输频繁,设备空闲时间多而零碎,不便利用。为了综合两者的优点,可采用平行顺序移动方式。平行顺序移动方式要求每道工序连续进行加工,但又要求各道工序尽可能平行地加工。具体做法是:

(1) 当 $t_i < t_{i+1}$ 时,零件按平行移动方式转移;

(2) 当 $t_i \geq t_{i+1}$ 时,以 i 工序最后一个零件的完工时间为基准,往前推移 $(n-1) \times t_{i+1}$ 作为零件在 $(i+1)$ 工序的开始加工时间。见图 8-8。

采用平行顺序移动方式,一批零件的加工周期 $T_{平顺}$ 为:

$$T_{平顺} = n\sum_{i=1}^{m} t_i - (n-1)\sum_{j=1}^{m-1}\min(t_j, t_{j+1}) \tag{8.11}$$

将例 8.5 数值代入,得

$$T_{平顺} = 4 \times (10 + 5 + 15 + 10) - (4-1) \times (5 + 5 + 10) = 100\,\text{min}$$

三种移动方式各有优缺点,它们之间的比较见表 8-17。

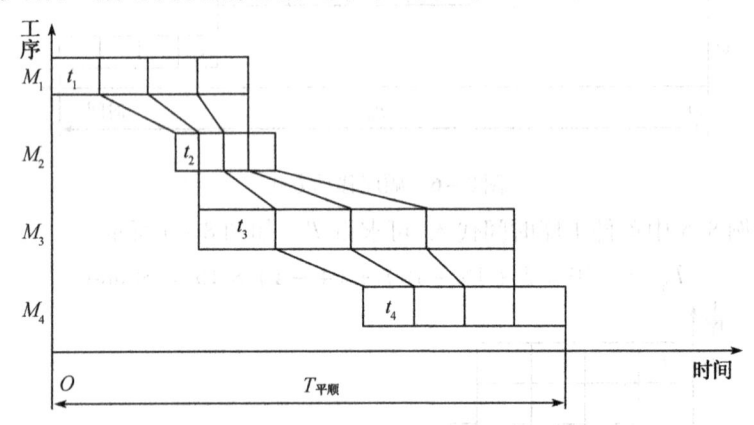

图 8-8 平行顺序移动方式

表 8-17 零件三种移动方式的比较

比较项目	平行移动	平行顺序移动	顺序移动
生产周期	短	中	长
运输次数	多	中	少
设备利用	差	好	好
组织管理	中	复杂	简单

第三节 生产调度

生产调度(production dispatching)对企业日常生产活动进行控制和调节。生产作业计划执行过程中已出现和可能出现的偏差及时了解、掌握、预防和处理保证整个生产活动协调地进行。它是组织实现生产作业计划的一种主要手段。现工业企业环节多,协作关系多,连续性强,情况变化快,若某一环节发生故障或一措施没有按期实现,往往波及整个生产。加强生产调度,可以迅速解决已经发的问题,并能把可能发生的偏离因素消灭于萌芽状态。

一、生产调度工作的基本概念

1. 生产调度工作的内容

生产调度工作的内容主要包括:控制生产进度和在制品流转;督促有关部门好生产准备和生产服务;检查生产过程的物资供应;监督设备的运转;合理调配动力;调整厂内运输;组织厂部和车间的生产调度会议,并监督有关部门贯彻执调度决议;做好生产完成情况的检查、记录、统计分析工作。

2. 生产调度工作的原则

在保证全面地、均衡地完成生产作业计划的前提下,生产调度应遵循下列原则:①计划性。以生产作业计划为依据,保证实现计划规定的任务和进度。对实际与划之间的偏差,采取克服措施,必要时可对原计划进行调整和补充。②统一性。各级调度部门应根据领导人员的指示,按照生产作业计划和临时生产任务的要求行使调度权力,发布调度命令,下一级生产单位和同级的有关职能部门必须坚决执行。如有不同意见,应在贯彻执行的同时,请示领导解决,以保证生产活动的集中统一指挥。③全面性。抓重点,抓薄弱环节,抓全过程。④预见性。对生产作业计划执行过程中可能发生的偏差和障碍,积极采取措施加以防止或缩小它的影响范围。

3. 生产调度工作的任务

企业设有专门的调度机构行使生产过程的指挥与控制职能,它是生产过程活的指挥与指令中心,主要任务有:①检查生产作业计划执行情况,掌握生产动态掌握在制品在各工艺阶段的投入和产出进度,及时解决生产中出现的各种问题;②检查、督促和协助有关部门及时做好各项生产作业准备工作;③根据生产,需合理调配各种生产要素;④检查在制品储备情况,严格执行定额标准,防止过与不足。⑤对各期生产计划进行统计分析。

二、生产调度的环境特征

一般的调度问题都是对于具体生产环境中复杂的、动态的、多目标的调度问题的一种抽象和简化,因而,一个调度算法可以通过其如何表述这些复杂性来进行分类。由于实际生产环境是千差万别的,那么,一个调度算法就应该根据其是否能适合对应的生产环境的要特征来进行评估。Frederick 等人为了帮助区别不同的生产调度策略,给出了典型生产调度环境的五个特征,这将有助于人们了解各种不同的调度算法的应用环境。

(一)边界条件

生产调度常常是一个重调度问题,即修改已有的生产调度去适应新的作业。为提供重调度,调度算法应能处理生产系统中有关的初始状态。类似的生产调度通常是在一个有限的时间区域里进行的,系统的最优解(或次优解)亦是在限定的边界范围内来获取。

(二)分批大小和调整费用

为有效地解决实际生产中的调度问题,往往将任务分成多批进行,并考虑改变已有调度结果所付出的代价(调整费用)。

(三)加工路径

在实际生产中,作业的加工路径可能需要动态改变,工艺顺序可能是半有序的。

(四)随机事件和扰动

随机事件和扰动包括出现关键作业、设备损坏、加工操作失败、原料短缺、加工时间/到达时间/交货期的改变等。

(五)性能指标和多目标

追求不同的性能指标往往会得到不同的优化解,同时,系统目标也以多目标为主。

三、调度问题的特点

实际的调度问题有以下特点。

(一)复杂性

由于装卸作业、装卸设备、库场、搬运系统之间相互影响、相互作用,每个作业又要考虑它的到达时间、装卸时间、准备时间、操作顺序、交货期等,因而相当复杂。由于调度问题是在等式或不等式约束下求性能指标的优化,在计算量上往往是完全问题,即随着问题规模的增大,对于求解最优化的计算量呈指数增长,使得一些常规的最优化方法往往无能为力,对于这一点 Garey 等给出了明确的证明。即便对单机调度问题,如果考虑 n 个作业而每个作业只考虑加工时间及与序列有关的准备时间,就等价于 n 个城市的问题。对于一般的装卸系统,问题就变得更为复杂。

(二)动态随机性

在实际的生产调度系统中存在很多随机的和不确定的因素,比如作业到达时间的不确定性,作业的加工时间也有一定的随机性,而且生产系统中常出现一些突发偶然事件,如设备的损坏/修复、作业交货期的改变等。

(三)多目标

实际的计划调度往往是多目标的,并且这些目标间可能发生冲突。Oraves 曾将调度目标分为基于调度费用和调度性能的指标两大类。Alia.S 等人将调度目标分三类:基于作业交货期的目标、基于作业完成时间的目标、基于生产成本的目标。这种多目标性导致调度的复杂性和计算量急剧增加。

四、生产调度的实施

作业调度是等候线的管理,等候线是指若干个作业到达某个工作中心时处于等待的一种状态,最理想的情况是作业到达工作中心时能够立即加工,从而可以降低在制品的库存量和缩短提前期,在准时化生产环境下,可以最大限度地降低在制品的库存量和缩短制造提前期,在下一节中将做详细的描述。

对来工作中心之前的若干作业进行管理,它的目的是为了控制提前期和在制品,同时能使瓶颈工作中心被充分利用。按照限制理论,其排序的顺序是首先安排关键工作中心的任务,然后再安排其他工作中心的任务。为了缩短制造的提前期,可以采取的策略有分批作业和作业分割,而并行作业则是将原来的作业分成多个批次,各个批次同时加工。

(一)分批作业

分批作业即把原来一张加工单加工的数量分成几批,由几张加工单来完成,以缩短加工周期。每批的数量可以不同。采用加工单分批或分割只有在用几组工作中心能完成同样的工作时才有可能。每组工作中心需要有准备时间。准备时间增加了。此外,还可能需要几套工艺装备,成本也会增加。有时一道工序由一台工作中心完成,下一道工序分别由两组不同的工作中心加工,然后再由一台工作中心来完成第三道工序。

有一个订单,需要在两个工作中心上来完成,如果是一个批次,则总的提前期如图 8-9 所示。设批量为 Q,S_A 为在工作中心 A 上的准备时间;S_B 为在工作中心 B 上的准备时间;T_{AB} 为由工作中心 A 上移至工作中心 B 的转移时间;P_A 为在工作中心 A 上的每单位的加工时间;P_B 为在工作中心 B 上的每单位的加工时间,则总的提前期为

$$L = S_A + S_B + QP_A + QP_B + T_{AB} \tag{8.12}$$

如果作业转移到工作中心 B 之前,工作中心 B 即已准备好,则此时总的提前期为

$$L = S_A + QP_A + QP_B + T_{AB} \tag{8.13}$$

如图 8-10 所示。

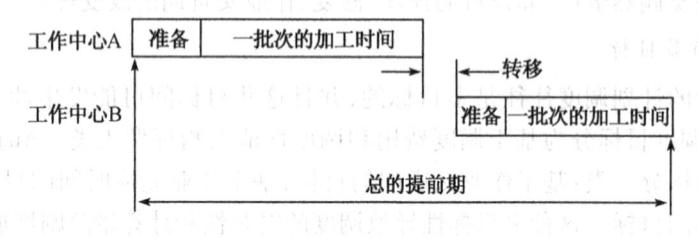

图 8-9 提前期的构成

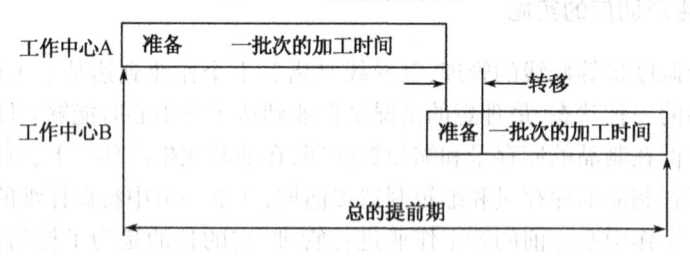

图 8-10 分成一个批次作业

现在将订单分成两个或两个以上的批次,且至少把两个批次连接起来作业。这里我们将该订单分成两个批次,具体步骤如下:

(1)一批作业分成两个批次。

(2)在第一个工作中心完成第一批时,直接将它转移到第二个工作中心上。

(3)当第一个工作中心将执行第二个批次时,第二个工作中心也正好将执行第一批次作业。

(4)当第一个工作中心完成第二批次时,立即将它转移至第二个工作中心。分成两个批次的结果如图 8-9 所示。设两个批次分别为 Q_1 和 Q_2,则有

$$Q = Q_1 + Q_2 \tag{8.14}$$

如果在第二个工作中心上加工的时间比较短,则可能会造成第二个工作中心产生等待的时间,为避免这种情况的发生,第一批量应尽可能大一些,为使第二个工作中心闲置时间为零,则应满足下式:

$$Q_1 PB + T_{AB} + S_B \geqslant Q_2 P_A + T_{AB} \tag{8.15}$$

由式(8.14)可得

$$Q_2 = Q - Q_1 \tag{8.16}$$

代入式(8.15),可得

$$Q_1 \geq (QP_A - S_B)/(P_B + P_A) \tag{8.17}$$

缩短的提前期

$$L_S = (S_A + S_B + QP_A + QP_B + T_{AB}) - (S_A + QP_A + T_{AB} + Q_2P_B) \tag{8.18}$$

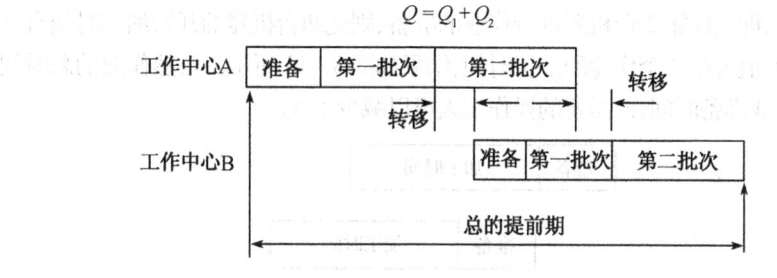

图 8-11 分成两个批次作业

例 8.6 若 Q 为 100 单位, P_A 为 10min/单位, P_B 为 5min/单位, A 的准备时间 S_A 为 50min, B 的准备时间 S_B 为 40min, 转移时间 T_{AB} 为 30min, 则将上述数据代入式(8-17)可得批量

$$Q_1 \geq (100 \times 10 - 40)/(5 + 10) = 64$$

分批前的提前期

$$L = 50 + 40 + 100 \times (10 + 5) + 30 = 1\,620(\min)$$

分批后的提前期

$$L = 50 + 30 + 100 \times 10 + 36 \times 5 = 1\,260(\min)$$

缩短的提前期

$$LS = 64 \times 5 + 40 = 360(\min)$$

当然,将作业分批可以很有效地缩短总的提前期,但是,作业的批次加大,必然会导致作业转换时间的加大,作业转移的次数也增多,这些都会产生成本,由此计划和控制的成本也将增加,因此,在将作业分批考虑时,一定要将成本的因素考虑进来,以追求总的成本最小。

(二)分批分割

将作业分割也是为了缩短提前期,通常是将作业分成两个或两个以上的批次,但是,多个批次同时作业,在每个工作中心上都会有准备的时间。一般在作业准备时间较短、一人多工位的操作、重复性设备的闲置等情况下,可将作业进行分割处理,见图 8-12。

| 准备 | 加工时间 |

| 准备 | 加工时间 |

图 8-12 原有作业分割成两批处理的结果

上述分割成两批作业进行后,因为是同时作业,每一工位均需要一名员工操作机器,如果两台机器由一名工人操作,即该工人在机器 1 上准备结束后,第 1 台机器开始加工时,即走向第 2 台机器进行作业的准备,则此两台机器的开始加工时间有一个偏差,偏差值为第二个作业的准备时间,结果如图 8-13 所示。虽然作业的总时间多了一个作业准备时间,但需要的操作工人可以减少 1 人。

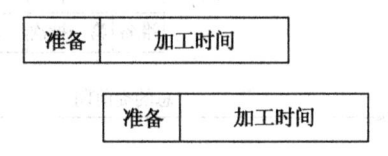

| 准备 | 加工时间 |

| 准备 | 加工时间 |

图 8-13 有偏差的作业分割

与作业分割类似,串行作业可以转换成并行作业,一个人操作 3 个工作中心,若采取串行作业,则如图 8-14 所示。若利用作业分割思想,他可以采取并行作业,则如图 8-15 所示。这样总的提前期可以大大缩短。

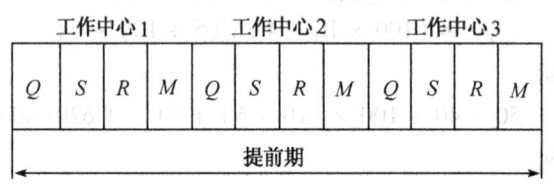

| 工作中心 1 | 工作中心 2 | 工作中心 3 |
| Q | S | R | M | Q | S | R | M | Q | S | R | M |

提前期

图 8-14 串行作业

图 8-14 和图 8-15 中 Q 为排队时间;S 为准备时间;R 为加工时间;M 为传送时间。

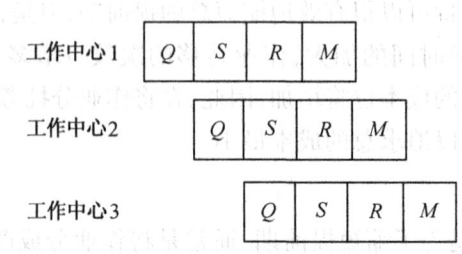

工作中心 1 | Q | S | R | M |

工作中心 2 | Q | S | R | M |

工作中心 3 | Q | S | R | M |

图 8-15 并行作业

第四节 准时制控制

一、准时制生产概述

准时化（JIT）生产方式要求信息的及时准确，为此需要一个完善的信息管理本系，美国流行的 MRP 无疑是一种有效的信息管理系统，但它仍建立在批量生产基础上，准时化生产则在一个流中采用看板来实现前后道工序的信息连接。

JIT 思想是实行看板管理的原则和基础。20 世纪 50 年代初，看板管理的积极推行者、当时在丰田汽车公司机械厂工作的大野耐一，从美国超级市场的管理结构和工作程序中受到启发，从而找到了通过看板来实现 JIT 思想的方法。他认为可以把超级市场看做是作业线上的前一道工序，把顾客看作这个作业线上的后一道工序。顾客（后工序）来到超级市场（前工序），在必要的时间可以买到必要数量的必要商品（零部件）。超级市场不仅可以"非常及时"地满足顾客对商品的需要，而且可以"非常及时"地把顾客买走的商品补充上（当计价器将顾客买走的商品计价后，载有商品数量、种类的卡片就立即送往采购部，使商品得到"非常及时"地补充）。20 世纪 50 年代后期日本也出现了超级市场，这就为丰田推行管理提供了直接的研究资料。1953 年丰田公司首先在公司的机械工厂试行了看板管理。以后为了全面推行看板管理，丰田公司进行了多年的摸索和试验，1962 年在整个公司实行了看板管理。

（一）推式系统与拉式系统

对于加工装配式生产，产品由许多零件构成，每个零件要经过多道工序加工。要组织这样的生产，可以采取两种不同的发送指令的方式。

在传统的生产环境下使用的是推式系统，由计划部门根据市场需求，计算出每种零部件的需要量和各生产阶段的生产提前期，确定每个零部件的投入出产计划，按计划发出生产和订货的指令。每一工作地、每一工作车间和生产阶段都按计划制造零部件，将实际情况汇报计划部门，并将加工完的零部件"推"到后一道工序和下游生产车间，不管后一道工序是否需要。物料流和信息流是分离的。

拉式系统则与之相反，由市场需求信息牵动产品装配，再由产品装配牵动零件加工。对工作转移的控制取决于下一道工序；每道工序、每个车间和每个生产阶段都按照当时的需要向前一道工序、上游车间和上一生产阶段提出要求，发出工作指令，上游工序、车间和生产阶段则完全按这些指令进行生产。每个岗位都在自己需要时才把上一道工序的产出拉过来，最终作业产出则由顾客需求拉出、物料流和信息流结合在一起。

JIT生产方式采用的就是拉式系统,信息、是沿着系统一个接一个岗位反向流动的。采用拉式系统可以真正实现按需生产。如果每道工序都按照后一工序的要求,在适当的时间,按需要的品种和数量生产,就不会发生不需要的零部件生产出来的情况。

(二)看板控制系统

在拉式系统中,工作流由下一步需求指定。系统能以各种方式传达此类信息,常用的工具是看板。JIT正是通过看板来实现工序间的生产同步化和生产均衡化的。

看板是传递信号的工具。它可以是一种信号,也可以是一种告示牌,是记载有前道工序应生产的零件号、零件名称、零件数量以及运送时间、地点和运送容器的卡片或其他形式的信息载体。

看板及其使用规则,构成了看板控制系统。

(一)看板

看板管理方法是在同一道工序或者前后工序之间进行物流或信息流的传递。JIT是一种拉动式的管理方式,它需要从最后一道工序通过信息流向上一道工序传递信息,这种传递信息的载体就是看板。没有看板,JIT是无法进行的。因此,JIT生产方式有时也被称作看板生产方式。

看板管理又叫准时生产,它的要点就是准时,即前道工序根据看板上的信息,只在必要的时间,按必要的数量,生产必要的产品,形成由出产决定投入的闭环系统。

一旦主生产计划确定以后,就会向各个生产车间下达生产指令,然后每一个生产车间又向前面的各道工序下达生产指令,最后再向仓库管理部门、采购部门下达相应的指令。这些生产指令的传递都是通过看板来完成的。

JIT生产方式是以降低成本为基本目的,在生产系统的各个环节全面展开的一种使生产有效进行的新型生产方式。JIT又采用了看板管理工具,看板犹如巧妙连接各道工序的神经而发挥着重要作用。

(二)看板与MRP的关系

随着信息技术的飞速发展,当前的看板方式呈现出逐渐被计算机所取代的趋势。现在最为流行的MRP系统就是将JIT生产之间的看板用计算机来代替,每一道工序之间都进行联网,指令的下达、工序之间的信息沟通都通过计算机来完成。

目前国内有很多企业都在推行MRP,但真正获得成功的却很少,其中的主要原因就是企业在没有实行 JIT 的情况下就直接推行 MRP。实际上，MRP 只不过是一种将众多复杂的手工操作计算机化的软件，虽然能够大大提高生产效率，但是并不能体现 JIT 所提出的一些观念和方法。因此，MRP 仅仅是一个工具，必须建立在推行 JIT 的基础之上。如果企业没有推行 JIT 就去直接使用 MRP，那只会浪费时间和金钱。

二、看板的机能

（一）生产及运送工作指令

生产及运送工作指令是看板最基本的机能。公司总部的生产管理部根据市场预测及订货而制定的生产指令只下达到总装配线，从装配工序逐次向前工序追溯，各道前工序的生产都根据看板来进行。

在装配线将所使用的零部件上所带的看板取下，以此再去前一道工序领取。前工序则只生产被这些看板所领走的量，"后工序领取"及"适时适量生产"就是通过这些看板来实现的。

看板是一种能够调节和控制在必要时间生产出必要产品的管理手段。它通常是一种卡片，上面记载有零部件型号、取货地点、送货地点、数量、工位器具型号及盛放量等信息，生产以此作为取货、运输和生产的指令。

看板生产的主要思想是：遵循内部用户原则，把用户的需要作为生产的依据。传统生产采用上道工序向下道工序送货，加工过程由第一道工序向最后一道工序推进，因而被称为"推动式"生产，看板生产则采用"拉动式"，由后道工序向前道工序取货，一道一道地由后向前传送指令。

（二）防止过量生产和过量运送

看板必须按照既定的运用规则来使用。其中的规则之一是："没有看板不能生产，也不能运送。"根据这一规则，各工序如果没有看板，就既不进行生产，也不进行运送；看板数量减少，则生产量也相应减少。由于看板所标志的只是必要的量，因此运用看板能够做到自动防止过量生产、过量运送。

（三）进行"目视管理"的工具

看板的另一条运用规则是"看板必须附在实物上存放"、"前工序按照收到看板的顺序进行生产"。根据这一规则，作业现场的管理人员对生产的优先顺序能够一目了然，很容易管理。只要通过看板所表示的信息，就可知道后工序的作业进展情况、本工序的生产能力利用情况、库存情况以及人员的配置情况等。

(四)改善的工具

看板的改善功能主要通过减少看板的数量来实现。看板数量的减少意味着工序间在制品库存量的减少。如果在制品存量较高,即使设备出现故障、不良产品数目增加,也不会影响到后工序的生产,所以容易掩盖问题。在JIT生产方式中,通过不断减少数量来减少在制品库存,就使得上述问题不可能被无视。这样通过改善活动不仅解决了问题,还使生产线的"体质"得到了加强。

三、看板操作的六个使用规则

看板是JIT生产方式中独具特色的管理工具,看板的操作必须严格符合规范,否则就会陷入形式主义的泥潭,起不到应有的效果。概括地讲,看板操作过程中应该注意以下6个使用原则:

(1)没有看板不能生产,也不能运送。
(2)看板只能来自后工序。
(3)前工序只能生产取走的部分。
(4)前工序按照收到看板的顺序进行生产。
(5)看板必须附在实物上存放。
(6)不把不良品交给后工序。

四、看板的种类

看板的本质是在需要的时间,按需要的量对所需零部件发出生产指令的一种信息媒介体,而实现这一功能的形式可以是多种多样的。看板总体上分为三大类:传送看板、生产看板和临时看板,如图8-16所示。

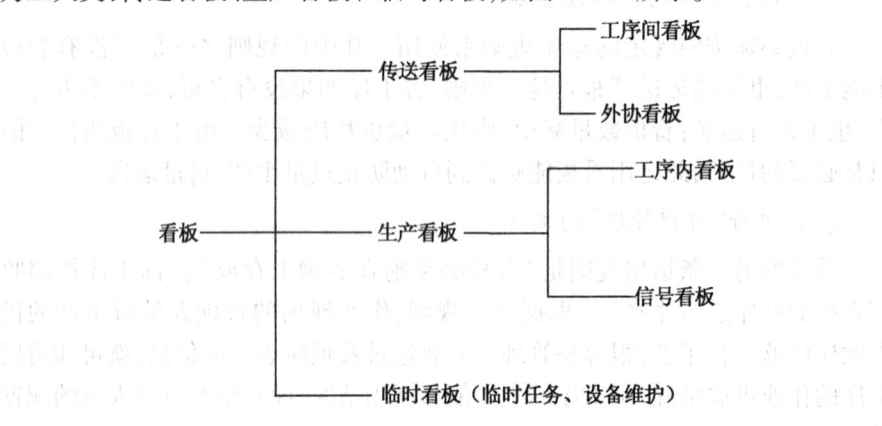

图8-16 看板的种类

（一）工序内看板

工序内看板是指某工序进行加工时所用的看板。这种看板用于装配线以及即使生产多种产品也不需要实质性的作业更换时间（作业更换时间接近于零）的工序，例如机加工工序等。典型的工序内看板如表 8-18 所示。

（二）信号看板

表 8-18 典型的工序内看板

（零部件示意图）		工序	前工序	本工序	
			热处理	机加 1#	
		名称	A233-3670B（连接机芯辅助芯）		
管理号	M-3	箱内数	20	发行张数	2/5

信号看板是在不得不进行成批生产的工序之间所使用的看板。例如树脂成形工序、模锻工序等。信号看板挂在成批制作出的产品上，当该批产品的数量减少到基准数时摘下看板，送回到生产工序，然后生产工序按该看板的指示开始生产。另外，从零部件出库到生产工序，也可利用传送看板来进行指示配送。

（三）工序间看板

工序间看板是指工厂内部后工序到前工序领取所需的零部件时所使用的看板。表 8-19 为典型的工序间看板，前工序为部件 1#线，本工序总装 2#线所需要的是号码为 A232-6085C 的零部件，根据看板就可到前一道工序领取。

表 8-19 典型的工序内看板

前工序 部件 1#线	零部件号：A232-6085C（上盖板） 箱型：3 型（绿色）	使用工序 总装 2#
出口位置号 （POSTNO.12-2）	标准箱内数：12 个/箱 看板编号：2#/5 张	入口位置 （POSTNO.4-1）

（四）外协看板

外协看板是针对外部的协作厂家所使用的看板。对外订货看板上必须记载进货单位的名称和进货时间、每次进货的数量等信息。外协看板与工序间看板类似，只是"前工序"不是内部的工序而是供应商，通过外协看板的方式，从最后一道工序慢慢往前拉动，直至供应商。因此，有时候企业会要求供应商也推行 JIT 生产方式。

（五）临时看板

临时看板是在进行设备保全、设备修理、临时任务或需要加班生产的时候所使用的看板。与其他种类的看板不同的是，临时看板主要是为了完成非计划内的生产或设备维护等任务，因而灵活性比较大。

五、看板使用方法

由于看板有若干种类，因而看板的使用方法也不尽相同。如果不同周期地制定看板的使用方法，生产就无法正常进行，我们从看板的使用方法上可以进一步领会 JIT 生产方式的独特性。如图 8 – 17 所示，在使用看板时，每一个传送看板只对应一种零部件，每种零部件总是放在规定的、相应的容器内。因此，每个传送看板对应的容器也是一定。

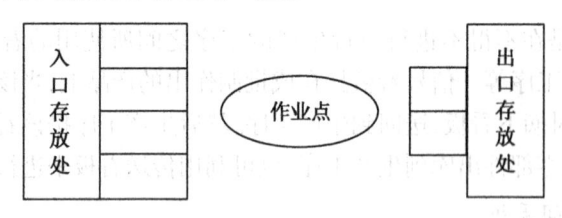

图 8 – 17 看板的使用方法

（一）工序内看板的使用方法

工序内看板的使用方法中最重要的一点是看板必须随实物，即与产品一起移动。后工序来领取半成品时摘下挂在产品上的工序内看板，然后挂上领取用的工序间看板。该工序然后按照看板被摘下的顺序以及这看板所表示的数量进行生产，如果摘下的看板数量变为零，则停止生产，这样既不会延误也不会产生过量的存储。

（二）信号看板的使用方法

信号看板挂在成批制作出的产品上面。如果该批产品是数量减少到基准数时就摘下看板，送回到生产工序，然后生产工序按照该看板的指示开始生产。没有摘牌则说明数量足够，不需要再生产。

（三）工序间看板的使用方法

工序间看板挂在从前工序领来的零部件的箱子上，当该零部件被使用后，取下看板，放到设置在作业场地的看板回收箱内。看板回收箱中的工序间看板所表示的意思是"该零件已被使用，请补充"。现场管理人员定时来回收看板，集巾起来后再分送到各个相应的前工序，以便领取需要补充的零部件。

(四)外协看板的使用方法

外协看板的摘下和回收与工序间看板基本相同。回收以后按各协作厂家分开，等各协作厂家来送货时由他们带回去，成为该厂下次生产的生产指示。在这种情况下，该批产品的进货至少将会延迟一回以上。因此，需要按照延迟的回数发行相应的看板数量，这样就能够做到按照JIT进行循环。

六、用看板组织生产的过程

(一)看板生产的流程

实现看板生产的方法因产品特性和生产条件的不同而不同，但它们的原理是一样的。以图8-18所示的情况为例，看板生产的流程有以下6个步骤：

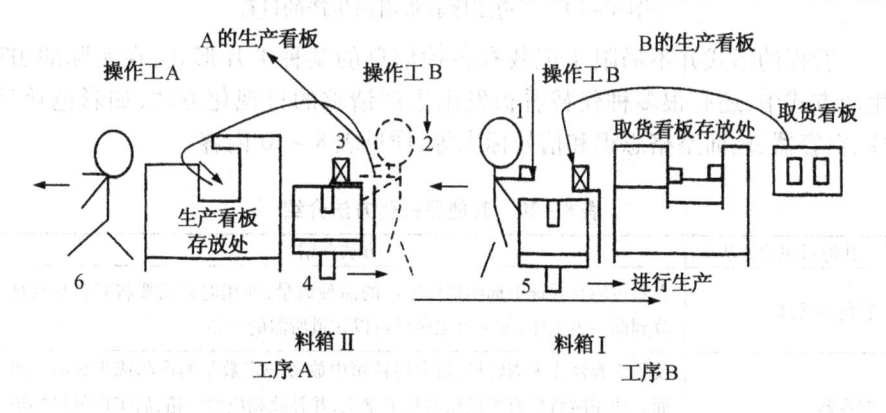

图8-18 看板生产的流程

(1)工序B接到生产看板；
(2)工序B凭取货看板和空的料箱Ⅰ到工序A处取货；
(3)工序B将装满所需零件的料箱Ⅱ上的生产看板取下，和取货看板核对后，将生产看板放入工序A的生产看板收集箱内，取货看板则挂到料箱Ⅱ上；
(4)工序B将料箱Ⅱ取走，并将料箱Ⅰ放到料箱Ⅱ原处的位置；
(5)开始按生产看板上的要求进行生产；
(6)序A接到生产看板后，去其前道工序取货。

JIT是拉动式的生产，通过看板来传递信息，从最后一道工序一步一步往前工序拉动。图8-19所示的生产过程共有三道工序，从第三道工序的入口存放处向第二道工序的出口存放处传递信息，第二道工序从其入口存放处向第一道工序出口存放处传递信息，而第一道工序则从其入口存放处向原料库领取原料。这样,通过看板就将整个生产过程有机的组织起来。

代替看板发出生产请求的其他目视化方法:

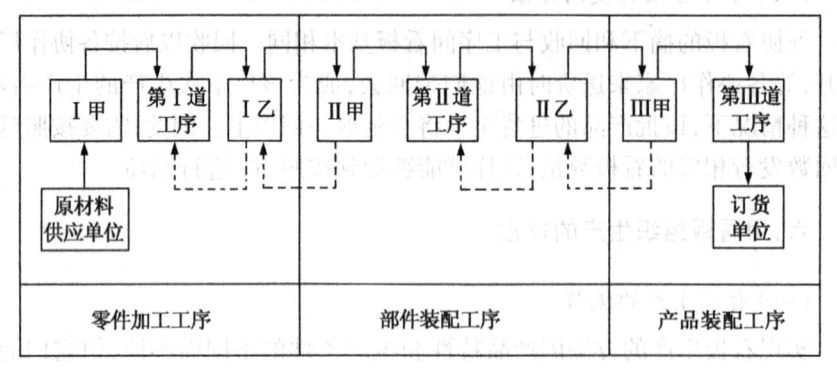

```
零件加工工序              部件装配工序              产品装配工序
I甲 → 第I道工序 → I乙 → II甲 → 第II道工序 → II乙 → III甲 → 第III道工序
  ↑                                                            ↓
原材料供应单位                                                订货单位
```

图 8-19　三道工序看板组织生产的过程

看板的形式并不局限于记载有各种信息的某种卡片形式,在实际的 JIT 生产方式中,还有很多种代替看板发出生产请求的目视化方法,如彩色乒乓球、空容器、地面空格志识和信号标志等,详见表 8-20 内容。

表 8-20　其他目视化方法介绍

其他目视化方法	方法介绍
彩色乒乓球	在彩色的乒乓球上标明提供生产的品种数量,使用时只需要将彩色乒乓球放到前一道工序,前一道工序就可以知道所需的产品
空容器	使用空容器作为周转箱,每个周转箱中放置一定数量的产品或半成品在里面。使用时将装有半成品的箱子拿走,并补放相应的空箱,后工序就可知道前工序的需求
地面空格标志	在地面上绘制空格,将产品放置在格子中间。一旦格子中的产品被取走,则进行生产补足空格
信号标志	由于很多工序不在同一个车间之内,这时候就可用信号灯来传递信息。当信号灯发亮后,前工序迅速将产品送到后工序,并重新生产新的产品

(二)看板生产的原则

(1)后工序只有在必要的时候,向前工序领取必要的零件。

(2)前工序只生产后工序所需的零件(包括型号、质量和数量等)。

(3)看板数量越多在制品越多。所以,应尽量减少看板的数量。

(4)挂有生产看板的料箱内不允许有不合格品。看板组织生产的过程图如图 8-20 所示。

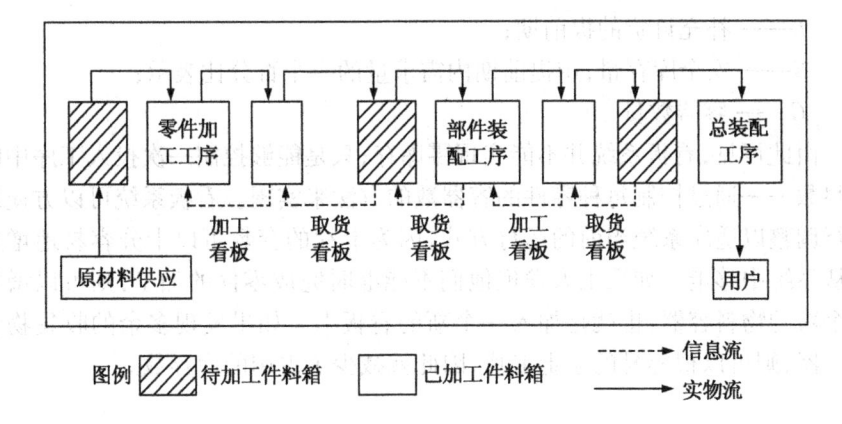

图 8-20 看板组织生产的过程图

(三)看板生产的优点

(1)生产活动的信息反馈及时、高效,具有"自律"能力。
(2)看板随物流而动,使信息流融于物流之中,易于管理。
(3)库存量低,质量在生产过程中得到控制。
(4)使生产中许多问题暴露出来,促使企业不断改善。看板生产虽然有许多好处,但必须满足以下一些前提条件:
(1)原材料和零配件的供应必须准时、保质、保量。
(2)设备运行状况良好,并保证加工质量的稳定。
(3)生产属于流水型,并能均衡地生产。

七、确定看板数量

确定看板控制系统需要确定所需要的看板卡(或容器)的数量。对于两种看板系统,我们要确定传送看板和生产看板的套数。看板卡代表了装载用户与供应商间来回流动的物料的容器数,每个容器代表供应商最小生产批量,因此容器数量直接控制着系统中在制品的库存数。

精确的估计生产一个容器的零件所需的生产提前期是确定容器数量的关键因素。提前期是零件加工时间、生产过程中的准备时间及将原料运送到用户手中所需的运输时间的函数。所需看板的数量应该等于提前期内的需求数加上安全库存的额外数。看板数量的计算公式如下:

$$k = (提前期内的期望需求量 + 安全库存量)/容器库存量$$
$$= DL(1+S)/C \tag{8.19}$$

式中:k—— 看板数;
D—— 一段时间所需产品的数量(单位时间);

L——补充订货的提前期;

S——安全库存量,用提前期内需求量的一个百分比表示;

C——容器数量。

由此可见,看板系统并不能实现零库存;只是能够控制一次投入工序中的物料数——通过控制每种零件的容器数的方法来实现。看板系统可以方便地进行调整以适应系统当前的运行方式,因为卡片的套数可以十分容易地增加或从系统中移走。如果工人发现他们不能准时完成零件的加工,则可以增加一个新的物料容器,也就是加入一个新的看板卡。如果发现多余的收集物料的容器,则可以很容易的拿走卡片,因此就减少了占用的库存数。

第九章 服务业的作业计划

由于服务业的兴起,提高服务运作的效率已日益引起人们的重视。然而,服务运作管理与生产管理有很大不同,不能把制造性生产管理方法简单地搬到服务运作中。

服务以提供劳务为特征,但服务业也从事一些制造性活动,只不过制造处于从属地位按资本、劳动密集程度和与顾客接触程度可将服务运作分成4种:大量资本密集服务、专业资本密集服务、大量劳务密集服务和专业劳务密集服务。如图9-1所示。

	资本密集	劳动密集
低 与顾客接触程度 高	大量资本密集服务: 航空公司 大酒店 游乐场	大量劳动密集服务: 中、小 批发 零售
	专业资本密集服务: 医院 车辆修理	专业劳动密集服务: 律师事务所 专利事务所 会计事务所

图9-1 按劳动密集程度和与顾客接触程度对服务分类

第一节 服务业运作的特点

制造业是通过员工劳动制作产品,通过产品为顾客服务;服务业是通过员工的劳动直接为顾客服务。服务业与顾客的关系比制造业与顾客的关系更紧密。

与制造生产相比,服务运作有以下几个特点:

(1)服务运作的生产率难以测定。一个工厂可以计算它所生产的产品的数量,一名医生的工作量则难以计量。

(2)服务运作的质量标准难以建立。

(3)与顾客接触是服务运作的一个重要内容,但这种接触往往导致效率降低。

(4)纯服务运作不能通过库存来调节。理发师不能在顾客少的时候存储几个理过发的脑袋,以便顾客多的时候提供极快的服务。

服务业和制造业的另一个不同点是,服务业很难将营销与生产运作分离。对于制造业,从事营销的人们直接与顾客打交道,从事生产的人们基本不与顾客直接接触;对于服务业,从事营销的人与从事生产的人往往不可分离,他们要同顾客直接打交道。由于纯服务不能存储,使得只有在顾客出现时才能提供服务,即服务在生产出来时也就交付了。理发是一个典型例子。实际上,一些服务业的管理者在同时管理营销渠道、分配渠道和生产系统。

一、服务交付系统

(一)服务交付系统的目标

类似于制造业中的生产系统,服务业中有服务交付系统(service delivery system)。为了确定适当的服务交付系统,服务企业必须确定提供什么样的服务,在何处提供服务以及对谁提供服务。因此,在确定目标市场的战略决策过程中,必须确定服务交付系统的设计及其运行方式。有时,服务的消费者并非购买服务的人。例如,电视节目的消费者是观众,但电视台的收入却来自广告费和赞助。这种情况使确定目标市场变得复杂。

(二)服务交付系统的服务对象

在目标市场确定之后,就是确定服务"产品",或称"成套服务"(service package)。服务是通过服务台进行的。服务台是服务企业与顾客的界面。在各个服务台工作的员工好比是制造业第一线的工人,代表了服务企业的形象,所设计的成套服务都是经过他们实现的。因此,在服务企业要树立为在服务台工作的员工服务的思想。

(三)服务交付系统的内容

确定服务内容时,要弄清楚顾客经过所有的服务台后获得了什么。由于服务的无形性,服务企业不能像制造企业那样,通过事先展示自己的产品来了解顾客的需要,只有在为顾客服务之后才能了解所设计的一套服务是否满足顾客的需要。潜在的顾客往往是通过被服务过的顾客的感受和推荐,来决定是否接受服务的。服务内容是丰富的。酒店和旅馆并不只是提供一个房间给顾客过夜,它还需要考虑顾客的舒适、房间的清洁、服务人员的礼貌、人身和物品的安全等。顾客正是通过他们的感受来评价服务质量的。

二、服务特征矩阵

我们将用服务特征矩阵来说明不同的服务交付系统的特点和需求。按照服务的复杂程度和顾客化程度,把服务特征矩阵分成 4 组,如图 9-2 所示。服务的复杂程度表示进行某种服务所需要的知识和技能的复杂性。顾客自己能从事简单的服务,但不经过训练则不能从事复杂的服务。因此,服务的复杂程度是相对顾客而言的。

服务的复杂程度

	高	低
顾客化程度高	I 外科医生 牙医 汽车修理 代理人 器具修理 包租飞机	II 美容美发 维护草坪 房屋油漆 出租车 饭馆 搬家公司
顾客化程度低	III 无线电和电视 电影 动物园 博物馆 学校 航空公司	IV 快餐 洗车 租车 干洗 零售 公共汽车

图 9-2 服务特征矩阵

服务特征矩阵左半部的活动需要经过训练或需要一定的投资才能进行,顾客缺乏所需的知识、技能和设备,难以从事矩阵左半部的活动;矩阵右半部的活动比较简单,一般顾客自己都能够做,但要花费一定时间和精力。矩阵上半部的活动顾客化程度高,这些活动能够满足顾客特定的需要;矩阵下半部的活动标准化程度高,这些活动能够满足顾客共同的需要。

由于服务业员工需要与顾客接触,因此,服务业员工必须对顾客热情、有礼貌,还要有较好的人际交往技能。对于处于矩阵中II和IV的服务业,由于不需要专门技能,服务企业能够培训自己的员工。对处于IV中的企业,由于服务的复杂程度和顾客化程度都较低,可以开发一种标准的工作程序,使每个员工都能可靠地、始终一致地工作,即使员工更换,也能保证服务质量。在Ⅱ中服务的员工需要有较广泛的技能,并能对顾客的指示作出灵活的响应。而对于在Ⅰ中服务的员工,则需要接受来自企业外的专门训练。解决问题和提供劝告是他们服务中的一项重要组成部分,因此,员工需要具备好的悟性和诊断能力。

对于Ⅲ中的活动,一般需要较大的投资购买设施和设备,并需要对员工作专门训练。

三、服务交付系统管理中的问题

由于服务业需要接触顾客且服务无法通过库存调节,给服务作业带来很大的影响。

(一)顾客参与的影响

1. 顾客参与影响服务运作实现标准化,从而影响服务效率

顾客直接与服务员工接触,会对服务人员提出各种各样的要求和发出各种各样的指示,使得服务人员不能按预定的程序工作,从而影响服务的质量。同时,顾客的口味各异也使得服务时间难以预计,导致所服务人员的数量难以确定。

2. 为使顾客感到舒适、方便和愉快,也会造成服务能力的浪费

顾客为了不孤独和与他人分享信息和兴趣,希望与服务人员交谈。为了满足顾客这种需求,则难以控制时间。使顾客感到舒适和愉快的代价是损失了服务人员的时间。

3. 对服务质量的感觉是主观的

纯服务是无形的,难以获得客观的质量评价。服务质量与顾客的感觉有关。某些顾客如果感到自己不受重视或者某些要求不能得到及时的满足,就会感到不满,尽管他们所得到的纯服务与其他顾客一样多,也会认为服务质量差。因此。与顾客接触的服务人员必须敏感,善于与顾客交往。

4. 顾客参与的程度越深,对效率的影响越大

不同的服务,顾客参与的程度不同。邮政服务,顾客的参与程度低;饭馆服务,顾客参与程度较高;咨询服务,顾客参与程度更高。顾客参与程度不同,对服务运作的影响就不同。表9-1列出顾客参与对生产运作活动的影响。

(二)减少顾客参与影响的方法

由于顾客参与对服务运作的效率造成不利的影响,就要设法减少这种影响。有各种方法使服务运作在提高效率的同时也能提高顾客的满意度。

1. 通过服务标准化减少服务品种

表9-1 对参与程度不同的系统的主要设计考虑

生产活动	顾客参与程度高的系统	顾客参与程度低的系统
选址	生产运作必须靠近顾客	生产运作可能靠近供应商,便于运输或劳动力易获的地方
设施布置	设施必须满足顾客的体力和精神需要	设施应该提高生产率
产品设计	环境和实体产品决定了服务的性质	顾客不在服务环境中,产品可规定较少的属性
工艺设计	生产阶段对顾客有直接的影响	顾客并不参与主要的加工过程
编作业计划	顾客参与作业计划	顾客主要关心完工时间
生产计划	订货不可储存,均衡生产导致生意损失	晚交货和生产均衡都是可能的
工人的技能	第一线工人组成服务的主要部分,要求他们能很好地与公众交往	第一线工人只需要技术技能
质量控制	质量标准在顾客眼中,易变化	质量标准一般是可测量的、固定的
时间定额标准	服务时间取决于顾客需求,时间定额标准松	时间定额标准紧
工资	可变的产出要求计时工资	固定的产出允许计件工资
能力计划	为避免失售,能力按尖峰负荷考虑	通过库存调节,可使能力处于平均水平
预测	预测是短期的、时间导向的	预测是长期的、产量导向的

顾客需求的多样性会造成服务品种无限多,服务品种增加会降低效率,服务标准化可以有限的服务满足不同的需求。饭馆里的菜单或快餐店食品都是标准化的例子。

2. 通过自动化减少同顾客的接触

有的服务业通过操作自动化限制同顾客的接触,如银行使用自动柜员机商店的自动售货机。这种方法不仅降低了劳动力成本,而且限制了顾客的参与。

3. 将部分操作与顾客分离

提高效率的一个常用策略是将顾客不需要接触的那部分操作同顾客分离。如在酒店,服务员在顾客不在时才清扫房间。这样做不仅避免打扰顾客,而且可以减少顾客的干扰,提高清扫的效率。另一种方法是设置前台和后台,前台直接与顾客打交道,后台专门从事生产运作,不与顾客直接接触。例如,对于饭馆,前台服务员接待顾客,为顾客提供点菜服务;后台厨师专门炒菜,不与顾客直接打交道。这样做的好处是既可改善服务质量,又可提高效率。此外,前台服务设施可以建在交通方便、市面繁华的地点,这样可以吸引更多的顾客,以顾客导向。相反,后台设施可以集中建在地价便宜的较为偏僻的地方,以效率导向。

4. 设置一定量库存

纯服务是不能库存的。但很多一般服务还是可以通过库存来调节生产活动的。例如,批发和零售服务,都可以通过库存来调节。

四、影响需求类型的策略

(一) 固定时间表

对于处于服务特征矩阵第Ⅲ块中的服务业,如果完全按照顾客的需要来安排服务,会造成巨大的浪费。例如,随时都有顾客要出门旅行,如果满足顾客随时旅行的要求,则需要无数次航班、汽车和火车。采用固定时间表来满足顾客的需要,使顾客按固定时间表行动,既可以满足绝大多数顾客的需求,又可以减少服务能力的浪费。如火车、轮船和飞机按固定的时间表运行。采用固定时间表策略就像采用产品系列化策略一样,可以兼顾顾客的需要和企业的生产能力。

(二) 使用预约系统

对于处于服务特征矩阵上半部中的服务业,由于其顾客化程度高,为了正确处理服务能力与需求的关系,可采用预约系统,使顾客的需求在服务企业有时间时得到满足。如牙医看病,通过预约,既满足了病人的需要,又可使其不致因排队浪费时间,还使得牙医的时间得到充分利用。

(三) 推迟交货

由于服务能力有限,无论采用什么策略,都会有一些顾客的要求得不到及时满足,这就出现推迟交货的情况。如家用电器突然出现故障需要修理,是难以预约的。如果维修站无任务排队,则可及时修理;如果有很多任务排队,则按一定的优先顺序修理,某些修理任务就要推迟。

(四) 为低峰时的需求提供优惠

如果按照最高负荷配置服务设施,其投资将很大。为了使有限的服务设施得到充分利用,可以采用转移需求的策略。对低峰时的需求提供价格或其他优如在晚上9点钟之后打电话实行半价,就是这种策略。

五、处理非均匀需求的策略

各种转移需求的办法只能缓解需求的不均匀性,不能完全消除不均匀性。因此,需要采取各种处理非均匀需求的策略。

(一) 改善人员班次安排

很多服务是每周7d,每天24h进行的。其中有些时间是负荷高峰,有些时间是负荷低峰。完全按高峰负荷安排人员,会造成人力资源的浪费;完全按低峰负荷安排人员,又造成供不应求,丧失顾客。因此,要对每周和每天的负荷进行预测,在不同的班次或时间段安排数量不同的服务人员。这样既保证服务水平,又减少了人员数量。人员班次安排问题将在第三节讨论。

(二)利用半时工作人员

在不能采用库存调节的情况下,可以采用半时工作人员,采用半时工作人员可以减少全时工作固定人员的数量。对一天内需求变化大的服务业或者是季节性波动大的服务业,都可以雇佣半时工作人员。在服务业采用半时工作人员来适应服务负荷的变化,如同制造业采用库存调节生产一样。

(三)让顾客自己选择服务水平

设置不同的服务水平供顾客选择,既可满足顾客的不同需求,又可使不同水平的服务得到不同的报酬。如邮寄信件,可采用普通平信或特快专递。顾客希望缩短邮寄时间,就得多花邮费。

(四)利用外单位的设施和设备

为了减少设施和设备的投资,可以借用其他单位的设施和设备,或者采用半时方式使用其他单位的设施和设备,如机场可以将运输货物的任务交给运输公司去做。

(五)雇佣多技能员工

相对于单技能员工,多技能员工具有更大的柔性。当负荷不均匀时,多技能员工可以到任何高负荷的地方工作,从而较容易地做到负荷能力平衡。

(六)顾客自我服务

如果能做到顾客自我服务,则需求一旦出现,能力也就有了,就不会出现能力与需求的不平衡。顾客自己加油和洗车、超级市场购物、自助餐等,都是顾客自我服务的例子。

(七)采用生产线方法

一些准制造式的服务业,如麦当劳,采用生产线方法来满足顾客需求。在前台,顾客仍可按菜单点他们所需的食品。在后台,则采用流水线生产方式加工不同的元件(食品),然后按订货型生产(make-to-order)方式,将不同的元件(食品)组合,供顾客消费。这种生产方式效率非常高,从而做到成本低、高效率和及时服务。麦当劳是将制造业方法用于服务业的一个成功例子。

第二节 随机服务系统

尽管可以采用多种措施来改变和处理需求的不均匀性,但仍然避免不了顾客等待服务的排队现象。在日常生活中,经常可以见到各种排队现象。如,顾客在超级市场出口处等待付款,零件在机器面前等待加工,卡车等待轮渡,货轮等待卸货,飞机等待着陆,病人等待就医,等等。一般说来,顾客到来的时间和服务的时间都是随机变量,这是产生排队现象的根本原因。研究排队现象有助于合理确定服务能力,使顾客排队限制在一个合理的范围内,目的是以尽可能少的设施获得最大的效益。

一、随机服务系统的构成

随机服务系统由输入过程、排队规则和服务设施三部分构成。

(一)输入过程

描述输入过程最重要的参数是到达率。到达率是单位时间内顾客到达的数量。

(二)排队规则

排队规则可以分先来先服务,后来先服务,按优先权服务,随机服务和成批服务等。

(三)服务设施

服务设施指服务台的数量,每个服务台的服务时间。

图9-3所示为随机服务系统结构的几种类型。单队单阶段随机服务系统是最简单的随机服务系统。在这种系统中,顾客到达后要经过一个服务台服务,然后离开。多队单阶段随机服务系统有多个并行的通道,每个通道仅有一个服务台。单队多阶段随机服务系统只有一个通道,但有多个服务台。多队多阶段随机服务系统有多个并行的通道,每个通道有多个服务台。混合式系统有多个通道,但各个通道不是平行的,它们之间有交叉。服务台也有多个。

二、最简单的随机服务系统

通常采用平均到达率表示需求率的强度,用平均服务率表示服务系统的能力。平均到达率是顾客到达平均时间间隔的倒数,平均服务率是对顾客服务的平均时间的倒数。若平均5min到达一个顾客,则平均到达率为每小时平均到达12

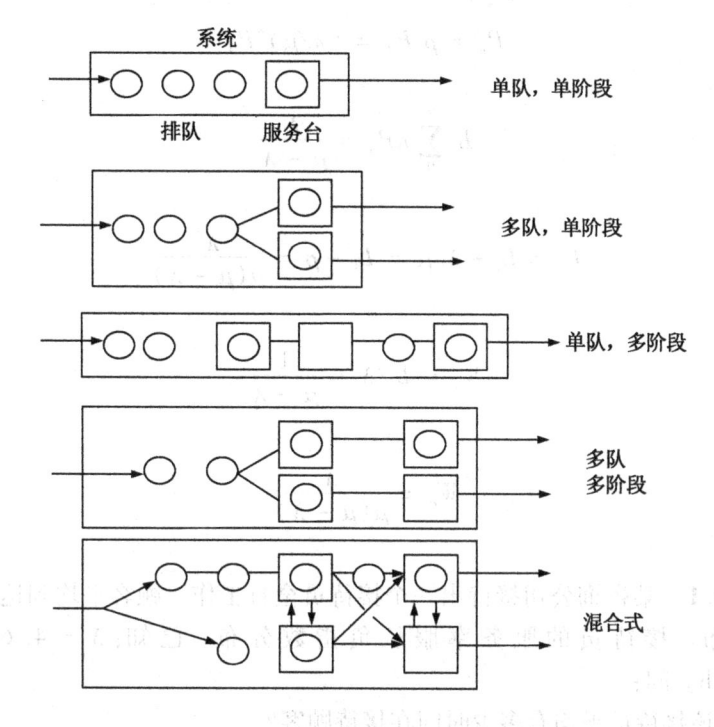

图 9-3 随机服务系统的结构类型

个顾客;若对每个顾客的平均服务时间为 3 分钟,则平均服务率为每小时 20 个顾客。通常,平均到达率小于平均服务率。否则,队伍将越排越长。

最简单的随机服务系统是单队单阶段,且按先来先服务规则的等待制系统。设到达率服从泊松分布,则单位随机到达 x 个顾客的概率为:

$$p(x) = \frac{\lambda^x e^{-\lambda}}{x!} \tag{9.1}$$

式中:e——自然对数的底,e = 2.718 28;

λ——平均到达率。

$$x = 0,1,2,3,\ldots$$

其他符号为:

为平均服务率,$\mu > \lambda$;$p = \lambda/\mu$ 为利用率因子,ρ 为利用率因子,$\rho = \lambda/\mu$;P_n 为系统中顾客数为 n 的概率;L_s 为系统中顾客的平均数;L_q 为队列中顾客的平均数;W_s 为顾客在系统中的平均停留时间;W_q 为顾客在队列中的平均停留时间。

$$P_0 = 1 - \lambda/\mu \tag{9.2}$$

$$P_n = \rho^n P_0 = (\lambda/\mu)^n P_0 \tag{9.3}$$

$$L_s \sum_0^\infty nP_n = \frac{\lambda}{\mu - \lambda} \tag{9.4}$$

$$L_q = L_s - \lambda/\mu = L_s - \rho = \frac{\lambda^2}{\mu(\mu - \lambda)} \tag{9.5}$$

$$W_s = L_s/\lambda = \frac{1}{\mu - \lambda} \tag{9.6}$$

$$W_q = \frac{\lambda}{\mu(\mu - \lambda)} \tag{9.7}$$

例9.1 某咨询公司接待出一个接待员全日工作。顾客平均到达率服从泊松分布。接待员的服务率服从负指数分布。已知：$\lambda = 4.6$ 人/h，$\mu = 5$ 人/h。问：

(1)该接待员平均有多少时间在接待顾客？
(2)顾客平均等多久才能得到服务？

解：$\rho = \lambda/\mu = \dfrac{4.6}{5} = 92\%$

$W_q = \dfrac{\lambda}{\mu(\mu - \lambda)} = \dfrac{4.6}{5 - 4.6} = 2.3 \text{ h}$

第三节 人员班次计划

一、人员班次安排问题的背景

人员班次安排问题普遍存在于工业企业和服务行业。通常，流程式生产企业需要一周7d，每天24h有人值班，医院的护士需要日夜护理病人。按规定，每名职工每周应有2d休息，平均每天工作时间亦不能超过8h，这就产生了人员班次安排问题。从管理者的要求出发，希望降低成本，提高服务水平，即安排尽可能少的员工来满足生产和服务的需要。员工则希望满足自己的休息要求。如，休息日最好安排在周末，以便与家人团聚；每周的双休日连在一起，以便充分利用休息时间。如何兼顾两方面的要求，合理安排员工的工作班次,做到在满足生产需要和职工休息的前提下,使职工数量最少,这就是人员班次安排问题所要解决的问题。

二、人员班次问题的常用术语

为了便于叙述,所有给职工安排班次的企业、部门、单位,统称为部门;所有被安排的对象称为工人。

安排人员班次计划,一般以周为时间单位。在人员班次安排问题中,常采取周一至周日或周日至周六两种表示方法。本书采取周一至周日的表示法。一周内有 5d 平常日和 2d 周末日。每天可由一个班次,两个班次或三个班次组成。单班次人员班次问题是指每天仅安排一个班次的问题(简称单班次问题),多班次人员班次问题是指每天安排多个班次的问题(简称多班次问题)。如果说某工人在哪天工作,实际是指他在那天的某个班次工作。每个工人每天只能被分配一个班次,不同天可以被分配到不同种类的班次,如白班、晚班、夜班等。工人不被安排工作的天称为休息日,连续两个休息日称为双休日。周末休息指在两个周末日连续休息,即星期六和星期日休息。周末休息频率 A/B 的意思是在任意连续 B 周内,工人有 A 周在周末休息。工人在两个休息日之间的工作天数称为连续工作时间,所有连续工作时间中最长者为最大连续工作时间。班次计划为表示每名工人安排的休息日/工作日(班次)顺序的作业计划。

以 $R(i,j)$ 表示第 i 天第 j 班次所需的劳动力数量,N 表示总的人力需求,即需要部门雇佣的工人数,W 表示所需劳动力的下限。显然,W 小于或等于 N。

三、人员班次计划的分类

由于问题的多样性,可以从多种角度对其分类,基本内容主要包括以下方面。

(一)班次计划的特点

根据最后编制的班次计划的特点,班次计划可分为个人班次计划(individual schedule)和公共班次计划(common schedule)。个人班次计划又称为固定或非循环班次计划(fixed/noncyclical schedule),它是指在计划期内每名工人的作业计划,一直沿用一特定的工作日(班次)/休息日的顺序,与其他工人的作业计划无直接关联。对于有周末休息频率 A/B 约束的人员班次问题,作业计划编制连续 B 周的即可;否则,只需编制一周的计划。每名工人每隔 B 周/一周重复自己的计划。公共计划又称为循环作业计划(rotating/cyclic(al) schedule),每隔一周期,每名工人的计划就重复一次。完整的计划期为 $N \times B$ 周,在 $N \times B$ 周内,每名工人的作业计划相同。

两种班次计划各有优劣。个人班次计划的安排算法比较简单,遇到人力需求变动时,调整起来较方便,故有较强的灵活性,最大的缺点是不公平性。公共班次计划的优点则是公平性,但灵活性不大。

(二) 班次的种类

根据每天的班次数,可分为单班次问题和多班次问题。单班次问题指每天只有一种班次,部门每天都需营业,但不超过 10h,如储蓄所。多班次问题指每天有多班,一般为两班(如商业大楼)或三班(每班为 8h 或 10h,重叠时间用于应付高峰期。常见于全天候营业部门)。有的多班次问题中每个班次的时间长度、开始时间、结束时间等可以不同;在当班过程中,工人有规定的小憩时间,其起始时刻亦需计划人员安排。多班次问题无疑比单班次问题更为复杂,更具代表性。

(三) 工人的种类

在某些服务部门,会出现季节性或短期的高峰期,如快餐店、图书馆等,管理人员常采取雇佣临时工或兼职工的方式。这样一来,总人力需求既要考虑一定范围内恒定数量的全时工人,又要考虑需依据实际而雇佣的临时工/兼职工的数量。在另外一些部门,工人可能有多个级别,每个级别的工人有各自的时间人力需求。高级别工人可以替代低级别工人干活,反之则不允许。这种现象最常见的部门为医院的护理病房。涉及的人员班次问题的实例就是医院护士的排班问题。所以,根据排班对象的特点,可以将人员班次问题分为全职(单种)工人排班,全职及兼职排班、多种向下替代(downward substitutability)排班。最常见的现象为第一种,最复杂的为第三种。

(四) 参数的性质

按参数性质的不同,可以划分为确定型人员班次问题与随机型人员班次问题。所谓确定型人员班次问题,指时间人力需求和其他有关参数是已知的确定的量,而随机型人员班次问题的时间人力需求和其他有关参数是随机变量。确定型的人员班次问题与随机型的人员班次问题的解决方法有实质上的差别。应该说,在实际生活中,动态的、随机型的人员班次问题所占比重较大,但是,也有很多人员班次问题是确定型的。而且,有很多问题,其中随机因素占的比重很小,用确定型的模型来处理不仅方便,而且足够精确。再者,由于人员班次问题极其复杂,很多确定型问题尚不能很好地解决,更何况随机型的人员班次问题。

四、单班次问题

单班次问题指的是每天只有一个班次工人当班,不存在换班的情况。它具有以下几个特点:

(1)它是最简单,也是最基本的班次问题,一般比较容易找到求解方法。

(2)单班次问题的模型可作为某些特殊的多班次问题的合理近似。例如,有些多班次问题允许工人固定班次种类,则每种班次的工人看成独立的一组,按照单班次的方法求解。

(3)求解单班次问题的思想和方法,虽然不能直接应用于求解一般的人员班次安排问题,但对于我们建立求解一般的人员班次问题的方法能提供一些有益的启示。对单班次问题的研究是更一般、更复杂的人员班次安排问题研究和发展的奠基石。

设某单位每周工作7d,每天一班,平常日需要N人,周末需要n人。求在以下条件下的班次计划:

(1)保证工人每周有2个休息日;

(2)保证工人每周的2个休息日为连休;

(3)除保证条件(1)以外,连续2周内,每名工人有一周在周末休息。

(4)除保证条件(2)以外,连续2周内,每名工人有一周在周末休息。

其中,第(1)种情况最简单,第(4)种情况最复杂。

设W_i为条件(i)下最少的工人数;$[x]$为大于等于x的最小整数;X在班次计划中表示休息日。

(一)条件(1),每周休息2d

对条件(1),所需劳动力下限为:

$$W_1 = \max\{n, N + [2n/5]\} \tag{9.8}$$

求解步骤为:

(1)安排$[W_1 - n]$名工人在周末休息;

(2)对余下的n名工人从1到n编号,1号至$[W_1 - N]$号工人周一休息;

(3)安排紧接着的$[W_1 - N]$名工人第二天休息,这里,工人1紧接着工人n;

(4)如果$5W_1 > 5N + 2n$,则有多余的休息日供分配,此时可按需要调整班次计划,只要保证每名工人一周休息2d,平日有N人当班即可。

例9.2 设$N = 5, n = 8$,求班次安排。

解:

$$W_1 = \max\{8, 5 + [28/5]\} = 9$$

按上述步骤排班,得出如表9-2所示的班次计划。由表9-2可以看出,1~4

号工人每周一和周四休息,5~8号工人每周二和周五休息,9号工人周末连休。每名工人连续工作天数最多为5d。但工人9的班次计划明显优于其他工人。

表9-2 条件(1)下的班次计划

工人号	一	二	三	四	五	六	日	一	二	三	四	五	六	日
1				X		X		X			X			
2				X		X		X			X			
3				X		X		X			X			
4				X		X		X			X			
5		X			X			X				X		
6		X			X			X				X		
7		X			X			X				X		
8		X			X			X				X		
9						X	X						X	X

(二)条件(2),每周连休2d

对条件(2),所需劳动力的下限为:

$$W_2 = \max\{n, N + [2n/5][(2N+2n)/3]\} \tag{9.9}$$

排班步骤为:

(1) 利用式(9.9)计算 W_2,给 W_2 名工人编号;

(2) 取 $k = \max\{0, 2N + n - 2W_2\}$;

(3) 1至k号工人(五,六)休息,$(k+1)$~$2k$号工人(日,一)休息,接下来的$[W_2 - n - k]$名工人周末(六,日)休息;

(4) 对于余下的工人,按(一,二),(二,三),(三,四),(四,五)的顺序安排连休,保证有N名工人在平常日当班。

例9.3 对于$N=6,n=5$,求班次安排。

解:按式(9.9)可计算出$W_2 = 8, k = 1$。

8名工人的班次计划见表9-3。

表9-3 条件(3)下的班次计划

工人号	一	二	三	四	五	六	日	一	二	三	四	五	六	日
1						X	X						X	X
2	X						X	X						X
3					X	X							X	X
4					X	X							X	X
5	X	X						X	X					
6		X	X						X	X				
7			X	X							X	X		
8				X	X						X	X		

(三)条件(3),隔一周在周末休息

对条件(3),所需劳动力的下限为:

$$W_3 = \max\{2n, N + [2n/5]\} \quad (9.10)$$

班次安排步骤为:

(1) 由(9.10)式计算 W_3,将 $[W_3 - 2n]$ 名工人安排两个周末休息;

(2) 将余下的 $2n$ 名工人分成 A、B 两组,每组 n 名工人,A 组工人第一周周末休息,B 组工人第二周周末休息;

(3) 按照条件(1)每天休息2天的步骤(3)和(4),给A组工人分配第二周的休息日。如果 $5W_3 > 5N + 2n$,可以先安排1至$[W_3 - N]$号工人周五休息,按周五、周四……周一的顺序安排休息日。

(4) B 组的 n 名工人第一周的班次计划与 A 组的第二周班次计划相同。

例9.4 $N = 7, n = 4$,求班次安排。

解:可计算 $W_3 = 9, W_3 - 2n = 1$。安排第9号工人每个周末休息,余下的8名工人分成两组,1~4号为A组,5~8号为B组,按步骤(3)和(4)给8名工人排班,得出如表9-4所示的班次计划。

(四)条件(4),每周连休2d,隔一周在周末休息

这是最复杂的情况。在这种情况下,所需劳动力数量下限的公式为:

$$W_4 = \max\{2n, N + [2n/5][(4N+4n)/5]\} \quad (9.11)$$

求解步骤为:

(1) 将 W_4 名工人分成,A、B 两组;

A组$[W_4/2]$名工人,第一周周末休息;B组$(W_4-[W_4/2])$名工人,第二周周末休息。

(2) $k = \max\{0, 4N+2n-4W_4\}$,A组中$k/2$名工人(五$_2$,六$_2$)(即第2周的星期五和星期六休息)休息,$k/2$工人(日$_2$,一$_1$)(即第2周的星期日和第1周的星期一)休息;B组中$k/2$名工人(五$_1$,六$_1$)休息,$k/2$名工人(日$_1$,一$_2$)休息。

(3) 在保证周末有n人当班,平日有N人当班的前提下,对A组余下的工人按下列顺序安排连休日:(六$_2$,日$_2$),(四$_2$,五$_2$),(三$_2$,四$_2$),(二$_2$,三$_2$),(一$_2$,二$_2$);对B组余下的工人按下列顺序安排连休日:(六$_1$,日$_1$),(四$_1$,五$_1$),(三$_1$,四$_1$),(二$_1$,三$_1$),(一$_1$,二$_1$)。

表9-4 条件(3)下的班次计划

工人号	一	二	三	四	五	六	日	一	二	三	四	五	六	日
1						X	X					X	X	
2		X				X	X							X
3						X	X				X	X		
4						X	X			X	X			
5					X	X			X	X				
6					X	X		X	X					
7					X	X							X	X
8						X	X	X					X	X
9			X	X									X	X
10		X	X										X	X
11	X	X											X	X
12	X	X											X	X

例9.5 $N=10, n=5$,求班次安排。

解:按式(9.11)可以求得,$W_4=12, k=2$。给工人从1~12编号,1~6号为A组,7~12号为B组,班次计划如表9-5所示。

表9-5 条件(4)下的班次计划

工人号	一	二	三	四	五	六	日	一	二	三	四	五	六	日
1						X	X		X		X			
2					X	X			X		X			
3					X	X		X		X				
4					X	X		X		X				
5			X		X								X	X
6			X										X	X
7		X		X									X	X
8		X		X									X	X
9						X	X						X	X

五、多班次问题

多班次问题即每天有多种班次的工人需换班,比单班次问题多了换班约束:如规定任意连续2天工作内的班次必须相同。单班次问题中的班次计划为休息日、工作日的顺序,而多班次作息计划除了确定每名工人休息日、工作日的顺序外,还需确定每名工人在每个工作日的具体班次,因此,多班次问题比单班次问题复杂得多。

在研究多班次问题的诸多算法中,有些算法允许工人固定班次。可以将不同班次的工人分成不同的组,若有 J 种班次,则工人分成 J 组,每组工人按单班次问题排班方法处理,得到每名工人的单班次计划。将第 i 组的工人在工作日的班次定为第 i 种班次,就可得到每名工人的具体班次计划。用这类算法来解决多班次问题的优点是简单,可充分利用单班次问题的算法;缺点则是对于非白班人员存在一系列生理及社会问题。如果不采取固定班次的方法,则必须满足多班次问题的一个特殊约束条件:换班必须是休息某段时间后,如至少休息16h后,才能从白班换到晚班,这样安排其班次计划的算法就比单班次问题要复杂。多班次问题的求解方法在本书中不做介绍。

参考文献

[1] 赵黎明. 现代企业管理学[M]. 天津:天津大学出版社,2003.
[2] 陈荣秋,马士华. 生产与运作管理[M]. 北京:高等教育出版社,1999.
[3] Vollmann, Berry, Whybark. Manufacturing planning and control (third edition) [M]. Published by Richard D. Irwin, Inc, 1992.
[4] 潘尔顺. 生产计划与控制[M]. 上海:上海交通大学出版社,2003.
[5] 周志文. 生产与运作管理[M]. 北京:石油工业出版社,2001.
[6] 潘家招. 现代生产管理学[M]. 北京:清华大学出版社,1994.
[7] 陈志祥. 现代生产与运作管理[M]. 广州:中山大学出版社,2002.
[8] 宋云,陈超. 企业战略管理[M]. 北京:首都经济贸易大学出版社,2000.
[9] Funk P. Throughput planning instead of capacity planning is next logical step after MRPII [J]. Industrial Engineering, 1989, 21(1):40~43.
[10] 应可福. 生产与运作管理[M]. 北京:高等教育出版社,2002.
[11] 和金生. 企业战略管理[M]. 天津:天津大学出版社,2001.
[12] 里查德·B. 蔡斯. 生产与运作管理——制造与服务篇[M]. 宋国防译. 北京:机械工业出版社,1999.
[13] Jay Heizer, Barry Render. 生产与作业管理教程[M]. 潘洁夫译. 北京:华夏出版社,1999.
[14] 叶若春. 生产计划与控制[M]. 台湾:中兴管理顾问公司发行,1994.
[15] 陈文哲等. 生产管理[M]. 台湾:中兴管理顾问公司发行,1994.
[16] 黄卫伟. 生产与运作管理[M]. 北京:中国人民大学出版社,1997.
[17] 陈荣秋. 生产计划与控制——概念、理论与方法[M]. 武汉:华中理工大学出版社,1999.
[18] 李怀祖. 生产计划与控制[M]. 合肥:中国科学技术出版社,2001.
[19] 潘家韬. 现代生产管理学[M]. 北京:清华大学出版社,1994.
[20] 温咏棠. MRPⅡ制造资源计划系统[M]. 北京:机械工业出版社,1994.
[21] 周远清. MRPⅡ原理与实施[M]. 天津:天津大学出版社,1996.
[22] 陈启申. 企业资源规划[M]. 北京:企业管理出版社,2000.
[23] 张毅编. 企业资源计划(ERP)[M]. 北京:电子工业出版社,2001.
[24] 叶宏谟. 企业资源规划——制造业管理篇[M]. 北京:电子工业出版社,2001.
[25] 詹姆斯·P. 沃麦克. 精益思想[M]. 沈希瑾译. 北京:商务印书馆,2001.
[26] 门田弘安. 新丰田生产方式[M]. 王瑞珠译. 保定:河北大学出版社,2001.
[27] 刘丽文. 生产与运作管理[M]. 北京:清华大学出版社,2002.
[28] 汪定伟. MRPⅡ与JIT相结合的生产管理方法[M]. 北京:科学出版社,1996.